Gary Doore · Gibt es ein Leben nach dem Tod?

W0245281

Gary Doore

Gibt es ein Leben nach dem Tod?

Neue Antworten auf alte Fragen
von Stanislav Grof, Stanley Krippner,
Sogyal Rinpoche, Rupert Sheldrake,
Ken Wilber u.a.

*Aus dem Amerikanischen
von Susanne Schaup*

Kösel

Die Originalausgabe erschien in den U.S.A. unter dem Titel
»What Survives? Contemporary Explorations of Life after Death«
bei Jeremy P. Tarcher, Inc., Los Angeles.

ISBN 3-466-34303-8

Copyright © 1990 by Gary Doore.
© 1994 für die deutsche Ausgabe
by Kösel-Verlag GmbH & Co., München.
Printed in Germany. Alle Rechte vorbehalten.
Druck und Bindung: Kösel, Kempten.
Umschlag: Kaselow Design, München.

1 2 3 4 5 6 · 99 98 97 96 95 94

Gedruckt auf umweltfreundlich hergestelltem Werkdruckpapier
(säurefrei und chlorfrei gebleicht)

Inhalt

Einführung

Wie ist es, wenn man stirbt? Eine Frau beschreibt ihre Erfahrung:

»Als ich im Krankenhaus lag, bekam ich plötzlich einen sehr starken Schmerz in der Brust. Ich drückte den Knopf neben meinem Bett, um die Schwestern zu rufen, und sie kamen herein und begannen, mich zu bearbeiten. Da das Liegen auf dem Rücken mir unbequem war, drehte ich mich um, und als ich das tat, hörte ich auf zu atmen, und mein Herz stand still. In diesem Augenblick hörte ich die Schwestern schreien: ›Code Pink! Code Pink!‹ Als sie das riefen, spürte ich, wie ich aus meinem Körper austrat und durch die Matratzen und das Geländer an der Seite des Bettes – gleichsam durch das Geländer hindurch – auf den Boden glitt. Dann begann ich, langsam in die Höhe zu steigen. Unterwegs sah ich, wie noch mehr Schwestern in das Zimmer gelaufen kamen – es müssen ein Dutzend gewesen sein … Ich glitt immer höher, bis über den Beleuchtungskörper – ich sah ihn von der Seite und sehr deutlich – und dann hielt ich an und schwebte unmittelbar unter der Decke.«[1]

Andere, die ähnliche Nahtoderfahrungen (NTEs) gemacht haben, schildern sogar noch merkwürdigere Phänomene, wie etwa die Empfindung, daß sie durch einen langen, dunklen Tunnel flogen und am Ende des Tunnels einem glänzenden Licht oder »Lichtwesen« begegneten, oder daß sie in eine andere Welt eintauchten, die von Geistern verstorbener Angehöriger und Freunde bevölkert war. Können solche Erfahrungen uns irgend etwas über das Schicksal des menschlichen Bewußtseins nach dem Tod mitteilen? Oder sind sie nichts weiter als Halluzinationen, die durch das Trauma des physischen Todes im Gehirn hervorgerufen werden – reine Einbildungen ohne jeden Hinweis auf ein mögliches Weiterleben?
Schon in vorgeschichtlicher Zeit war die Menschheit von der Frage fasziniert: »Was überlebt den Tod des Körpers?« Und von einer Epoche zur andern wurde darauf jede nur erdenkliche Antwort gegeben. Generell zerfallen diese Antworten in zwei große Kategorien: zum ersten in den *Dualismus*, der besagt, daß die »Seele« oder der spirituelle Aspekt einer Person, der sich vom Körper unterschei-

det und von ihm unabhängig ist, die rein physischen Aspekte unseres Seins überdauert; zweitens in den *Materialismus*, welcher besagt, daß *nichts* nach dem Tode weiterlebt, weil das Bewußtsein lediglich ein Nebenprodukt des physischen Gehirns ist und daher das Absterben dieses Organs nicht überleben kann.

Historisch gesehen war der Dualismus wohl die erste Antwort. Daher herrscht in allen Stammesgesellschaften, die noch dem Schamanismus anhängen – einem mindestens dreißigtausend Jahre alten magisch-religiösen Heil- und Divinationssystem[2] – überall der Glaube an ein »Totenreich«, das von den Geistern Verstorbener bewohnt wird. Nach der Überlieferung war der Schamane oder »Beherrscher des Todes« ein Mensch, der diese spirituelle Sphäre auf seinen »Schamanenreisen« oder Exkursionen in veränderte Bewußtseinszustände erforscht hatte und deshalb qualifiziert war, als Psychopompos zu agieren, der die Seelen der Verstorbenen an den für sie geeigneten Ruheplatz in der Nachwelt geleitet. Eine weitere Funktion des Schamanen bestand darin, sich in die Geisterwelt zu begeben, um die Seelen Schwerkranker zu retten oder diejenigen zurückzuholen, die sich dorthin »verirrt« hatten, bevor die Zeit ihres natürlichen Todes gekommen war. Offensichtlich setzt diese Art schamanischer Tätigkeit voraus, daß die Seele oder der Geist eines Menschen sehr wohl in der Lage ist, unabhängig vom physischen Körper zu existieren.

Im Westen ist der Glaube, daß die menschliche Seele ein vom Körper getrenntes Eigendasein besitze, in verschiedenen Formen überliefert, gewöhnlich in Verbindung mit einer Religion, vom Platonismus und Neuplatonismus bei den Griechen bis zu den späteren Lehren des Christentums, des Judentums und des Islam. Im Osten finden wir denselben Glauben in den hinduistischen und buddhistischen Lehren von Reinkarnation oder Seelenwanderung, die voraussetzen, daß das Bewußtsein von einem Körper in einen anderen übergehen könne. Der Buddha leugnete zwar eine ewig bestehende Seele des Menschen, doch glauben faktisch alle Buddhisten, daß das menschliche Ich in Form einer *relativ beständigen* Ansammlung bewußter Zustände immer von neuem wiedergeboren wird, bis es die endgültige Befreiung oder Erleuchtung findet.

Im Gegensatz zu diesem »Überlebensdenken« in Ost und West steht

8

die Schule des Materialismus, die das Weiterleben des Bewußtseins nach dem physischen Tod verneint. Seit der Zeit der griechischen Atomisten, von Denkern wie Demokrit oder Lukrez bis zu den wissenschaftlichen Materialisten von heute, gilt es den Anhängern dieser Schule als selbstverständlich, daß der Tod eines Menschen seine absolute und endgültige Vernichtung bedeutet und daß jeder gegenteilige Glaube einfach ein Zeichen von Wunschdenken, Selbsttäuschung oder krassem Aberglauben sei.

Im Lauf der Geschichte waren die Materialisten größtenteils eine Minderheit, während die überwältigende Mehrheit daran glaubte, daß die Menschen eine Seele haben, die nach dem Tod weiterlebt. Mit dem spektakulären Aufstieg der modernen westlichen Wissenschaft seit etwa dem sechzehnten Jahrhundert hat die materialistische Weltanschauung sich jedoch allmählich durchgesetzt, so daß sie bis heute einen ungeheuren Einfluß besitzt, vor allem durch die Macht und den Erfolg der durch sie ermöglichten Technik. Daher stellen der wissenschaftliche Materialismus und materialistische Erklärungen von Bewußtseinsprozessen, Nahtoderfahrungen, Phänomene des Aus-dem-Körper-Austretens und andere angebliche Beweise für das Weiterleben nach dem Tod eine ernsthafte Herausforderung für jeden dar, der daran glaubt, daß der physische Tod nicht die endgültige Vernichtung des menschlichen Bewußtseins sei.

Dennoch scheint der Materialismus seinen Höhepunkt bereits überschritten zu haben. Während der fünfziger und sechziger Jahre bekannten sich faktisch alle namhaften Wissenschaftler und Philosophen zu einer streng materialistischen Weltanschauung. Einen ernsthaften Glauben an die Möglichkeit des Weiterlebens nach dem Tod zu vertreten, war in der Tat eine Form von Ketzerei, ein Abweichen von der offiziellen Lehrmeinung und stempelte einen Menschen automatisch als Spinner ab, oder er kam, was noch schlimmer war, als »unwissenschaftlich« oder »irrational« auf die schwarze Liste. Im vergangenen Jahrzehnt haben die neuen Erkenntnisse und Entwicklungen in der Parapsychologie, die Untersuchungen der Nahtoderlebnisse und die Bewußtseinsforschung sowie die neuen Entwicklungen der Biologie und Physik des »neuen Paradigmas« die Brüchigkeit der materialistischen Weltanschauung weiter aufgedeckt und die Hypothese bekräftigt, daß das menschliche Bewußtsein tatsächlich den Tod überlebt.

In diesem Buch wollen wir nun einige neue Entwicklungen aus der Sicht verschiedener Gelehrter und Forscher untersuchen. In Teil I, »Beweise für ein Weiterleben nach dem Tod«, wollen wir neue Daten betrachten, die für die Hypothese des Fortlebens nach dem Tod sprechen, wie Informationen aus der modernen Bewußtseinsforschung, aus der Parapsychologie und Untersuchungen von Nahtoderlebnissen. In Teil II, »Die Herausforderung des Materialismus«, werden wir den Zeugnissen des Materialismus' nachgehen und sehen, ob sich diese Leugnung einer Möglichkeit des Weiterlebens aufrechterhalten läßt. Um die Frage des Weiterlebens nach dem Tod um eine Perspektive zu erweitern, werden wir in Teil III, »Tod und Jenseits in der Philosophia perennis«, die Lehren der großen mystischen Überlieferungen der Welt betrachten und weitere Hinweise finden, die das Fortleben nach dem Tod als Weltanschauung unterstützen und einige in Teil I untersuchte moderne Zeugnisse bestätigen. In Teil IV, »Transzendenz und Tod«, wollen wir erforschen, wie die Einstellung zum Tod und einem Leben nach dem Tod die Qualität des gegenwärtigen Lebens und der Beziehungen zu anderen Menschen und zur Welt beeinflussen kann. Mit Ausnahme des Beitrags von Rupert Sheldrake, »Kann unser Gedächtnis den Tod des Gehirns überleben?«, sind alle Aufsätze bisher unveröffentlicht und stellen somit den neuesten Stand des Denkens ihrer Autoren dar.

Das letzte Wort zur Frage des Weiterlebens nach dem Tod ist offensichtlich noch nicht gesprochen, und nach der Geschichte zu urteilen, wird es auch noch lange so bleiben. Doch das Schicksal unserer Seele nach dem Tod oder die Frage, ob wir überhaupt eine Seele haben, ist ein Thema, das die ernsthafte Betrachtung lohnt, denn was wir bezüglich des Todes und des Jenseits glauben, kann eine ungeheure Auswirkung darauf haben, wie wir im Hier und Jetzt leben. Kurz: Wenn der Pessimist weniger glücklich ist als der Optimist, so steht es uns wohl an, Beweise für den Optimismus zu finden, wenn es welche gibt. So hoffe ich, daß das hier dargelegte Material dem Leser helfen wird, die Frage »Gibt es ein Leben nach dem Tod?« optimistischer, doch gleichzeitig besser informiert und rationaler zu beantworten.

Teil I
Beweise für ein Weiterleben
nach dem Tod

Die meisten Menschen gehen davon aus, daß das Fortleben nach dem Tod eine reine Glaubenssache sei. Einige haben vielleicht von wissenschaftlichen Untersuchungen der Berichte über Kontakte mit Verstorbenen durch »Medien« in spiritistischen Séancen gehört; wenn ja, dann haben sie vermutlich solche Berichte als Schwindel oder Selbstbetrug abgetan. Noch weniger sind mit den vielen Beweisen vertraut, die sich zusehends häuften, seit die ersten Forscher in England um die Jahrhundertwende begannen, spiritistische Phänomene zu untersuchen.

In seinem Essay »Fortleben nach dem Tod: Beobachtungen aus der modernen Bewußtseinsforschung« berichtet *Stanislav Grof* über Material, das er in den mehr als dreißig Jahren seiner Untersuchungen außergewöhnlicher Bewußtseinszustände in der staatlich geförderten LSD-Forschung und der empirischen Psychotherapie ohne Drogen gesammelt hat. Nach Grofs Ansicht werfen die Daten dieser und anderer Arten der modernen Bewußtseinsforschung ein völlig neues Licht auf die Frage des Fortlebens des Bewußtseins nach dem Tod. Zu diesen Daten gehören transpersonale Erlebnisse, in denen etwa dramatische Episoden aus einer früheren Inkarnation noch einmal durchlebt werden; außerkörperliche Erfahrungen wie die eingangs zitierte, in welcher der/die Betreffende das Gefühl hat, über dem Körper zu schweben und die Rettungsmaßnahmen von der Decke aus zu beobachten; spiritistische oder »astrale« Phänomene, wie Begegnungen und telepathische Kommunikation mit Verstorbenen, Kontakte mit nicht-körperlichen Wesenheiten im allgemeinen sowie Erfahrungen eines Bereichs, der in der okkulten Literatur als »Astralsphäre« bekannt ist, und offenkundige Erinnerungen an vergangene Inkarnationen.

Besonders verblüffend sind die von Grof zitierten Berichte außerkörperlicher und aus früheren Leben stammender Erfahrungen mit ausführlichen Einzelheiten jener Art, die es einem außerordentlich schwermacht, sie als Schwindel abzutun. Grof räumt zwar ein, daß solche Beobachtungen nicht als eindeutiger Beweis für die Fortdauer des individuellen Bewußtseins nach dem Tod interpretiert werden können, kommt aber zu dem Schluß, daß »ein unvoreingenommener und informierter Wissenschaftler diese Möglichkeit kaum aufgrund eines metaphysischen Bekenntnisses zu einer mechanistischen Weltanschauung von der Hand weisen kann«.

Der Philosoph *Robert Almeder* präsentiert und analysiert in seinem Essay »Über Reinkarnation« weiteres Beweismaterial zu diesem Thema. Er beleuchtet drei Fälle, über die Professor Ian Stevenson in seinen klassischen Studien offenkundiger Erinnerungen aus früheren Leben berichtet hat, und verteidigt die Reinkarnationshypothese als die beste Erklärung für Stevensons Daten, indem er argumentiert, daß die alternativen Erklärungen von Skeptikern noch abstruser und unwahrscheinlicher seien als die Reinkarnationshypothese. Auch diejenigen, die aus religiösen oder philosophischen Gründen gegen die Reinkarnationshypothese eingenommen sind, werden feststellen, daß die von Almeder zusammengefaßten Fallstudien spannend zu lesen sind und tiefgründige Fragen aufwerfen.

Vermutlich haben die meisten von uns schon einmal gehört, daß im Augenblick des Todes oder in Todesnähe das ganze Leben blitzartig vor den Augen oder im Geist des Betreffenden abläuft. Ist das reiner Aberglaube oder ein Ammenmärchen? Oder spielt sich eine solche »panoramaartige Lebensrückschau« wirklich ab, und spricht sie für ein Fortleben nach dem Tod? Laut *F. Gordon Greene* und *Stanley Krippner* liefert das neue Forschungsgebiet der Nahtodstudien solides Beweismaterial, das die empirische Wirklichkeit der Lebensrückschau bestätigt. Die beiden Forscher untersuchen außerdem verschiedene, sowohl materialistisch als auch »transzendental« verankerte Erklärungen der Lebensrückschau, unter besonderer Beachtung der transzendentalen Modelle, die sich auf eine »vierte Dimension« als theoretisches Konstrukt berufen.

In »Spontaner Kontakt mit Verstorbenen: Perspektiven aus der Trauerberatung, Soziologie und Parapsychologie« beschließt der bekannte Psychologe und Forscher *D. Scott Rogo* den ersten Teil, indem er uns einen tieferen Einblick in das überwältigende Beweismaterial für das Fortleben nach dem Tod eröffnet. Nach der Schilderung einiger der überzeugendsten Fälle, die von den frühen britischen Forschern der Society for Psychical Research entdeckt worden waren, zitiert Rogo aus einer großen Fülle von Daten aus der zeitgenössischen Forschung über spontane Kontakte mit Toten, u.a. aus Berichten von Visionen Hinterbliebener (Kontakte mit einem verstorbenen Ehepartner seitens des Trauernden), aus soziologischen Erhebungen zur Frage, wer am ehesten zu solchen Visionen neigt, sowie aus jüngsten Studien über postume Kontakte im Alltag.

»Keiner der in diesem Aufsatz zusammengefaßten oder zitierten spezifischen Fälle ist an sich ein Beweis, daß das Leben über den physischen Tod hinausgeht«, schreibt Rogo. Doch »es ist schwer, sich nicht von den Erzählungen derjenigen anrühren und beeindrucken zu lassen, die vor kurzem den Verlust eines nahestehenden Menschen erlitten haben, die restlose Überzeugung in ihren Augen zu sehen, wenn sie von ihren Erlebnissen berichten«. Er zieht für sich persönlich daraus den Schluß, daß er wenig Grund habe, psychologische Hypothesen oder neurologische Mechanismen zur Erklärung solcher Phänomene zu postulieren. Es ist dem Leser überlassen, sich über die Wahrscheinlichkeit des Lebens nach dem Tod aufgrund solcher Indizien selbst ein Urteil zu bilden.

Fortleben nach dem Tod: Beobachtungen aus der modernen Bewußtseinsforschung

STANISLAV GROF

Dieser Aufsatz beruht auf Beobachtungen von über drei Jahrzehnten meiner systematischen Erforschung des heuristischen und therapeutischen Potentials außergewöhnlicher Bewußtseinszustände, die durch psychedelische Substanzen und verschiedene nicht-pharmazeutische Techniken hervorgerufen wurden.[1] Die ersten zwanzig Jahre widmete ich der klinischen Arbeit mit psychedelischen Drogen in staatlich geförderten Forschungsprojekten. Die vergangenen vierzehn Jahre experimentierte ich mit verschiedenen hochwirksamen Alternativen zu psychedelischen Drogen, insbesondere mit einer von meiner Frau Christina und mir entwickelten Technik, die wir *Holotrope Therapie* nennen.

Die Holotrope Therapie verbindet kontrolliertes Atmen, evokative Musik und andere Formen von Klangtechnik, gezielte Körperarbeit und das Malen von Mandalas. Mit Hilfe dieses Verfahrens ohne Drogen waren wir imstande, das ganze Spektrum von Erfahrungen hervorzurufen, die für psychedelische Sitzungen und klassische Schamanenreisen typisch sind.[2]

Die auf diese Weise bewirkten Erfahrungen lassen sich mit dem traditionellen Modell der Psyche, wie es die Psychoanalyse anwendet, nicht erklären. Daher war es nötig, ein breiteres und umfassenderes Modell der verschiedenen Bereiche des menschlichen Bewußtseins zu schaffen. Neben der herkömmlichen Ebene des biographischen Erinnerns und dem individuellen Unbewußten von Freud, enthält die Kartographie des neuen Modells andere Ebenen, die ich die *perinatalen* und *transpersonalen* Bereiche der Psyche nenne. Die für den perinatalen und transpersonalen Bereich typischen Erfahrungen sind besonders interessant hinsichtlich der Frage, ob das Bewußtsein nach dem Tod weiterlebt, denn zu diesen

14

Erfahrungen gehören die visionären Phänomene, die in eschatologischen Mythen, uralten »Totenbüchern« und anderen Zusammenhängen, in denen die Erfahrung von Tod (und Wiedergeburt) eine bedeutsame Rolle spielt, so wichtig sind.

Der Glaube, daß das Bewußtsein oder das Dasein nach dem biologischen Tod in irgendeiner Form weitergeht, ist in allen antiken und nicht-westlichen Kulturen zu finden, in religiösen und philosophischen Systemen, Kosmologien, rituellen Praktiken und verschiedenen Elementen der sozialen Organisation. All diese Kulturen, obgleich sie sich in ihren spezifischen Vorstellungen eines Weiterlebens unterscheiden, glauben jedoch übereinstimmend, daß der Tod ein bloßer Übergang oder eine Verwandlung, keine endgültige Vernichtung des Individuums sei. Manche spirituellen Überlieferungen lehren, daß das individuelle Bewußtsein nach dem Tod eine komplexe Reise über verschiedene Stufen, Prüfungen und Schauplätze antritt; andere lehren, daß nach dem Tod eines Körpers das Bewußtsein sich auf der Erde in einem neuen Körper inkarniert. In manchen Traditionen gilt der Tod als eine Chance der endgültigen Befreiung und der Einswerdung mit dem Absoluten.

Im Gegensatz dazu haben die westlichen Kulturen eine radikal andere Auffassung von Tod und Sterben. Bis zu einem gewissen Grad unterliegen die meisten gebildeten westlichen Menschen dem Einfluß der mechanistischen Wissenschaft und deren Annahme, daß das Bewußtsein ein Produkt der physiologischen Gehirnfunktionen sei. Aus dieser Annahme folgt natürlich, daß das Bewußtsein aufhören muß zu existieren, wenn das Gehirn stirbt. Nach der mechanistischen Weltanschauung sind ein wie immer gearteter Glaube an ein Weiterleben und die Vorstellung von »postumen Seelenreisen« der Ausdruck primitiver Ängste, magischen Denkens und Aberglaubens. Daher isoliert die moderne Gesellschaft die Alten, Kranken und Sterbenden in Pflegeheimen und Krankenhäusern, indem sie die Sterbenden getrennt von sinnvoller menschlicher Zuwendung behandelt und lediglich das Leben durch technisches Können verlängert. Ähnlich zeigte sich auch in der modernen Psychologie und Psychiatrie die massive Leugnung des Todes, die für die westliche Zivilisation im allgemeinen typisch ist; sie bekundeten wenig

Interesse für die Erfahrung des Todes und boten den Sterbenden keinen seelischen Rückhalt.

Die moderne Bewußtseinsforschung wirft ein gänzlich neues Licht auf die Frage, ob das Bewußtsein nach dem Tod weiterlebt. Wenn wir unsere Erkenntnis des Universums und der menschlichen Natur vertiefen wollen, müssen wir die Ergebnisse dieser neuen Forschung ernstnehmen und die gegenwärtige Einstellung der meisten Wissenschaftler, die dieses Beweismaterial entweder nicht kennen oder es lieber ignorieren, überprüfen. Psychedelische Sitzungen, empirische Psychotherapie, verschiedene Formen der Meditation und spontane außergewöhnliche Bewußtseinszustände vermitteln eine unmittelbare Erfahrung zahlreicher, in den mystisch-religiösen Weltanschauungen (*Philosophia perennis*) und eschatologischen Mythen beschriebene Phänomene. Diese bestätigen eine Weltsicht, welche die Wirklichkeit des postumen Weiterlebens des Bewußtseins anerkennt.

In diesem Kapitel möchte ich Beobachtungen aus meiner eigenen Forschung in den Vordergrund stellen, insbesondere die im Verlauf der Holotropen Therapie auftauchenden transpersonalen Erfahrungen. Danach möchte ich solche Erfahrungen untersuchen, die sich unmittelbar auf die Frage beziehen, ob das Bewußtsein den Tod überlebt, vor allem die Erfahrungen der vorgeblichen Kommunikation mit entkörperlichten Wesen, außerkörperliche Erfahrungen, Visionen astraler Sphären und Erinnerungen vergangener Inkarnationen.

Der transpersonale Bereich

In einem bestimmten Sinn ist das Bewußtsein durch seine Grenzen gekennzeichnet: In unserem normalen Wachzustand erleben wir uns selbst innerhalb bestimmter physischer Grenzen, die von unserem Körperimage umschrieben sind. Unsere Wahrnehmung der äußeren Umgebung ist auf die Reichweite unserer Sinnesorgane beschränkt, und unsere Handlungen unterliegen den üblichen Grenzen von Raum und Zeit. Für gewöhnlich können wir Ereignisse nur im gegenwärtigen Augenblick und in unserer unmittelbaren Umgebung erfahren. Wir können uns der Vergangenheit erinnern, und wir können künftige Ereignisse vorwegnehmen oder über sie phantasieren, doch unserer unmittelbaren Erfahrung sind Vergangenheit und Zukunft nicht zugänglich.

Im Gegensatz dazu scheint man in transpersonalen Erfahrungen, ob sie in psychedelischen Sitzungen, in der Holotropen Therapie oder spontan auftreten, eine oder mehrere der üblichen Beschränkungen des Bewußtseins zu überschreiten. Solche Erfahrungen lassen sich in drei allgemeine Kategorien einteilen. Die erste Kategorie enthält Erfahrungen, in der die lineare Zeit überschritten wird. Diese Erfahrungen werden von den Betroffenen als historische Regression, als eine Art Forschungsreise in ihre biologische, kulturelle und spirituelle Vergangenheit oder als eine historische Progression in die Zukunft gedeutet. Zur zweiten Kategorie zählen Erfahrungen, die vorwiegend ein scheinbares Transzendieren der gewöhnlichen räumlichen Grenzen ausmacht. Die dritte Kategorie zeichnet sich durch empirische Erkundungen von Regionen aus, die in der westlichen Kultur nicht als Teil der objektiven Wirklichkeit gelten.

Für viele Menschen sind außergewöhnliche Bewußtseinszustände durch sehr konkrete und realistische Episoden gekennzeichnet, die sie als fötale und embryonale Erinnerungen identifizieren. Unter diesen Umständen ist es nicht ungewöhnlich, daß man auf der Ebene des Zellenbewußtseins eine völlige Identifizierung mit Sperma und Ei zur Zeit der eigenen Empfängnis erlebt. Eine historische Regression kann noch darüber hinausgehen, indem die Person das Gefühl hat, Erinnerungen aus dem Leben ihrer Vorfahren zu durchleben oder sogar das Gedächtnisreservoir des kollektiven Unbewußten anzuzapfen. Gelegentlich berichten sogar manche, daß sie sich mit verschiedenen tierischen Vorfahren des evolutionären Stammbaums identifizierten oder das bestimmte Gefühl hatten, eine dramatische Episode aus einer früheren Inkarnation zu durchleben.

Transpersonale Erfahrungen des Überschreitens räumlicher Schranken deuten darauf hin, daß die Grenzen zwischen dem Individuum und dem Rest des Universums nicht fixiert oder absolut sind. Unter besonderen Umständen kann sich ein Mensch erlebnismäßig mit allen Dingen im Universum identifizieren, einschließlich dem ganzen Kosmos. Zu dieser Gruppe gehören Erfahrungen, mit einer anderen Person in einem Zustand dualer Einheit zu verschmelzen, die Identität eines anderen anzunehmen oder sich ins Bewußtsein einer bestimmten Gruppe von Menschen einzuschwingen oder eine Erweiterung des eigenen Bewußtseins von solchem Ausmaß, daß es die ganze Menschheit zu umfassen scheint. In ähnlicher Weise berichten Menschen manchmal, daß sie die Grenzen unserer spezifisch menschlichen Erfahrung überschreiten und sich statt dessen mit dem Bewußtsein von Tieren, Pflanzen oder anorganischen Gegenständen und Abläufen identifizieren. Es ist sogar möglich, das Bewußtsein der gesamten Biosphäre, des Planeten als Ganzes oder des gesamten materiellen Universums zu erleben.

In vielen transpersonalen Erfahrungen erlebt man eine scheinbare Bewußtseinserweiterung jenseits der Welt der Phänomene und des Raum-Zeit-Kontinuums, wie wir es normalerweise wahrnehmen. In dieser Kategorie finden wir zahlreiche Visionen von archetypischen Persönlichkeiten und Themen, von Göttern und Dämonen verschiedener Kulturen, von komplexen mythischen Szenenfolgen und von Geistern verstorbener Menschen, übermenschlichen Wesenheiten und Bewohnern anderer Universen.

Weitere Beispiele dieser Kategorie von Phänomenen sind Visionen abstrakter archetypischer Muster, ein intuitives Verständnis universeller Symbole (Kreuz, Ankh-Zeichen, Yin-Yang, Swastika, Pentagramm, sechszackiger Stern), Erfahrungen der Meridiane und des Flusses der *Ch'i*-Energie, wie sie in der chinesischen Philosophie und Medizin beschrieben ist, und das Erwecken der »Schlangenkraft« (*kundalini*) sowie die Aktivierung der verschiedenen Zentren psychischer Energie oder Chakras, wie sie der tantrische Yoga schildert. In manchen Fällen kann das individuelle Bewußtsein sich mit dem kosmischen Bewußtsein oder dem Universellen Geist identifizieren oder – an seinem äußersten Punkt – mit der suprakosmischen und metakosmischen Leere, dem geheimnisvollen ursprünglichen Nichts, das seiner selbst bewußt ist und jegliches Dasein in einer keimartigen und potentiellen Form enthält.

Weil transpersonale Erfahrungen eine sofortige, intuitive Information über jeden Aspekt des Universums in Gegenwart, Vergangenheit und Zukunft vermitteln können, scheinen sie gegen einige der Grundannahmen der mechanistischen Wissenschaft zu verstoßen. Sie setzen nämlich voraus, daß jedes menschliche Wesen in einer noch ungeklärten Art und Weise die Information des gesamten Universums enthält, potentiell einen erlebnismäßigen Zugang zu all seinen Teilen besitzt und in einem bestimmten Sinn das gesamte kosmische Netzwerk *ist*.

Außerkörperliche Erfahrungen

Nach der mechanistischen Weltanschauung des Westens gilt das Bewußtsein als ein Produkt des Körpers. Von daher ist der Gedanke absurd, daß das Bewußtsein sich vom Körper lösen und unabhängig von ihm existieren könnte. Doch genau dies scheint in wohldokumentierten Fällen sogenannter außerkörperlicher Erfahrungen (AKEs) der Fall zu sein. Solche Erfahrungen können sich in verschiedenen Formen und Graden ereignen, zum Beispiel als isolierte Episoden, oder sie können, infolge einer psychischen Öffnung oder einer anderen Art von transpersonaler Krise, wiederholt stattfinden.

Besonders günstig für das Auftreten von AKEs sind lebensbedrohende Umstände, Todesnähe, das Erlebnis eines klinischen Todes, eine tief erlebte Psychotherapie und die Einnahme psychedelischer Substanzen, besonders des bewußtseinsspaltenden Betäubungsmittels Ketaminhydrochlorid (Ketalar). Klassische Beschreibungen von AKEs sind in der spirituellen Literatur und in philosophischen Texten aller Zeitalter zu finden, namentlich im Tibetischen Totenbuch und ähnlichen Schriften.

Die Forschungen von Raymond Moody[3], Kenneth Ring[4], Michael Sabom[5] und Elisabeth Kübler-Ross[6], meine eigenen Studien[7] und die Arbeiten vieler anderer haben wiederholt bestätigt, daß klinisch Tote AKEs haben können, wobei sie die Wiederbelebungsprozeduren von der Zimmerdecke aus genau beobachten oder Ereignisse in entfernten Orten wahrnehmen. Die moderne thanatologische Forschung bestätigt die Schilderungen des Tibetischen Totenbuchs, wonach ein Mensch nach seinem Tod einen »Bardo-Körper« annimmt, der die Grenzen von Raum und Zeit überschreitet und freizügig um die Erde reisen kann.

In ähnlicher Weise führen die psychedelische Forschung, die Holotrope Therapie und andere Arten der Psychotherapie mit einem starken Erlebnisfaktor (»experiential psychotherapy«) zu Beobachtungen, die die Möglichkeit echter AKEs während der visionären Zustände bestätigen, wie sie in verschiedenen mystischen Schriften und in der anthropologischen Literatur berichtet werden. Die Echtheit der AKEs wurde in kontrollierten klinischen Experimenten des bekannten Psychologen und Parapsychologen Charles Tart an der Universität von Kalifornien in Davis demonstriert.[8]

Ein bemerkenswert anschauliches Beispiel einer außerkörperlichen Erfahrung mit genauer Wahrnehmung eines entfernten Ortes wird von Kimberly Clark berichtet, einer Sozialarbeiterin in Seattle, die diesen Fall so außergewöhnlich und überzeugend fand, daß sie ein bleibendes Interesse für AKEs entwickelte:

»Meine erste Begegnung mit einer Nahtoderfahrung hatte ich bei einer Patientin namens Maria, einer Saisonarbeiterin, die in Seattle Freunde besuchte und einen schweren Herzanfall erlitt. Sie wurde eines Abends in das Krankenhaus gebracht und in die Herzabteilung eingewiesen. Durch ihre sozialen und finanziellen Probleme kam ich dazu, mich mit ihrem Fall zu befassen. Einige Tage nach ihrer Aufnahme kam es bei ihr zu einem Herzstillstand. Weil sie so genau überwacht wurde und ansonsten bei guter Gesundheit war, konnte sie rasch zurückgeholt werden. Sie wurde intubiert, damit sie genügend Sauerstoff bekam, und nach zwei Stunden konnte sie wieder extubiert werden.

Später, am selben Tag, besuchte ich sie, weil ich dachte, daß sie vielleicht wegen ihres Herzstillstands beunruhigt war. Das war sie auch, aber nicht deshalb. Sie befand sich in einem ziemlich erregten Zustand, im Gegensatz zu ihrer gewöhnlichen Ruhe. Sie wollte über etwas mit mir reden. Sie sagte: ›Etwas sehr Merkwürdiges geschah, als die Ärzte und Krankenschwestern sich um mich bemühten: Ich befand mich plötzlich an der Decke und sah herunter, wie sie meinen Körper bearbeiteten.‹

Zuerst war ich nicht beeindruckt und dachte, daß sie vielleicht wußte, was in dem Zimmer vor sich ging, was die Leute anhatten und wer da sein würde, da sie alle vor ihrem Herzstillstand gesehen hatte. Sicher waren ihr die Apparate schon bekannt. Da das Gehör als letztes aussetzt, so dachte ich, konnte sie alles hören, was vor sich ging. Ich war nicht der Meinung, daß sie das bewußt erfand, aber es könnte eine Konfabulation gewesen sein.

Dann erzählte sie mir, daß sie von etwas über der Zufahrt zur Notfallstation abgelenkt wurde, und dann befand sie sich draußen, als ob sie sich über die Zufahrt zur Notfallstation ›hingedacht‹ hätte, und in eben diesem Moment war sie draußen. Das beeindruckte mich schon etwas mehr, denn sie war am vorigen Abend in einem Rettungswagen angekommen und hatte nicht wissen können, wie die Umgebung der Notfallstation aussah. Ich dachte mir aber, daß ihr Bett zu irgendeiner Zeit vielleicht am Fenster gestanden hatte, als sie hinaussah, und daß dies in die Konfabulation eingegangen war.

Aber dann beschrieb Maria, daß sie außerdem von einem Gegenstand auf dem Sims des zweiten Stockwerks an der Nordseite des Gebäudes irritiert war. Sie ›dachte sich‹ hinauf und hatte die Schuhriemen eines Tennisschuhs ›direkt vor der Nase‹, und sie bat mich, ihn für sie zu suchen. Es war ihr ein Bedürfnis, daß es noch einen anderen Menschen gab, der von der Existenz des Tennisschuhs wußte, um ihre außerkörperliche Erfahrung bestätigen zu können.

Mit gemischten Gefühlen ging ich hinaus und sah zu den Simsen hoch, konnte aber nicht viel sehen. Ich stieg in den zweiten Stock, ging in die Krankenzimmer hinein und wieder hinaus und sah aus den Fenstern, die so schmal waren, daß ich mein Gesicht an das Fliegengitter pressen mußte, um den Sims überhaupt sehen zu können. Schließlich fand ich ein Zimmer, drückte mein Gesicht an die Fensterscheibe, sah hinunter, und da war tatsächlich der Tennisschuh!

Mein Aussichtspunkt war ein ganz anderer, als der von Maria gewesen sein muß, da sie bemerken konnte, daß der Schuh an der Stelle des kleinen Zehs durchgewetzt war und der Schuhriemen unter der Ferse steckte; außerdem wußte sie andere Einzelheiten über die Seite des Schuhs, die für mich nicht sichtbar war. Sie hätte diese Perspektive nur haben können, wenn sie draußen, und zwar ganz nahe an dem Tennisschuh, in der Luft geschwebt wäre. Ich holte den Schuh und brachte ihn Maria. All dies waren für mich sehr deutliche Beweise.«

Spiritistische oder »astrale« Phänomene

In dieser Kategorie von Erfahrungen finden wir Phänomene, die das Hauptinteresse von Teilnehmern spiritistischer Séancen ausmachen, von Parapsychologen, die mögliche Fälle des Weiterlebens nach dem Tod erforschen, und von Autoren okkulter Literatur. In diesen Erfahrungen geht es um Begegnungen und telepathische Kommunikation mit Verstorbenen, meist Angehörigen und Freunden, um Kontakte mit körperlosen Wesen im allgemeinen und um Erfahrungen eines Bereichs, der in der okkulten Literatur als Astralsphäre bezeichnet wird.

Erfahrungen dieser Art haben manchmal bestimmte außergewöhnliche Aspekte, die nicht leicht zu erklären sind, wie die folgenden zwei Beispiele andeuten. Das erste trug sich während einer psychedelischen Behandlung eines jungen homosexuellen Patienten zu, den ich Richard nenne.[9]

In einer seiner LSD-Sitzungen hatte Richard ein sehr ungewöhnliches Erlebnis, das mit einer seltsamen und unheimlichen Astralsphäre zu tun hatte. Es ging ein geisterhafter Glanz von ihr aus, und sie war voll von körperlosen Wesen, die auf eine dringliche und fordernde Weise versuchten, mit ihm zu kommunizieren. Er konnte sie nicht sehen oder hören, spürte jedoch ihre fast handgreifliche Anwesenheit und empfing telepathische Botschaften von ihnen. Ich schrieb eine dieser Botschaften nieder, die sehr spezifisch war und nachher verifiziert werden konnte.

Es war die Bitte an Richard, mit einem Ehepaar in der mährischen Stadt Kromeriz in der ehemaligen Tschechoslowakei Verbindung aufzunehmen und ihm mitzuteilen, daß es ihrem Sohn Ladislav gutgehe und daß er gut versorgt sei. Die Botschaft enthielt auch den Namen, die Anschrift und Telephonnummer des Paares. Alle diese Daten waren mir sowie dem Patienten unbekannt. Dieses Erlebnis war außerordentlich verblüffend. Es war wie ein Fremdkörper in Richards Erfahrung, ohne jeden Zusammenhang mit seinen Problemen und seiner übrigen Behandlung.

Nach einigem Zögern und mit zwiespältigen Gefühlen faßte ich endlich einen Entschluß, für den meine Kollegen mich ausgelacht hätten, wenn sie dahintergekommen wären. Ich ging ans Telephon, wählte die Nummer in Kromeriz und verlangte Ladislav. Zu meinem Erstaunen fing die Frau am anderen Ende zu weinen an. Als sie sich beruhigt hatte, sagte sie mit gebrochener Stimme: »Unser Sohn ist nicht mehr. Er ist gestorben, wir haben ihn vor drei Wochen verloren.«

Im zweiten Beispiel geht es um meinen engen Freund und früheren Kollegen Walter N. Pahnke, der ein Mitglied unseres psychedelischen Forschungsteams am Maryland Psychiatric Research Center in Baltimore war. Sein tiefes Interesse für Parapsychologie, insbesondere die Frage des Fortlebens nach dem Tod, brachte ihn mit vielen berühmten Medien und übersinnlich veranlagten Menschen zusammen, auch mit der mit ihm befreundeten Eileen Garrett, der Präsidentin der American Parapsychological Association. Er war außerdem der Initiator eines LSD-Programms für Krebskranke im letzten Stadium.

Im Sommer 1971 verbrachte Walter mit seiner Frau Eva und seinen Kindern einen Urlaub in einer Hütte in Maine, die nah am Meer lag. Eines Tages ging er allein mit einem Sauerstoffgerät tauchen und kam nicht mehr aus dem Meer zurück. Eine gründliche und gut organisierte Suche vermochte weder seinen Leichnam noch irgendeinen Bestandteil seiner Taucherausrüstung zutage zu fördern. Unter diesen Umständen war es sehr schwer für Eva, seinen Tod zu akzeptieren und zu integrieren. Ihre letzte Erinnerung an Walter war, daß sie ihn voll Energie und in vollkommener Gesundheit aus der Hütte gehen sah. Es fiel ihr schwer zu glauben, daß er nicht mehr ein Teil ihres Lebens war, daß sie ein neues Kapitel in ihrem Leben beginnen mußte, ohne das Gefühl haben zu können, daß das vorhergehende abgeschlossen war.

Da sie selbst Psychologin war, wurde sie zu einem LSD-Schulungskurs für Therapeuten zugelassen, der in einem Sonderprogramm unseres Instituts angeboten wurde. Sie entschloß sich zu einer psychedelischen Erfahrung in der Hoffnung, daß sie mehr verstehen würde, und bat mich darum, ihr Beisitzer zu sein. In der zweiten Hälfte der Sitzung hatte sie eine sehr starke Vision von Walter und führte ein langes, bedeutungsvolles Gespräch mit ihm. Er gab ihr bestimmte Anweisungen hinsichtlich ihrer drei Kinder und gab sie frei, damit sie ein neues, eigenständiges Leben beginnen konnte, unbelastet und ungebunden von der Erinnerung an ihn. Es war eine sehr tiefe und befreiende Erfahrung.

Als Eva Zweifel kamen, ob die ganze Episode nicht bloß ein eingebildeter Wunschtraum sei, erschien Walter kurz noch einmal mit der folgenden Bitte: »Übrigens, ich habe etwas vergessen. Bitte, tu mir den Gefallen und gib ein Buch zurück, das ich von einem Freund ausgeliehen hatte. Es liegt in meinem Studierzimmer im Dachgeschoß.« Dann nannte er ihr den Namen des Freundes, den Titel des Buches, das Regal und wo das Buch stand. Eva war tatsächlich in der Lage, das Buch, von dem sie vorher nichts gewußt hatte, nach seinen Anweisungen zu finden und zurückzugeben.

Als er noch lebte, hatte Walter mit Eileen Garrett eine Vereinbarung getroffen: daß sie nach ihrem Tod versuchen würde, ihm einen unumstößlichen Beweis des Daseins im Jenseits zu geben. Es stand daher völlig im Einklang mit Walters lebenslanger Suche nach wissenschaftlichen Beweisen paranormaler Phänomene, seinem postumen Austausch mit Eva eine konkrete und nachprüfbare Information hinzuzufügen, um ihre Zweifel zu zerstreuen.

Erinnerungen an frühere Inkarnationen

Diese Kategorie transpersonaler Erfahrungen ist vermutlich die faszinierendste und umstrittenste von allen. Vorgebliche Erinnerungen an vergangene Inkarnationen gleichen in vieler Hinsicht den Erfahrungen der eigenen Abstammung, Rasse oder von Kollektiverlebnissen. Sie sind jedoch meistens sehr dramatisch und mit großer Gefühlsintensität verbunden. Ihr wesentliches Merkmal ist die Überzeugung, sich an etwas zu erinnern, das sich schon einmal zugetragen hat. Die Betreffenden, die diese dramatischen Erfahrungen machen, behalten ein Gefühl ihrer Individualität und persönlichen Identität, erleben sich jedoch in anderer Gestalt, an einem anderen Ort, zu einer anderen Zeit und in einem anderen Lebenszusammenhang.

Es gibt zwei unterschiedliche Kategorien vorgeblicher Erfahrungen aus früheren Leben, je nach der mit ihnen verbundenen Gefühlsqualität. Die erste Kategorie spiegelt äußerst positive Bindungen an andere Personen – tiefe Freundschaft, leidenschaftliche Liebe, spirituelle Partnerschaft, eine Lehrer-Schüler-Beziehung, Blutbande, Bindungen auf Leben und Tod, außerordentliches gegenseitiges Verständnis oder einen bereichernden, fördernden Austausch. Die häufiger auftretende zweite Kategorie betrifft heftige negative Emotionen. Die Erfahrungen dieser Kategorie versetzen die Betreffenden in verschiedene vernichtende Situationen aus einem vergangenen Leben, die durch physische Qual, mörderische Aggression, unmenschlichen Terror, anhaltenden Kummer, Bitterkeit und Haß, wahnsinnige Eifersucht, unersättliche Rachgier, unkontrollierbare Gelüste oder krankhafte Gier gekennzeichnet sind.

Gewisse Aspekte der Erfahrungen aus früheren Leben sind äußerst interessant und verdienen die ernsthafte Aufmerksamkeit derer, die das Bewußtsein und die menschliche Psyche erforschen. Die Personen, die karmische Phänomene erleben, gewinnen oft eine erstaunliche Einsicht in die betreffende Zeit und Kultur, und gelegentlich sogar Kenntnis besonderer historischer Ereignisse. In manchen Fällen ist es absolut klar, daß sie diese Information unmöglich auf konventionellem Weg, durch gewöhnliche Sinneswahrnehmungen, hätten bekommen können. Sogesehen sind Erinnerungen an frühere Leben transpersonale Erfahrungen, die mit anderen transpersonalen Phänomenen die Fähigkeit teilen, einen unmittelbaren außersinnlichen Zugang zu Informationen über die Welt zu vermitteln.

In seltenen Fällen können transpersonale Erfahrungen, die für die Reinkarnation sprechen, sehr spezifischer Art sein. Ein kleiner Bruchteil der transpersonalen Erinnerungen an frühere Leben bezieht sich auf eindeutige Informationen über die Persönlichkeit und das Leben des Individuums, mit dem der Betreffende sich karmisch verbunden fühlt. Diese Information kann aus Namen von Personen und Orten bestehen, aus Daten, Beschreibungen von Gegenständen mit ungewöhnlichen Formen und vielen anderen Fakten. Gelegentlich läßt die Art dieses Materials eine unabhängige Nachprüfung zu. In diesen Fällen bringt die historische Nachforschung oft außerordentliche Überraschungen zutage, indem sie diese Erfahrungen bis in kleinste Einzelheiten verifiziert.

Im folgenden möchte ich einige wichtige Aspekte der Erfahrungen aus früheren Leben anhand der Geschichte eines interessanten Falles veranschaulichen. Der Protagonist dieser Geschichte, Karl, begann seine Selbsterkundung in einer Primärtherapie-Gruppe. Später nahm er an einem unserer einen Monat dauernden Seminare am Esalen Institut in Big Sur, Kalifornien, teil, wo wir die Technik der Holotropen Atemarbeit anwandten.

Während seiner Primärtherapie, als Karl verschiedene Aspekte seines Geburtstraumas durchlebte, setzte die Erfahrung von Bruchstücken dramatischer Szenen ein, die sich offenbar in einem anderen Jahrhundert und in einem fremden Land ereigneten. Sie waren mit starken Emotionen und körperlichen Empfindungen verbunden und schienen einen tiefen und innigen Bezug zu seinem Leben zu haben, doch keine ergab einen Sinn in Zusammenhang mit seiner gegenwärtigen Biographie.

Er hatte Visionen von Tunnels, unterirdischen Vorratslagern, militärischen Kasernen, dicken Mauern und Schutzwällen, die offenbar alle zu einer Festung gehörten, die auf einem Felsen über der Meeresküste lag. Die Bilder waren unterbrochen von Bildern von Soldaten in den verschiedensten Situationen. Er fühlte sich verwirrt, da die Soldaten anscheinend Spanier waren, die Szene jedoch Ähnlichkeit mit Schottland oder Irland hatte.

Im weiteren Verlauf des visionären Prozesses wurden die Szenen immer dramatischer und komplexer, und viele stellten erbitterte Kämpfe und blutige Gemetzel dar. Obwohl er von Soldaten umgeben war, erlebte Karl sich selbst als einen Priester, und einmal hatte er eine Vision von einer Bibel und einem Kreuz, was ihn tief bewegte. In diesem Augenblick sah er einen Siegelring an seiner Hand und konnte die Initialen darauf deutlich erkennen. Während er seine Geschichte Stück für Stück zutage förderte, fand Karl mehr und sinnvollere Bezüge zu seinem gegenwärtigen Leben. Er entdeckte, daß viele Emotionen und psychosomatische Gefühle sowie Probleme, die er zu dieser Zeit in seinem täglichen Leben mit zwischenmenschlichen Beziehungen hatte, sich eindeutig auf seinen inneren

26

Prozeß bezogen, der mit dem geheimnisvollen Ereignis aus der Vergangenheit zusammenhing.

Eine Wende trat ein, als Karl einem Impuls folgte und sich plötzlich entschloß, seinen Urlaub in Irland zu verbringen. Nach seiner Rückkehr zeigte er erstmals die Dias, die er an der Westküste von Irland aufgenommen hatte. Er erkannte, daß der Ort, der seine Aufmerksamkeit anzog, die Ruine einer alten Festung namens Dunanoir oder Forte de Oro (Goldene Festung) war.

Da er einen Zusammenhang mit seinen Erfahrungen aus der Primärtherapie ahnte, beschloß Karl, die Geschichte von Dunanoir zu studieren. Zu seiner immensen Überraschung fand er heraus, daß die Festung zur Zeit von Walter Raleigh von den Spaniern eingenommen und dann von den Briten belagert worden war. Raleigh verhandelte mit den Spaniern und versprach ihnen freies Geleit von der Festung, wenn sie das Tor öffneten und sich den Briten ergaben. Die Spanier ließen sich auf diese Bedingung ein, aber die Briten hielten ihr Versprechen nicht. Sobald sie in der Festung waren, metzelten sie alle Spanier erbarmungslos nieder und warfen sie über die Wälle, so daß sie am Strand umkamen.

Trotz dieser wahrhaft erstaunlichen Bestätigung der Geschichte, die er mühsam in seiner inneren Forschungsreise rekonstruierte, war Karl noch nicht zufrieden. Er setzte seine Forschungen an der Bibliothek fort, bis er ein besonderes Dokument über die Schlacht von Dunanoir entdeckte. Darin fand er, daß ein Priester die spanischen Soldaten begleitet hatte und mit ihnen getötet worden war. Die Initialen des Namens des Priesters waren identisch mit denen, die Karl in seiner Vision des Siegelringes gesehen und in einer seiner Zeichnungen abgebildet hatte.

Die Beobachtungen aus der Holotropen Therapie, die ich hier dargelegt habe, verdienen eine systematische und sorgfältige Erforschung als Indizien zur Frage des postumen Weiterlebens des Bewußtseins. Obgleich solche Beobachtungen nicht als eindeutige Beweise für die Fortdauer des individuellen Bewußtseins nach dem Tod gelten können, wird ein unvoreingenommener und informierter Wissenschaftler diese Möglichkeit kaum aufgrund eines metaphysischen Bekenntnisses zu einer mechanistischen Weltanschauung von der Hand weisen können. Obwohl die Annahme eines Fortlebens nach dem Tod nicht die einzige vorstellbare Deutung der vorliegenden Daten ist, so ist deren seriöse Überprüfung sicherlich wichtig im Interesse der wissenschaftlichen Sachlichkeit und des Fortschritts. Ein solches Unternehmen könnte außerdem bedeutende soziale und politische Auswirkungen haben. Der Stellenwert des Bewußtseins im wissenschaftlichen Weltbild und die Frage seines Fortbestands nach dem physischen Tod gehören zu den heikelsten Dingen, die die Hierarchie menschlicher Werte, die ethischen Normen, den Moralkodex und das Verhalten bestimmen. In Anbetracht der gegenwärtigen globalen Krise und der drohenden Gefahr eines kollektiven Selbstmords ist dies ein nicht zu unterschätzender Faktor.

Über Reinkarnation

ROBERT ALMEDER

Die akademische Welt war schockiert und äußerst skeptisch, als Professor Ian Stevenson von der University of Virginia sein mittlerweile klassisches Buch *Twenty Cases Suggestive of Reincarnation* (»Zwanzig Fälle, die auf Reinkarnation hinweisen«) veröffentlichte[1]. Stevenson legte dar, daß die Reinkarnationshypothese bisher die beste Erklärung einer großen Menge von Daten bietet, die bis vor kurzem im allgemeinen ignoriert, übersehen oder aus verschiedenen unhaltbaren Gründen nicht akzeptiert worden waren. Diese Daten bestehen aus einer Anzahl von Fallstudien – in *Twenty Cases* und andernorts im einzelnen beschrieben –, die alle die folgenden wesentlichen Merkmale gemeinsam haben:

1. Eine junger Mensch, in den meisten Fällen ein Kind zwischen vier und neun Jahren, behauptet, sich an ein früheres Leben erinnern zu können, in dem er eine andere Person war. Dann schildert er ausführlich sein angebliches früheres Leben. Diese Schilderung beinhaltet unter anderem, wo diese Person lebte, ihren Namen, die Namen und Merkmale der Verwandten, äußerst selektive historische Begebenheiten, die nur diejenige Person wissen konnte, die dieses frühere Leben angeblich geführt hatte, wie sie lebte und die spezifischen Umstände ihres Todes.

2. Diese behaupteten Erinnerungen gliedern sich in zwei Typen: a) diejenigen, die durch verfügbare Informationen verifiziert werden können, und b) diejenigen, die zwar verifiziert werden können, aber nicht anhand verfügbarer Informationen. Wenn beispielsweise ein junger Mensch aus Evanston, Illinois, behauptet, sich erinnern zu können, daß er in einem früheren Leben Lazarus Smart geheißen habe und 1630 in Boston, Massachusetts, als Sohn von Mary und Abraham Smart geboren wurde, die während des Schiffsfeuers von

29

1642 in der Boylston Street wohnten, kann die Tatsache, daß ein Lazarus Smart dieser Beschreibung tatsächlich existierte, leicht anhand verfügbarer Geburtsregister, historischer Dokumente und anderer öffentlich zugänglicher Informationen nachgeprüft werden. Wenn aber dieselbe Person angibt, sich zu erinnern, daß sie heimlich einen Silberlöffel mit den Initialen L. S. unter dem Zementpfeiler in der nordwestlichen Ecke der Kirche von Boylston Street vergraben hatte, als die Kirche 1642 wieder aufgebaut wurde, ließe sich auch diese Behauptung nachprüfen, doch nicht im Sinne einer bekannten oder existierenden Information.

3. Die Person, die behauptet, sich an ein vergangenes Leben zu erinnern, wird ausführlich (auf Tonband) interviewt und aufgefordert, Auskünfte zu geben, die ihr zur Verfügung stehen müßten, wenn sie wirklich dieses frühere Leben gelebt hatte, und die Person ist auch in der Lage, diese Auskünfte zu geben.

4. Forscher bestätigen unabhängig voneinander beide Typen von behaupteten Erinnerungen, und in manchen Fällen werden Familienmitglieder befragt und der Person gegenübergestellt, die sie an verschiedene Einzelheiten des Lebens, das sie angeblich miteinander verbrachten, erinnert.

5. Die Person, die behauptet, ein früheres Leben gelebt zu haben, weist außerdem bestimmte Fähigkeiten auf, die jene Person in dem angeblichen früheren Leben besaß, wie die Beherrschung einer Fremdsprache oder eines Dialekts oder das Spielen eines Instruments – eine Fertigkeit, welche die betreffende Person nicht in diesem Leben erworben haben konnte. Wenn zum Beispiel eine Person behauptet, sie könne sich erinnern, im mittelalterlichen Schweden gelebt zu haben, und wenn diese Person in hypnotischer Trance anfängt zu sprechen und ihr früheres Leben in einem schwierigen, aber verständlichen mittelalterlichen schwedischen Dialekt zu beschreiben, dann weist diese Person Fertigkeiten auf, die sie nicht in diesem Leben erworben hatte (vorausgesetzt, wir können nachweisen, daß sie kein mittelalterliches Schwedisch gelernt oder gehört hat).

6. Die reale Möglichkeit einer Täuschung durch Betrug oder Schwindel seitens der Person, die behauptet, ein früheres Leben gelebt zu haben, läßt sich nicht beweisen.

Nach Stevenson lassen sich Fälle, die diese Merkmale aufweisen, nur durch Reinkarnation glaubwürdig erklären.

Es nimmt nicht wunder, daß Philosophen und Wissenschaftler mit einer materialistischen Einstellung Stevensons Hypothese sofort mit einer Fülle von Einwänden und alternativen Erklärungen angriffen. Wir werden einige dieser Einwände und alternativen Erklärungen später unter die Lupe nehmen. Bevor wir dies jedoch tun, wollen wir einen Blick auf drei der verblüffendsten von Stevenson berichteten Fälle werfen.

Der Fall von Bishen Chand

Bishen Chand wurde 1921 in der Familie Gulham in der indischen Stadt Bareilly geboren. Im Alter von etwa anderthalb Jahren begann Bishen, Fragen über die Stadt Pilibhit zu stellen, die ungefähr fünfzig Meilen von Bareilly entfernt war. Niemand in der Familie Gulham kannte irgend jemanden in Pilibhit. Bishen wollte dorthin gebracht werden, und es stellte sich heraus, daß er glaubte, in einem früheren Leben dort gelebt zu haben.[2]

Im Lauf der Zeit sprach Bishen unaufhörlich von seinem früheren Leben in Pilibhit, und seine Familie litt zunehmend unter seinem Verhalten. Im Sommer 1926 (er war fünfeinhalb Jahre alt) behauptete Bishen, daß er sich sehr genau an sein früheres Leben erinnern könne. Er erinnerte sich, daß er Laxmi Narain geheißen habe und daß er der Sohn eines reichen Grundbesitzers gewesen sei. Er sagte, er könne sich an einen Onkel, Har Narain, erinnern (der, wie sich bei späterer Nachforschung herausstellte, Laxmi Narains Vater war). Er beschrieb außerdem das Haus, in dem er wohnte und das einen Kultraum und getrennte Gemächer für Frauen gehabt hat. Oft habe er Gesang und Tanz der Nautch-Mädchen genossen, professioneller Tänzerinnen, die oft auch Prostituierte waren. Er erinnerte sich, daß er sich auf Festen dieser Art im Haus eines Nachbarn, Sander Lal, vergnügt hatte, der in einem »Haus mit einem grünen Tor« gelebt hatte. Eines Tages empfahl der kleine Bishen seinem

31

Vater sogar, daß er sich zusätzlich zu seiner Frau eine Mätresse nehmen solle.

Weil Bishen Chands Familie arm war (Bishens Vater war ein kleiner Regierungsbeamter), hatte Bishen aufgrund seiner Erinnerungen an ein früheres, wohlhabenderes Leben einen Widerwillen gegen seine gegenwärtigen Lebensumstände in der Familie Gulham. Manchmal weigerte er sich zu essen und behauptete, daß in seinem früheren Leben nicht einmal seine Diener so etwas gegessen hätten. Er verlangte Fleisch und Fisch, und wenn seine Familie es ihm nicht geben konnte, suchte er im Haus von Nachbarn danach. Er verschmähte die Baumwollkleidung, die seine Familie ihm gab, und wollte in Seide gekleidet werden, denn die Baumwollkleider, behauptete er, seien nicht einmal gut genug für seine Diener. Er forderte außerdem Geld von seinem Vater und weinte, wenn dieser es ihm nicht gab.

Als Bishens Vater eines Tages erwähnte, daß er sich eine Armbanduhr kaufen wollte, sagte der kleine Bishen: »Papa, kauf nicht. Wenn ich nach Pilibhit fahre, besorge ich dir drei Uhren von einem muslimischen Uhrenhändler, dem ich dort ein Geschäft eingerichtet habe.« Dann nannte er den Namen des Händlers.

Seine um drei Jahre ältere Schwester Kamla ertappte Bishen einmal, als er Brandy trank (woraus sich der schwindende Vorrat an Alkohol erklärte, der sich ausschließlich für medizinische Zwecke im Haus befand). In der für ihn typischen überheblichen Art sagte er ihr, daß er es gewohnt sei, Brandy zu trinken, weil er in seinem früheren Leben eine ganze Menge Alkohol getrunken habe. Später behauptete er, daß er in seinem früheren Leben eine Mätresse hatte (er kannte den Unterschied zwischen einer Ehefrau und einer Mätresse) namens Padma. Und obwohl diese Frau eine Prostituierte war, scheint Bishen sie als seinen ausschließlichen Besitz betrachtet zu haben, denn er gab zu, einen Mann umgebracht zu haben, den er einmal aus ihrer Wohnung kommen sah.

Bishen Chands angebliche Erinnerungen erregten die Aufmerksamkeit von K.K.N. Sahay, einem Rechtsanwalt in Bareilly. Sahay begab sich zu Bishen Chand und schrieb die erstaunlichen Dinge auf, die der kleine Junge von sich gab. Danach fuhr er mit Bishen Chand, dessen Vater und älteren Bruder nach Pilibhit. Nicht ganz acht Jahre waren seit dem Tod von Laxmi Narain vergangen, von dem der kleine Junge behauptete, jener in seinem früheren Leben gewesen zu sein. Eine Menschenmenge versammelte sich, als sie in Pilibhit ankamen. Fast jeder hatte von der reichen Familie Narain gehört und von deren exzentrischen Sohn Laxmi, der mit der Prostituierten Padma verkehrte (die noch dort lebte), und wie Narain aus eifersüchtiger Wut einen Nebenbuhler erschossen hatte. Obwohl Narains Familie einflußreich genug war, um die Anklage niederzuschlagen, starb Narain einige Monate später eines natürlichen Todes im Alter von zweiunddreißig Jahren.

Als er zu der alten staatlichen Schule in Pilibhit gebracht wurde, lief Bishen Chand zu »seinem« früheren Klassenzimmer. Jemand brachte ein altes Bild, auf dem Bishen einen von Laxmis Klassenkameraden erkannte, der sich zufällig in der Menge befand. Und als der Klassenkamerad ihn nach dem Lehrer fragte, beschrieb er ihn richtig als einen fettleibigen, bärtigen Mann.

In diesem Stadtviertel, wo Laxmi Narain gelebt hatte, erkannte Bishen Chand das Haus von Sander Lal, dessen grünes Tor er erwähnt hatte, bevor er nach Pilibhit gebracht wurde. Später, im August 1926, verfaßte der Rechtsanwalt Sahay einen Bericht für die nationale Zeitung The Leader und sagte aus, daß er das Tor selbst gesehen habe, und bestätigte, daß es von grüner Farbe gewesen sei. Der Junge zeigte auch den Hof, wo die Nautch-Mädchen nach seinen Angaben gesungen und getanzt hatten. Kaufleute in der Gegend bestätigten die Aussage des Jungen. In seinen in The Ledaer veröffentlichten Berichten schrieb Sahay, daß die Prostituierte, mit der der Junge in seinem früheren Leben verkehrt hatte, wiederholt von Leuten in der Menge, die dem Jungen folgte, aufgesucht wurde. Als er den Namen »Padma« erwähnte, bestätigten die Leute, daß der Name stimme. Während dieses denkwürdigen Tages wurden zwei Tablas oder Trommeln vor den Jungen hingestellt. Der Vater sagte, daß Bishen Chand nie zuvor Tablas gesehen hatte, doch zum Erstaunen seiner Familie und aller Versammelten spielte Bishen sie mit großem Geschick, wie Laxmi Narain es viel früher getan hatte.

Als die Mutter Laxmi Narains Bishen Chand traf, stellte sich sofort eine starke Bindung zwischen ihnen ein. Bishen antwortete richtig auf ihre Fragen (u.a. wann in seinem früheren Leben er ihre eingemachten Früchte weggeworfen hatte), und er nannte und beschrieb korrekt Laxmi Narains persönlichen Diener. Er nannte auch die Kaste, zu der sein Diener gehört hatte. Später sagte er, daß er Laxmi Narains Mutter lieber mochte als seine eigene.

Laxmi Narains Vater hatte angeblich vor seinem Tod einen Schatz verborgen, aber niemand wußte wo. Als Bishen Chand nach dem Schatz gefragt wurde, führte er die Leute in ein Zimmer des früheren Hauses der Familie. Ein Schatz von Goldmünzen wurde später in diesem Raum gefunden und machte dadurch die Aussage des Jungen, daß er in einem früheren Leben in dem Haus gewohnt hatte, glaubwürdig.

In seiner Untersuchung dieses Falles hob Ian Stevenson seine besondere Bedeutung hervor, weil ein Bericht darüber von einem zuverlässigen Anwalt vorlag, zu einer Zeit, als die meisten Hauptpersonen noch am Leben und in der Lage waren, die angeblichen Erinnerungen Bishens zu verifizieren. Sie bestätigten beinahe alle Aussagen, die Bishen vor seiner Reise nach Pilibhit gemacht hatte. Laut Stevenson ist die Möglichkeit eines Betrugs deshalb auszuschließen, weil Bishen Chands Familie durch eine Verbindung mit den Narains wenig zu gewinnen hatte. Es war bekannt, daß die Narains in Not geraten waren, nachdem Laxmi Narain gestorben war. Wie in den meisten ähnlichen Fällen ließen die Begebenheiten sich nicht dadurch erklären, daß die Familie sich einen finanziellen Gewinn daraus versprach.

Der Fall von Swarnlata

Im Jahre 1951 unternahm ein Inder namens Mishra mit seiner kleinen Tochter Swarnlata und anderen eine Reise, die von der Stadt Panna im Distrikt Madhya Pradesh 170 Meilen südlich in die Stadt Jabalpur führte, die in demselben Distrikt lag. Als sie auf der Rückfahrt durch die Stadt Katni kamen, siebenundfünfzig Meilen nördlich von Jabalpur, bat Swarnlata unerwartet den Fahrer, er solle eine bestimmte Straße zu »ihrem Haus« hinunterfahren. Der Fahrer ignorierte verständlicherweise ihre Bitte. Später, als dieselbe Gruppe in Katni Tee trank, sagte ihnen Swarnlata, daß sie einen besseren Tee in »ihrem« Haus in der Nähe bekämen. Diese Äußerungen verwunderten Mishra, da er wußte, daß weder er noch irgendein Mitglied seiner Familie jemals in der Nähe von Katni gelebt hatten. Er staunte noch mehr, als er erfuhr, daß Swarnlata anderen Familienmitgliedern weitere Einzelheiten ihres angeblichen früheren Lebens in Katni als Mitglied einer Familie namens Pathak erzählt hatte. Während der nächsten zwei Jahre führte Swarnlata ihrer Mutter – und später auch anderen – öfter ungewöhnliche Tänze und Lieder vor. Laut ihren Eltern hatte Swarnlata keine Gelegenheit gehabt, diese zu lernen. Im Jahre 1958 begegnete Swarnlata einer Frau aus der Gegend von Katni, die sie angeblich in ihrem früheren Leben gekannt hatte. Um diese Zeit begann Mishra zahlreiche Äußerungen zu verifizieren, die seine Tochter über ihr »früheres Leben« gemacht hatte.[3]

Im März 1959 begann ein Parapsychologe namens Banerjee von der Universität von Rajasthab in Rajasthan, den Fall zu untersuchen. Banerjee reiste von der Wohnung der Mishras in Chhatarpur nach Katni, wo er die Familie Pathak kennenlernte, deren Mitglied Swarnlata gewesen sein wollte. Er hatte vor Antritt seiner Reise nach Katni etwa neun detaillierte Äußerungen Swarnlatas über das Wohnhaus der Pathaks notiert. Diese Aussagen konnte er bei seiner Ankunft bestätigen.

Banerjee stellte außerdem fest, daß die Äußerungen Swarnlatas ganz den Lebensumständen von Biya, einer Tochter der Familie Pathak und der verstorbenen Ehefrau eines Mannes namens Pandley, entsprachen, der in Maihar lebte. Biya war 1939, acht Jahre vor Swarnlatas Geburt, gestorben.

Im Sommer 1959 reisten einige Mitglieder der Familie Pathak und der angeheirateten Familie von Biya nach Chhatarpur, wo die Familie Mishra lebte. Ohne diesen Leuten vorgestellt worden zu sein und unter Bedingungen, die von den parapsychologischen Forschern kontrolliert wurden, erkannte Swarnlata alle, nannte sie bei ihrem Namen und erzählte persönliche Begebenheiten und Ereignisse, an denen sie als Biya und ihre Familie teilgenommen hatten – Ereignisse, die laut diesen Verwandten nur Biya gewußt haben konnte. So sagte Swarnlata zum Beispiel aus, daß sie als Biya Goldplomben in ihren vorderen Zähnen gehabt hatte. Biyas Schwägerin bestätigte dies. Die Pathaks akzeptierten Swarnlata schließlich als die reinkarnierte Biya, obgleich sie nie an die Möglichkeit einer Reinkarnation geglaubt hatten.

Nach diesen Besuchen fuhr Swarnlata mit mehreren Mitgliedern ihrer Familie im Sommer 1959 zuerst nach Katni und dann nach Maihar, wo Biya einen Großteil ihres Lebens als verheiratete Frau zugebracht hatte und wo sie gestorben war. In Maihar erkannte Swarnlata weitere Personen und Orte und erwähnte verschiedene Veränderungen, die seit Biyas Tod stattgefunden hatten. Ihre Äußerungen wurden unabhängig voneinander verifiziert. Später besuchte Swarnlata weiterhin Biyas Bruder und dessen Kinder, denen sie äußerst zugetan war.

Die Lieder und Tänze, die Swarnlata vorführte, waren jedoch problematisch, denn Biya sprach Hindi und konnte kein Bengali, während Swarnlata die Lieder, zu denen sie auch tanzte, in bengalischer Sprache sang.

Nach einer sorgfältigen Untersuchung dieses Falles kam Ian Stevenson zu dem Schluß, daß sich die Fakten nur dann erklären ließen, wenn man Swarnlata ein paranormales Wissen zuschrieb. Wie hätte sie sonst Einzelheiten über die Familie und das Haus wissen können? Diese Einzelheiten – samt der Tatsache, daß Biya Goldplomben hatte, was sogar ihr Bruder vergessen hatte – waren keineswegs öffentlich bekannt. Wie hätten wir überdies anders erklären sollen, daß sie Mitglieder der Familie Pathak und Pandley erkannt hatte? Wie ist ihre Kenntnis des früheren (im Unterschied zum gegenwärtigen) Aussehens von Orten und Menschen zu erklären? Bezeugtermaßen erkannte sie eine Anzahl von zwanzig Personen wieder. Wie Stevenson bemerkt, vollzog dieses Wiedererkennen sich meistens so, daß Swarnlata einen Namen oder die verwandtschaftliche Beziehung zwischen Biya und der betreffenden Person angeben mußte.

Mehrmals wurde ein ernsthafter Versuch unternommen, sie irrezuführen oder zu leugnen, daß sie die richtigen Auskünfte gegeben hatte, aber solche Versuche mißlangen.

Konnte es eine Verschwörung all der Zeugen in den diversen Familien (der Mishras, Pathaks und Pandleys) gegeben haben? Hätten sich nicht alle verschwören können, um den großen Schwindel zu inszenieren? In diesem Fall ist das unwahrscheinlich, meint Stevenson, der geltend macht, daß eine prominente Familie wie die Pathaks mit weitreichenden Geschäftsinteressen sich wahrscheinlich nicht auf einen Schwindel einlassen würde, an dem so viele Menschen beteiligt waren, von denen irgendeiner später abspringen könnte. Wenn es sich um einen Schwindel handelte, dann höchstens von der Chhatarpur-Seite her. Aber sogar hier hatte Mishra von einem solchen Schwindel keinen Vorteil. Er zweifelte sogar lange an der Echtheit und Richtigkeit der Aussagen seiner Tochter und unternahm sechs Jahre lang nichts, um sie zu überprüfen. Die meisten sind sich darüber einig, daß Mishra nichts zu gewinnen hatte als eine öffentliche Blamage.

Aber auch wenn wir annehmen, daß ein Schwindel versucht worden wäre, wer hätte Swarnlata beibringen können, richtig zu erkennen? Wer hätte sich die Zeit dafür genommen? Außer Swarnlata war Mishra das einzige Mitglied der Familie, das durch den Fall Swarnlata öffentliche Aufmerksamkeit erregte, und er war darüber gar nicht glücklich. Wie hätte Mishra sich auch die außerordentlich persönlichen Auskünfte Swarnlatas über die privaten Angelegenheiten der Pathaks verschaffen können, zum Beispiel daß Biyas Ehemann ihre zwölfhundert Rupien genommen hatte?

Hätte Swarnlata das von einem Fremden erfahren können, der Katni und die Pathaks kannte? Wenn ja, wie hätte er an Swarnlata herankommen können? Wie Stevenson bemerkt, wurde Swarnlata, wie alle Kinder in Indien, insbesondere Mädchen, von ihrer Familie streng beaufsichtigt. Sie kam im Haus nie allein mit Fremden zusammen und ging nie ohne Begleitung auf die Straße.[4]

Abgesehen von der rechtlichen Dokumentation und Methodik, die Stevenson bei der Untersuchung dieses Falle anwandte, besteht das Interessanteste darin, daß er nur einer von sehr vielen ähnlichen

Fällen ist. Gibt es irgendeine alternative Erklärung, die eine plausiblere Begründung der Fakten in solchen Fällen hätte geben können als die Hypothese der Reinkarnation? Wie wir später sehen werden, gibt es offenbar keine.

Responsive Xenoglossie: Der Fall von Lydia Johnson

Xenoglossie bezeichnet die Fähigkeit, eine Fremdsprache zu beherrschen, die von dem betreffenden Menschen nicht auf normale Weise erlernt wurde. Dieses Phänomen trat in ähnlichen Fällen wie dem von Swarnlata auf und spricht besonders stark für die Reinkarnation. Es ist ein Indiz, das noch stärker ist als der Fall von Swarnlata. In einem Buch mit dem Titel *Xenoglossy* legt Stevenson den Fall der Lydia Johnson dar.[5] Dieser Fall ist ein Beispiel für *responsive* Xenoglossie, die dann auftritt, wenn die Person in einer Sprache antworten kann, die sie nicht gelernt hat, und dadurch eine Fähigkeit an den Tag legt, die gesprochene Sprache zu verstehen. Dadurch unterscheidet sie sich von der *rezitativen* Xenoglossie, die dann auftritt, wenn ein Mensch eine Sprache, die er nicht gelernt hat, lediglich sprechen oder »rezitieren« kann, ohne die Bedeutung der Worte zu kennen oder in der Sprache antworten zu können.

Im Jahre 1973 erklärte sich Lydia Johnson (Name geändert) bereit, ihrem Mann bei seinen Hypnose-Experimenten behilflich zu sein. Wie sich herausstellte, war sie ein ausgezeichnetes Subjekt, weil sie sich leicht in eine tiefe Trance versetzen konnte. Dr. Harold Johnson (ebenfalls ein Pseudonym) war ein hervorragender und hochangesehener Arzt in Philadelphia. Er hatte sich im Jahre 1971 zur besseren Behandlung seiner Patienten die Technik der Hypnose angeeignet. Da diese Experimente mit seiner Frau so gut klappten, beschloß er, eine hypnotische Rückführung zu versuchen und sie in eine frühere Zeit zu versetzen. Mitten in der Rückführung zuckte sie plötzlich zusammen, als hätte ihr jemand einen Schlag versetzt, schrie und faßte sich an den Kopf. Er brach die Sitzung sofort ab, aber seine Frau hatte Kopfschmerzen, die nicht weggehen wollten. Johnson wiederholte die Sitzung zweimal, jedes Mal mit demselben Ergebnis. Beide Male war Lydia aus ihrer Trance erwacht und sagte, daß sie eine Szene gesehen hatte, in der alte Leute in ein Gewässer getrieben worden waren, damit sie darin ertranken. Sie hatte gespürt, wie sie hinuntergezogen wurde, dann spürte sie einen Schlag auf den Kopf, schrie auf und erwachte mit Kopfschmerzen aus ihrer Trance.

Aus diesem Grund zog Dr. Johnson einen anderen Hypnotiseur zu, Dr. John Brown (ebenfalls ein Pseudonym). Dr. Brown wiederholte die Rückführung, aber bevor der Schmerz sie noch einmal überwältigen konnte, sagte er zu Lydia: »Sie sind jetzt zehn Jahre jünger.« Plötzlich begann Lydia zu sprechen, nicht in Sätzen, sondern in einzelnen Wörtern und Satzbrocken, manchmal in gebrochenem Englisch, aber meistens in einer Sprache, die keiner der Anwesenden verstehen konnte. Ihre Stimme war außerdem tief und männlich. Dann kamen aus dem Mund dieser siebenunddreißigjährigen Hausfrau die Worte: »Ich bin ein Mann.« Als sie nach ihrem Namen gefragt wurde, sagte sie: »Jensen Jacoby.« In dieser Trance begann sie, in stockendem Englisch, unterbrochen von fremdsprachigen Wörtern, ein vergangenes Leben zu schildern. In dieser und in den folgenden Sitzungen erzählte sie in einer tiefen, männlichen Stimme von ihrem Leben in einem kleinen Dorf in Schweden vor drei Jahrhunderten. Die Sitzungen wurden mit sorgfältigen schriftlichen Aufzeichnungen auf Band aufgenommen. Spezialisten der schwedischen Sprache wurden zugezogen, um »Jensens« Aussagen zu übersetzen. In späteren Sitzungen sprach »er« fast ausschließlich in mittelalterlichem Schwedisch, einer Sprache, die Lydia gänzlich unbekannt war. Als er gefragt wurde: »Wie verdienen Sie Ihren Lebensunterhalt?«, antwortete er in einem Schwedisch des sechzehnten Jahrhunderts: »Als Bauer.« Auf die Frage: »Wo wohnen Sie?«, antwortete er: »Im Haus.« Und als er gefragt wurde: »Wo ist das Haus?«, antwortete er wieder auf Schwedisch: »In Hansen.« Diese letzten Fragen wurden ebenfalls auf Schwedisch gestellt.

Allen Berichten zufolge wies Jensen eine schlichte Persönlichkeit auf, die ganz zu dem von ihm beschriebenen bäuerlichen Leben paßte. Er schien kaum etwas außer seinem eigenen Dorf und einem Handelszentrum, das er besuchte, zu kennen. Er hielt Kühe, Pferde,

Ziegen und Hühner. Er aß Ziegenkäse, Brot, Milch, Lachs und Mohnkuchen, die seine Frau Latvia buk. Er hatte sein Haus selbst gebaut, und er und Latvia hatten keine Kinder. Er war einer von drei Söhnen, seine Mutter war Norwegerin gewesen, und er war von zu Hause weggelaufen.

Bestimmte Gegenstände wurden Lydia während ihrer Trance vorgeführt. Sie wurde gebeten, ihre Augen zu öffnen und die Gegenstände zu identifizieren. Als Jensen identifizierte sie richtig ein hölzernes Gefäß, das damals als Kornmaß verwendet wurde, einen Pfeil und Bogen und Mohnkörner. Sie wußte jedoch nicht, wie man moderne Werkzeuge, etwa eine Zange, gebrauchte.

Warum Reinkarnation? Einige alternative Erklärungen

Hier hatte Stevenson zugunsten der Reinkarnation ein sehr einfaches Argument: Könnte es denn eine bessere oder plausiblere Erklärung dieser Fälle geben als die Annahme, daß die menschliche Persönlichkeit, was immer sie sei, sich reinkarniert? Wer die Reinkarnation mit Skepsis betrachtet, muß eine ebenso plausible oder bessere Erklärung der Daten liefern, wenn Stevensons Behauptung, daß die beste zur Verfügung stehende Erklärung dieser Fälle die Reinkarnation sei, wirklich erschüttert werden soll. Wenden wir uns kurz einigen alternativen Erklärungen zu.

1. *Clairvoyance* und *unterbewußte Verkörperung*. Nach dieser Erklärung könnte ein Skeptiker geltend machen, daß die Subjekte in all den genannten Fällen unbewußt hellsehen – das heißt, daß sie, ohne es zu wissen, eine außersinnliche Wahrnehmung (ASW) bestimmter Ereignisse und Personen der Vergangenheit besitzen, obwohl die Subjekte zur Zeit dieser vergangenen Ereignisse oder Personen nicht am Leben waren und obwohl ihnen niemand erzählt hatte, was geschehen war. Nach dieser Ansicht identifizieren die Subjekte sich aus irgend einem Grund unbewußt mit einer bestimmten Person, die in der Vergangenheit gelebt hat und deren Leben und Ansichten das Subjekt hellseherisch versteht. Das Subjekt verkör-

pert oder dramatisiert diese Person unbewußt, weil sie aufrichtig glaubt, diese Person zu sein.

Ist dies eine vernünftige Alternative zur Annahme der Reinkarnation? Nicht wirklich, denn in Fällen wie den beschriebenen weisen Kinder mit einer Erinnerung an ein angeblich früheres Leben in der Regel *keine* Anzeichen einer hellseherischen Begabung auf. Und wenn ihre Erinnerungen auf Clairvoyance beruhten, wie ist zu erklären, daß sie in einer so spezifischen, beschränkten Weise auftraten? Nach unserem Wissen ist Clairvoyance eine allgemeine Fähigkeit, und solche Menschen sehen im allgemeinen nicht hell in bezug auf *ein* vergangenes Ereignis oder eine Reihe vergangener Ereignisse in der Familie *einer* Person.

Aber auch wenn wir die »Erinnerungen« in solchen Fällen als hochspezialisierte Formen einer verschleierten Clairvoyance erklären könnten, müßten wir Kindern wie Swarnlata und Bishen Chand eine *Super*-Clairvoyance zubilligen, womit sie sich eine so große Anzahl korrekter Einzelheiten über das Leben, die Verwandten und Lebensumstände einer verstorbenen Person aneignen konnten. Clairvoyance dieser besonderen Art tritt nicht ohne sehr große Übung auf. Mit anderen Worten, diese alternative Erklärung ist problematisch, weil sie eine äußerst hohe Clairvoyance erfordert, wie sie im allgemeinen nicht vorkommt.

Aber auch wenn es diese Formen von Clairvoyance gäbe, unterläuft auch den besten Hellsehern eine voraussehbare Anzahl von Irrtümern – während Swarnlata und Bishen Chand sich in ihren angeblichen Erinnerungen so gut wie nie irrten. Die Anzahl der Irrtümer in den Erinnerungen beider Kinder war einfach zu niedrig, als daß sie in unser allgemeines Verständnis von Clairvoyance paßte. Die Indizien sprechen daher ausgesprochen dagegen, daß Swarnlatas und Bishen Chands Kenntnis der von ihnen so genau beschriebenen Ereignisse in der Vergangenheit auf Clairvoyance zurückzuführen seien. Ebensowenig hätten sie diese Informationen auf natürlichem Weg von einem Dritten erhalten können.

Zu dieser alternativen Erklärung gehören auch einige höchst zweifelhafte Annahmen über unbewußte Verkörperung. Glaubt irgend jemand aufrichtig, daß Swarnlata imstande war, Biya so gut zu verkörpern, daß keiner in Biyas Familie – weder ihre Brüder oder Schwestern, ihr Vater, ihre Mutter, noch ihr Ehemann – dies als geschickte unbewußte Verkörperung hätte entlarven können? Es erscheint doch als sehr unwahrscheinlich, daß sie die ganze Familie hinters Licht führte. Manche werden natürlich einwenden, daß alle hinters Licht geführt wurden, weil alle an Reinkarnation glaubten. Doch in diesem Fall, wie in den meisten ähnlichen Fällen, glaubten die Familienmitglieder *nicht* an Reinkarnation.

Außerdem lassen manche Teile einer Persönlichkeit sich über einen langen Zeitraum nur sehr schwer verkörpern. So sind zum Beispiel eine bestimmte Art zu schauen und zu gehen, ein besonderer Humor oder eine Art zu lachen so persönliche Eigenheiten, daß sie nur durch eine höchst kunstvolle Verkörperung nachgeahmt oder dramatisiert werden können. Mit anderen Worten: Diese Erklärung des Skeptikers setzt eine hochspezialisierte Fähigkeit voraus – nämlich die Gabe, die persönlichsten Eigenheiten eines einzige Menschen fehlerlos zu verkörpern. Können wir eine solche Fähigkeit Swarnlata angesichts der Tatsache zuschreiben, daß sie nie eine allgemeine Gabe zeigte, irgend jemand anders treffend nachzuahmen? Gewiß würde man, wenn die Erklärung »Clairvoyance/unterbewußte Verkörperung« glaubhaft wäre, bei Menschen wie Swarnlata und Bishen Chand eine allgemeine Fähigkeit erwarten, feinste Persönlichkeitsmerkmale auch anderer Menschen nachahmen zu können. Diese Gabe finden wir bei ihnen jedoch nicht. Auch wenn wir das allgemeine Phänomen der Clairvoyance und der »multiplen Persönlichkeit« akzeptieren, kann die erste alternative Erklärung des Skeptikers nicht überzeugen. Und die Fälle, in denen Xenoglossie eine Rolle spielt, sprechen sogar noch stärker für die Reinkarnation.

2. *Hellseherische Xenoglossie* und *hellseherische Fähigkeiten*. Der springende Punkt im Fall von Lydia Johnson und anderen ähnlichen Fällen ist der, daß der Skeptiker diese Fähigkeit keineswegs erklären kann, indem er ASW oder Clairvoyance ins Treffen führt. *Wie* man etwas macht – wie man zum Beispiel eine Fremdsprache spricht – ist etwas ganz anderes, als nur zu wissen, daß dies oder jenes sich so verhält. Die Kenntnis einer Fremdsprache (oder eines

42

anderen Dialekts) läßt sich im Unterschied zur Kenntnis dieser oder jener Begebenheit in der Vergangenheit nicht durch ASW oder Clairvoyance erklären. Um die Verleihung solcher Gaben durch Clairvoyance erklären zu können, müßten wir Clairvoyance, wie wir sie heute verstehen, neu definieren. In Fällen wie in den von uns beschriebenen, hatte Clairvoyance niemals etwas mit erworbenen Fähigkeiten, wie der Beherrschung einer Fremdsprache oder eines Musikinstruments, zu tun.

3. *Genetisches Gedächtnis.* Ein Skeptiker könnte jedoch immer noch geltend machen, daß jeder Mensch mit einem bestimmten »genetischen Gedächtnis« zur Welt kommt, daß auch die *Erinnerungen* unserer Vorfahren zu unseren Erbanlagen gehören, so wie jeder die körperlichen Merkmale seiner Ahnen genetisch erbt. Wenn dies so ist, besagt diese Erklärung, dann geben unter bestimmten Umständen die Inhibitoren (Hemmstoffe) dieser Merkmale nach, so daß die Erinnerungen unserer Ahnen zutage treten – Erinnerungen, die vom Subjekt so erlebt werden, als seien sie seine eigenen. Diese Erklärung möchte uns glauben machen, daß Swarnlata zum Beispiel Biyas Gedächtnis geerbt und deren Erinnerungen irrtümlich für ihre eigenen gehalten habe. In ähnlicher Weise hätte Lydia Johnson das Gedächtnis Jensens geerbt, und dies ging so weit, daß sie sogar seine Sprache beherrschte. In beiden Fällen hätten die Subjekte offenbar irrtümlich geglaubt, daß sie sich an Ereignisse aus ihrem jeweiligen vergangenen Leben erinnerten. Tatsächlich aber erinnerten sie sich lediglich an Ereignisse aus dem Leben anderer, die ihre Erinnerungen innerhalb und mittels des Genpools auf ihre Ahnen übertrugen. Dieselbe Erklärung muß natürlich auch für die Tatsache herhalten, daß im Falle von Bishen Chand dieser die nicht von ihm erworbene Fähigkeit besaß, auf den Trommeln zu spielen.

Diese dritte Alternative ist jedoch nicht glaubwürdiger als die vorhergehenden. Wenn man sich auf das Phänomen des genetischen Gedächtnisses als zutreffende Erklärung von Swarnlatas Kenntnis des Lebens der Biya beruft, würde man erwarten, daß Swarnlata in der genetischen Linie Biyas läge, was eindeutig nicht der Fall war. Dieser Punkt wurde von Stevenson hervorgehoben[6], und dies

43

scheint in solchen Fällen eine große Rolle zu spielen, wo keine genetische Verbindung zwischen einem Subjekt und seinem angeblichen Vorfahren besteht, dessen Sprache das Subjekt sprechen kann. Im Fall von Lydia Johnson und »Jacob Jensen« läßt sich eine genetische Verbindungslinie schwerlich nachweisen, und in einigen der verblüffendsten übrigen Fälle läßt sich nachweisen, daß keine genetische Linie die betreffende Person mit dem angeblichen Vorfahren verbindet. Im Fall von Bishen Chand gab es beispielsweise kein genetisches Bindeglied zwischen ihm und Laxmi Narain. Dies ist ein entscheidender Grund, warum man von der »genetischen« Erklärung absehen kann.

Materialistische Einwände

Vor kurzem brachte Paul Edwards, ein bekannter Vertreter des philosophischen Materialismus', in einem ausführlichen Essay über Reinkarnation eine Reihe von Einwänden gegen Stevensons Behauptung vor, daß die Reinkarnation die beste Erklärung der vorliegenden Daten sei. Edwards beginnt mit einem allgemeinen Argument, daß Stevensons Fallstudien, wenn sie ein Beweis für die Reinkarnation seien, eine Reihe anderer Annahmen nach sich zögen, die einfach zu unglaubwürdig sind, als daß ein vernünftiger Mensch sie ernstnehmen könnte. Er sagt, daß diese Einwände uns klarmachten, daß jemand, der für die Reinkarnation optiert, sich gleichzeitig zu einer Reihe von anderen Annahmen verpflichtet, deren wichtigste jetzt hier aufgezählt werden.

»Wenn ein Mensch stirbt, dann existiert er nicht auf der Erde, sondern in einer unbekannten Region als körperloser Geist oder Astralkörper oder als irgendein anderer ›nichtphysischer‹ Leib weiter. Obwohl er kein Gehirn mehr hat, behält er Erinnerungen an das Leben auf Erden sowie einige seiner bezeichnenden Fähigkeiten und Charakterzüge bei. Nach einer Periode, die von einigen Monaten bis zu Hunderten von Jahren dauern kann, sucht sich dieser reine Geist oder ›nichtphysische‹ Körper, dem nicht nur ein Gehirn, sondern auch alle körperlichen Sinnesorgane fehlen, auf der

Erde eine geeignete Frau als seine Mutter in der nächsten Inkarnation aus, dringt im Augenblick der Empfängnis in den Schoß dieser Frau ein und vereinigt sich mit dem neuen Embryo zu einem vollständigen menschlichen Wesen. Obwohl der Verstorbene ein Erwachsener und sehr alt gewesen sein kann, beginnt er bei der Wiedergeburt sein neues Leben mit dem intellektuellen und emotionalen Habitus eines Babys. Schließlich haben viele der auf diese Weise Wiedergeborenen früher nicht auf Erden gelebt, sondern (je nach der Variante der Reinkarnation, an die man glaubt) auf anderen Seinsebenen oder Planeten, von denen sie (natürlich unsichtbar) auswandern, wobei die meisten von ihnen mit Vorliebe in den Schoß einer Mutter in einem armen und überbevölkerten Land eingehen, wo sie voraussichtlich ein elendes Leben führen werden. Die bisher aufgeführten Annahmen ergeben sich aus *praktisch allen Formen der Reinkarnation*, aber Stevenson setzt außerdem voraus, daß die Erinnerungen und Fähigkeiten, die dieses Wesen von der verstorbenen Person übernahm und die auf den neuen, natürlichen Körper übertragen werden, nur während einer relativ kurzen Zeit in der Kindheit in Erscheinung treten und dann für immer verschwinden.

Wenn Stevensons Berichte ein Beweis für die Reinkarnation sind, dann müssen sie es auch für die eben erwähnten, sich daraus ergebenden Annahmen sein. Diese Annahmen sind doch wohl einigermaßen phantastisch, wenn nicht glatter Unsinn; und selbst ohne den Nachweis besonderer Unstimmigkeiten wird ein rationaler Mensch zu dem Schluß kommen, daß Stevensons Berichte entweder ernsthafte Mängel aufweisen oder daß seine angeblichen Fakten sich ohne die Hypothese der Reinkarnation erklären lassen. Eine Akzeptanz der gleichzeitig unterstellten Annahmen würde, um ein Wort von Kierkegaard zu gebrauchen, auf die ›Kreuzigung‹ unseres Verstandes hinauslaufen.«[7]

Bevor Edwards das Argument Stevensons einer Prüfung unterzog, hatte er dargelegt, daß wir keine Beweise für die vom Gehirn unabhängige Existenz des Bewußtseins haben würden und daß die bloße Vorstellung von einem Bewußtsein zwischen reinkarnierten Leben in einem »Astralkörper«, also einem »nichtphysischen« Leib, der ohne Augen sehen, ohne Ohren hören und ohne Gehirn denken kann, vollkommen unglaubwürdig sei.

Edwards' Argument hat den beunruhigenden Klang eines dogmatischen Materialismus, der es darauf angelegt hat zu zeigen, daß aufgrund der Unglaubwürdigkeit der Reinkarnationshypothese die von

Stevenson dargestellten Fälle Beispiele eines Betrugs, Schwindels oder einer Verblendung von seiten Stevensons sein *müssen*.

Aber wir wissen *nicht*, ob das Bewußtsein nicht ohne Gehirn existieren kann. Und wenn wir der Frage nicht einfach ausweichen wollen, besitzen wir in der Tat Indizien dafür, daß das Bewußtsein unabhängig vom Gehirn existieren kann. Da niemand nachgewiesen hat, daß die von Stevenson zitierten Fälle wirklich auf einem Betrug, Schwindel oder einer Verblendung beruhen, müssen sie als eines unserer stärksten Indizien dafür gelten, daß die menschliche Persönlichkeit tatsächlich den Tod überdauert. Dies würde voraussetzen, daß das menschliche Bewußtsein unabhängig vom Gehirn existieren, eine Zeitlang ohne einen Körper, wie wir ihn kennen, bestehen und reinkarniert werden *kann*. Edwards' Einwand, daß all dies für einen rationalen Menschen einfach zu unglaubwürdig sei, ist nichts weiter als ein krasses Ausweichmanöver. Außerdem besagt Stevensons Aussage, daß Reinkarnation die beste Erklärung der Daten sei, nichts Spezifisches über das Wesen eines »Astralkörpers«, wohin dieser während der Inkarnationen geht, wie, warum und wie oft er sich reinkarniert, ob jeder sich reinkarniert und welchem Zweck dies alles dient. Stevensons Fälle besagen lediglich, daß Kernelemente der menschlichen Persönlichkeit nach dem Tod weiterleben und sich reinkarnieren.

Eine Verteidigung von Stevensons Reinkarnationshypothese

Mit letzter Anstrengung haben andere Skeptiker der materialistischen Weltanschauung den Einwand erhoben, daß Stevenson die Möglichkeit eines Betrugs seitens der verschiedenen Parteien seiner Fälle nicht ernsthaft in Betracht gezogen habe. Jeder, der *Twenty Cases* und die späteren Arbeiten liest, muß jedoch beeindruckt sein, welche Mühe Stevenson sich gegeben hat, um einem Betrug in seinen wichtigsten Fällen auf die Spur zu kommen.[8] So stellt Stevenson zum Beispiel in den Fällen von Swarnlata und Bishen Chand selbst die Frage, ob ein Betrug vorliegen könne. Bei Bishen Chand ist es natürlich möglich, daß die beiden Familien sich verbündeten und dem kleinen Bishen alles beibrachten. Aber nach Ansicht Stevensons hätte ein Betrug dieser Art eine Anzahl von Leuten in beiden Familien sowie von Fremden (Laxmis Klassenkameraden) benötigt, und die Wahrscheinlichkeit, daß ein solcher Betrug entdeckt worden wäre, war ziemlich groß. Noch wichtiger war, daß keine der Familien von einem Betrug finanziell profitiert hätte (wie auch Bishen nichts zu gewinnen hatte), weil beide Familien arm waren. Vielmehr war beiden Familien das Aufsehen eher peinlich; sie wünschten, es wäre nicht geschehen, und Bishens Familie tat alles in ihrer Macht stehende, um zu verhindern, daß der Fall öffentlich bekannt wurde. Dazu kommt, daß keine der beiden Familien aus religiöser oder philosophischer Überzeugung an Reinkarnation glaubte, bevor ihre Kinder ihre Geschichten erzählten. Und obwohl Bishens Fertigkeit im Trommeln ihm heimlich von seinem Vater hätte beigebracht werden können, so läßt sich gerade dies sehr schwer durchführen, ohne daß irgend jemand etwas davon bemerkt hätte.

Gewiß ist die Möglichkeit des Betrugs in jedem der beiden Fälle nicht ganz auszuschließen. Es sollte jedoch immer gefragt werden, ob ein Betrug oder Schwindel *einigermaßen wahrscheinlich* sei. Ohne jeden der Beteiligten einem polygraphischen Test zu unterziehen (den ein echter Skeptiker sowieso nicht ernstnehmen würde), was hätte Stevenson denn noch tun können, um einen möglichen Betrug oder Schwindel aufzudecken? Wer meint, in jedem dieser Fälle müsse ein Betrug vorliegen, der sollte einen solchen wenigstens in genügend vielen Fällen nachweisen können, um die Vermutung zu rechtfertigen, daß es sich auch in den übrigen Fällen um Betrug handelt. Bis dahin haben wir nur den *Verdacht* eines Betrugs, und kein vernünftiger Skeptiker wird in der Lage sein, in irgendeinem der besser belegten Fälle tatsächlich einen Schwindel zu entdecken. Wenn der unvoreingenommene Leser diese Fälle wirklich geprüft hat, wird er vielleicht den Vorwurf des Betrugs als eine eigentümliche Rückkehr zur dogmatischen Haltung jener römischen Kardinäle betrachten, die sich weigerten, durch Galileis Fernrohr zu blicken. Wenn die Gegner der Reinkarnation weiterhin darauf bestehen, daß sie *keinen* Indizienbeweis für diese These gelten lassen, weil sie zu unglaubwürdig sei, müssen wir daraus schließen, daß sie aus rein dogmatischen Gründen dagegen sind, vielleicht weil sie sich aus verschiedenen intellektuellen oder emotionalen Ursachen zum Materialismus bekennen.

Andere Kritiker haben schließlich noch den Einwand erhoben, daß Stevensons Fälle »kulturell fabriziert« seien, weil sie nur unter Menschen vorkommen, die bereits an Reinkarnation glauben.[9] Auf diesen Einwand läßt sich jedoch Verschiedenes antworten. Erstens: Obwohl die früheren von Stevenson untersuchten Fälle sich in Kulturen ereigneten, in denen eine große Anzahl von Menschen an die Reinkarnation glaubt, ging es in vielen der bestdokumentierten Fälle um Familien und Kinder, die nicht an Reinkarnation glaubten. Zweitens: Selbst wenn es in diesen Fällen um Leute ging, die schon an Reinkarnation glaubten, kann man die Daten, welche die ursprünglich aus religiösen Gründen akzeptierte Hypothese bestätigen, einfach nicht *fabrizieren*. (Wie könnte man zum Beispiel Swarnlatas Fähigkeit fabrizieren, beliebig ausgewählte Mitglieder von Biyas Familie ohne fremde Hilfe zu erkennen, wenn die Forscher es darauf angelegt hatten, sie zu täuschen? Oder wie fabriziert man die Fähigkeit des Subjekts, eine Fremdsprache zu sprechen, die es nicht gelernt hat, oder ein ungelerntes Instrument zu spielen?)

Es gibt heutzutage buchstäblich Hunderte von unterschiedlich gut belegten Fällen, die zur Zeit in Großbritannien und in Nordamerika geprüft und dokumentiert werden. Wenn Fälle von Reinkarnation nie aufgetaucht wären, außer in Kulturen, die einen starken Glauben an Reinkarnation haben, wäre ein Verdacht einigermaßen berechtigt gewesen. Aber da wir über immer umfangreichere Daten von Fällen wie den oben geschilderten verfügen, werden die Gründe für einen solchen Verdacht hinfällig. Wie die Dinge gegenwärtig stehen, müssen wir schlußfolgern, daß es aus all den oben geprüften Gründen vernünftig ist anzunehmen, daß die Reinkarnationshypothese wirklich die beste Erklärung für die von Ian Stevenson dokumentierten Fälle ist.

Panoramavision: Halluzination
oder Brücke zum Jenseits?

F. GORDON GREENE / STANLEY KRIPPNER

Unter den Mythen, Legenden und Geschichten des Aberglaubens, deren Ursprung vermutlich für immer im Dunkel liegen wird, gibt es auch den Glauben, daß im Augenblick oder an der Schwelle des Todes das ganze Leben blitzartig vor den Augen oder im Geiste des Sterbenden abläuft. Bis vor etwa fünfzehn Jahren hätten vermutlich viele die Wirklichkeit dieser flüchtigen Vision in Frage gestellt und den Glauben daran als einen gewöhnlichen Aberglauben oder als Ammenmärchen abgetan. Neuerdings ist jedoch aus dem neuen Gebiet der Studien über Nahtoderlebnisse neues Beweismaterial ans Licht gekommen, das die erlebte Wirklichkeit dieser Lebensrückschau, die auch *panoramaartige Rückerinnerung* genannt wird, bestätigt.

Als Folge des wissenschaftlichen Interesses an Nahtoderlebnissen (NTEs), das in den vergangenen zwei Jahrzehnten aufgekommen ist, haben die Forscher ihre Geschichtsbücher abgestaubt und nach Fällen von NTEs in vergangenen Epochen gefahndet. Sie entdeckten dabei, daß eine Reihe von Personen in diversen historischen Perioden von NTEs berichtet haben, die denjenigen sehr ähnlich sind, die in unserer Zeit dokumentiert wurden. Das Phänomen der panoramaartigen Rückerinnerung, wie auch andere hervorstechende Merkmale zeitgenössischer NTEs, fand sich auch in den Berichten früherer historischer Zeitalter. Es steht jetzt fest, daß zahlreiche Menschen in der Vergangenheit und in der Gegenwart, die dem Tod nahe waren, jedoch physisch überlebten, von diesen flüchtigen, aber persönlich verblüffenden Rückblenden berichtet haben.[1]

Während die überwältigende Mehrheit, die von Lebensrückblenden berichtete, sich zur Zeit der Vision am Rande des Todes befand, sind auch Fälle von Rückschau dokumentiert, die bei Epileptikern vor dem Anfall auftreten und den Ausbruch der Krankheit signalisieren.[2] Panoramaartige Rückerinnerungen sind laut Berichten auch nach der Einnahme starker psychedelischer Substanzen aufgetreten.[3] Außerdem liegt der Bericht wenigstens einer Person vor, die eine Panoramavision ihres Lebens im Traum erlebt hat.[4]

Unter den literarischen Klassikern gibt es vielleicht keine bessere Schilderung der Lebensrückschau als *A Christmas Carol* (»Ein Weihnachtslied in Prosa«) von Charles Dickens. In dieser Erzählung reist Ebenezer Scrooge nicht nur in seine Vergangenheit, sondern erlebt auch eine blitzartige »Vorschau«, in der er seinen eigenen Grabstein in einer möglichen Zukunft sieht, einer Zukunft, die ihn veranlaßt, sein Leben zu ändern, um dem vorausgesehenen trüben Schicksal zu entgehen. Von Dichtungen abgesehen, bildet in einer kleinen Anzahl wirklicher Fälle die blitzartige Vorschau einen Bestandteil der Panoramavision. In der zeitgenössischen Literatur ist es der satirische Bestseller *Slaughterhouse Five* von Kurt Vonnegut, der auf Elementen der Panoramavision beruht. Die Hauptperson der Geschichte, Billy Pilgrim, wird »aus der Zeit gerissen« und wandert querfeldein durch den Lauf seines Lebens. Interessanterweise zeigen die Episoden von Billy Pilgrims Reise in die Zeit einige faszinierende Parallelen zur tatsächlichen Panoramavision einer Person auf.[5]

Merkmale des Lebenspanoramas

Raymond Moody faßt die Merkmale der Lebensrückschau treffend zusammen:

»Die Rückschau…läßt sich am ehesten durch den Hinweis auf Erinnerungsbilder beschreiben, da diese ihr unter allen vertrauten Erscheinungen am nächsten stehen; andererseits weist sie jedoch Merkmale auf, die sie von jedem normalen Erinnerungsprozeß abheben. Zunächst einmal läuft sie mit außerordentlicher Geschwindigkeit ab. In zeitlicher Hinsicht wird berichtet, daß die Bilder einander rasch und in chronologischer Ordnung folgen. Andere Zeugen wiederum können sich nicht erinnern, überhaupt eine zeitliche Reihenfolge wahrgenommen zu haben. Das Wiedererkennen geht blitzartig vor sich; alle erinnerten Geschehnisse erschienen gleichzeitig und konnten mit einem Blick des geistigen Auges erfaßt werden. Unabhängig von der jeweiligen Ausdrucksweise der Betroffenen besteht offenbar doch Einigkeit darüber, daß das Erlebnis, gemessen an irdischer Zeit, in einem einzigen Augenblick vorüber war.«[6]

Moody berichtet weiter, daß die Lebensrückschau trotz ihrer Geschwindigkeit fast immer als eine unglaublich lebendige und lebensechte Bilderfolge geschildert wird. Er erwähnt auch, daß manche Leute von Bildern in lebhaften Farben, von dreidimensionalen und sogar bewegten Bildern berichteten.

Bei der näheren Betrachtung der Lebensrückschau wäre noch hinzuzufügen, daß manchmal berichtet wird, wie über dieser Vision eine höhere spirituelle Wesenheit steht, während andere eine solche Wesenheit nicht erwähnen. Die Lebensrückschau fängt manchmal in der frühen Kindheit an und setzt sich bis zum Augenblick der Nahtodkrise fort. Bei anderen setzt der Lebensrückblick in diesem Moment ein und führt in die frühe Kindheit zurück. Manchmal umfaßt der Rückblick das ganze Leben, während ein anderes Mal nur die wichtigsten Teile oder Höhepunkte des Lebens beobachtet werden. Manchmal stülpen sich die Bilder der Vergangenheit über die Szene der gegenwärtigen Lebenskrise in einer Art visueller Montage. In anderen Fällen nimmt man zuerst nur die denkwürdigsten Ereignisse des Lebens wahr, und dann, während die Vision sich entfaltet, kommen immer mehr Ereignisse ins Blickfeld, bis das ganze Leben als gleichzeitig ablaufend erscheint.

Mit diesem letzteren Muster ist auch öfter die Schilderung verbunden, daß die Vision zunächst vorbeiflitzt und sich danach in einer Aura der Zeitlosigkeit abspielt, wenn das ganze Leben sich in einer simultanen Schau präsentiert. Der Rückblick kann stattfinden, nachdem das Bewußtsein der Person sich offenbar von ihrem Körper getrennt hat. In anderen Fällen findet die Rückschau statt, nachdem die Person durch einen langen, dunklen Tunnel gegangen und am anderen Ende wieder herausgekommen ist. Ein anderes Mal wird keine außerkörperliche Erfahrung (AKE), Tunnelpassage oder ein anderes häufig vorkommenden Erlebnis der NTE im Zusammenhang mit dem Rückblick erwähnt. Gelegentlich wird von einem pluralen Bewußtsein berichtet, das heißt wenn ein Mensch in jeder Szene seines Lebens anwesend ist, während er gleichzeitig diese Erlebnisse quasi vom Standort eines Dritten beobachtet.

Außerdem wird geäußert, daß die geistige Aktivität während dieser Panoramavision sich ungeheuer beschleunigt. Gedanken laufen mit einer so unglaublichen Geschwindigkeit ab, daß sie für Menschen, die diesen Bewußtseinszustand nicht unmittelbar erlebt haben, unvorstellbar ist. Im Gegensatz zu dieser geistigen Beschleunigung, und in gewissem Sinn offenbar damit zusammenhängend, wird berichtet, daß die äußere oder Umweltzeit sich verlangsamt: In diesen Fällen scheint die Zeit sich auszudehnen oder zu strecken, während die entsprechenden Lebensereignisse sich immer langsamer abzuspielen scheinen. Während die Vision ihren Lauf nimmt, steigert sich die Fähigkeit, zu sehen und die Dinge zu verstehen, sehr stark. Als Folge dieser erweiterten Erkenntnisfähigkeit meinen die Betreffenden, daß sie ihr gesamtes Leben in einer umfassenden Schau auf einmal in den Blick zu fassen und zu begreifen vermögen.

Ein weiteres auffallendes Merkmal dieser Lebensrückschau liegt darin, wie die Menschen oft ihr Verhalten bewerten, während die Vision abläuft. Oft erwähnen sie, daß sie gewissermaßen ein Urteil über sich fällen und prüfen, wie gut sie gelebt und wie viel sie in ihrem Leben gelernt haben. Andere berichten von einem Gefühl, als würden sie beurteilt und für ihr Leben zur Rechenschaft gezogen, in manchen Fällen offenbar von einer höheren spirituellen Wesenheit. Während die meisten, die Nahtoderlebnisse hatten, von Ehrfurcht überwältigt sind, wenn sich die Lebensrückschau abspult, und sich an die Vision in einem positiven oder gar ekstatischen Licht erinnern, glaubte zumindest eine Person, daß sie nach der Vision verurteilt wurde.

Zweifellos besteht eine der seltsamsten Auswirkungen der Lebensrückschau, wie in einer kleinen Anzahl von Fällen berichtet wurde, in dem Gefühl der betreffenden Person, daß sie nicht nur ein »Flashback«, sondern auch ein »Flash-forward«, eine blitzartige Vorausschau erlebte, die sich auf mögliche Ereignisse in der Zukunft bezog. Diese konnten danach wie vorausgesehen eintreten oder auch nicht. Manche behaupten zum Beispiel, daß die Flash-forwards, die sie in der Vision erblickten, sich danach in ihrem Leben verwirklichten, obwohl diese scheinbar künftigen Ereignisse ihnen unverständlich waren, als sie die Vision hatten. So glaubten sie zum Beispiel, daß sie einen zukünftigen Ehepartner, die Kinder, die sie gemeinsam haben, und das Heim, in dem sie wohnen würden, genau wahrgenommen hatten, obwohl sie diesem Partner noch gar nicht begegnet waren.[7] Diese letztere Entdeckung wirft die Frage auf, ob es vom Konzept her gerechtfertigt ist, das Lebenspanorama als eine bloße Gedächtnisform zu betrachten, obgleich zweifellos angenommen werden muß, daß die Vision in einer engen Beziehung zum Gedächtnis steht. Aufgrund dieser Komponente des Flash-forward wäre die Bezeichnung *Lebensüberblick* vielleicht zutreffender als die Bezeichnungen *Lebensrückschau* und *Gedächtnispanorama.* (Daher wollen wir von nun an die Vision als *Lebenspanorama* bezeichnen und den Ausdruck *Panoramavision* weiterhin verwenden.)

Der Bewußtseinszustand, in dem das Lebenspanorama stattfindet, hat außerdem die Tendenz, sich gegen Ende – das heißt, an dem Punkt seiner Entwicklung, der vom gewöhnlichen Wachbewußtsein am weitesten entfernt ist – zu einer mystischen Erfahrung im klassischen Sinn zu steigern. Es gibt Berichte von Visionen eines allumfassenden Wissens, von einem Gefühl, Raum und Zeit restlos überschritten zu haben, und vom Empfinden, mit der göttlichen Vernunft in Kommunion gewesen oder sogar in sie eingegangen zu sein.[8] Es ist festzuhalten, daß einige Menschen mit Nahtoderfahrungen geradewegs in diesen transzendenten Zustand eingehen, ohne einen Überblick über ihr Leben oder eine außerkörperliche Erfahrung.

Eine gelegentliche Nebenerscheinung eines persönlichen Flash-forward sind prophetische Visionen, die von ungeheurer Bedeutung für den Planeten sein können. So nahmen Menschen, die in ihren Nahtoderfahrungen prophetische Visionen erlebten, etwa eines oder mehrere der folgenden Zukunftsszenarios wahr: Atomkatastrophen, polare Umwälzungen, vermehrte Erdbeben zusammen mit einer erhöhten vulkanischen Tätigkeit, weltweite Hungersnöte oder andere Szenarios von Tod und Vernichtung der Erde. Einige sahen eine neue, spirituell fortgeschrittene planetarische Kultur voraus, die aus dieser Epoche eines turbulenten Umbruchs hervorgehen wird.[9]

Häufigkeit und Wahrscheinlichkeit des Lebenspanoramas

Obgleich das Lebenspanorama während der NTEs häufig erlebt wird, kommt es, wie alle anderen Bestandteile dieser Erfahrung, nicht immer vor. So gibt es zum Beispiel unter den achtundvierzig Menschen mit Nahtoderfahrungen, die in Michael Saboms Buch *Erinnerungen an den Tod* analysiert werden, nur zwei Berichte von Lebenspanoramen.[10] Die meisten Studien verzeichnen jedoch eine höhere Frequenz der Panoramavisionen bei Personen mit NTE. Die beste Indikation über die Häufigkeit der Panoramavisionen während der NTEs stammt aus der größten und vermutlich repräsentativsten NTE-Studie, die je erarbeitet wurde. In ihrem 1982 erschienenen Buch *Adventures in Immortality* (»Begegnungen mit der Unsterblichkeit«) legen George W. Gallup und William Proctor die Ergebnisse ihrer landesweiten Studie der NTEs dar. Schätzungsweise acht Millionen Amerikaner haben laut diesen Forschern NTEs erlebt. Von diesen hatten etwa zweieinhalb Millionen »den Eindruck, daß sie ihr vergangenes Leben in einer kurzen, unerhört verdichteten Zeitspanne überblicken oder überprüfen konnten«[11]. Während das Lebenspanorama in den NTEs also kein universelles Erlebnis ist, scheint es doch erstaunlich häufig vorzukommen, besonders wenn man bedenkt, daß solche Erfahrungen vor weniger als einer Generation dem finsteren Aberglauben zugerechnet wurden.

Nach einer Reihe von Studien der NTEs, einschließlich der oben besprochenen, scheinen zwischen 20 und 30 Prozent aller NTE-Betroffenen die Panoramavision zu erleben. Eine Begründung für diese Ziffer ist nicht bekannt, obgleich die Tatsache, daß nur eine Minderheit der betreffenden Personen diese Vision erlebt, mit dem Erfahrungsmuster der NTE im großen und ganzen übereinstimmt. Abgesehen von der gewöhnlichen, mit NTEs verbundenen Hochstimmung, treten alle anderen Facetten oder Phasen dieses Bewußtseinszustands fast nie zusammen auf. Von den fünf oder sechs meistbeachteten Erfahrungen während einer NTE – die Empfindung, sich außerhalb des Körpers zu befinden, das Tunnelerlebnis, die Begegnung mit Geistern, das Lebenspanorama und die Reise in den Himmel – treten gewöhnlich nur zwei oder drei, in jeder beliebigen Kombination und in verschiedenen Graden der Entfaltung, in einem konkreten Fall auf. Diese bunte Mischung von erlebnishaften Komponenten und einander gegenübergestellten Bilderfolgen während der NTEs geben eines der größten Rätsel dieser Bewußtseinszustände auf. Zur Begründung dieses Erfahrungsmusters bieten wir nachfolgende Erklärung an.

Die Bewußtseinslage einer Person während dieser offenbar transzendenten und jenseitigen Reise hat möglicherweise keinen ausreichenden Erfahrungshintergrund in unseren gewöhnlichen Bewußtseinszuständen, als daß wir die Erinnerungen an diese Exkursion in unsere gewöhnlichen Erinnerungen voll integrieren könnten. Die radikale Veränderung des Zeitsinns, die man den Berichten zufolge während der NTEs erlebt, kann in dieser Hinsicht von entscheidender Bedeutung sein. In unserem gewöhnlichen Bewußtsein läuft unser Leben nach mehr oder weniger festen zeitlichen Parametern ab. Während der NTEs und verwandter mystischer Bewußtseinszustände wird diese feste Ordnung jedoch durchbrochen, und die Dauer jedes Augenblicks kann den Anschein erwecken, daß er sich ausdehnt oder zusammenzieht. Ja, die Zeit verliert, wie manchmal berichtet wird, an Bedeutung, und die Menschen sind sich oft nicht sicher, ob alles gleichzeitig abläuft oder ob im Gegenteil die Ereignisse, die sie durchleben, in alle Ewigkeit eingefroren sind. In Anbetracht dieser Umstände beginnen wir zu verstehen, warum verschiedene Leute unterschiedliche Bilderfolgen in ihren NTEs erleben und warum sie sich an verschiedene Phasen »erinnern« oder diese »vergessen«. Das Lebenspanorama wird daher möglicherweise von einem weitaus höheren Prozentsatz von Menschen erlebt werden als nur von denjenigen, die imstande sind, die Erinnerung daran in das gewöhnliche Bewußtsein mitzunehmen.

Mag diese Spekulation einleuchten oder nicht, eine solidere Basis für die Beantwortung der Frage, wer unter den NTE-Betroffenen am ehesten ein Lebenspanorama erleben wird, gibt es nicht. Russell Noyes und Roy Kletti berichten, daß »Frauen es häufiger erlebten als Männer und ebenso Personen, die zwanzig Jahre oder jünger waren. Beinahe Ertrunkene würden häufiger von einer Erinnerungsrückschau berichten als Personen, die abgestürzt waren.«[12] Es ist zu bedenken, daß diese Ergebnisse lediglich auf Tendenzen hinweisen. Einer der berühmtesten Berichte einer Lebensrückschau stammt von dem Schweizer Geologen Albert Heim, der im Alter von vierzig Jahren bei einer Bergtour in den Alpen abstürzte und ungefähr zwanzig Meter tief auf eine schneebedeckte Felsbank fiel.[13] Andere Forscher sind der Ansicht, daß diese Rückblenden am häufigsten in NTEs vorkommen, die plötzlich oder unvermutet eintraten, etwa bei einem Unfall, oder wenn die betreffende Person einen unvorhergesehenen Zustand wie einen Herzstillstand erlitt.

Drei Deutungsweisen

Während die Echtheit des Lebenspanoramas und die Häufigkeit seines Auftretens nicht mehr umstritten sind, können die Forscher sich jedoch nicht über die Frage einigen, wie diese Phänomene am besten zu erklären seien. Eine Deutungsweise der Lebensrückschau bedient sich materialistischer Konstrukte aus der Biologie, der Neurologie und Biochemie. Diese Methode betrachtet das Weiterleben des menschlichen Bewußtseins nach dem Tod des physischen Körpers im allgemeinen als unmöglich.

Eine zweite Deutungsweise stützt sich auf psychologische Konstrukte aus der Psychologie, Psychiatrie und Philosophie. Solche Theorien können zur Frage des Weiterlebens eine positive, negative oder neutrale Haltung einnehmen. Die Wahl hängt von der Auffassung der Theoretiker ab, worin der menschliche Geist besteht, das heißt, ob sie ihn für eine vom physischen Körper und Gehirn getrennte Größe halten. Nimmt man die Trennung von Geist und Materie an, erhebt sich die Frage, ob das menschliche Bewußtsein als geistige Größe getrennt von der Materie in einer »geistbedingten Welt« existieren könne.

Eine dritte Deutungsweise beruht auf Theorien, die NTE und das Lebenspanorama durchaus als ein Weiterleben des Geistes interpretieren. Diese dritte Kategorie, die psychologische Theorien geistbedingter Welten einschließt, aber nicht auf sie beschränkt ist, kann als »transpersonal« oder »transzendental« bezeichnet werden. Sie setzt die Existenz anderer Welten oder Dimensionen jenseits des materiellen Universums voraus, in die das menschliche Bewußtsein während der NTEs, AKEs und anderer mystischer Bewußtseinszustände zeitweilig oder beim Absterben des physischen Körpers für immer eingehen kann.

Wenn insbesondere das Lebenspanorama mit Hilfe der materialistischen Deutungsweise erklärt werden soll, verweist die Forschung oft auf die Untersuchungen von S. K. Wilson, der berichtete, daß Panoramavisionen manchmal bei Personen während eines epileptischen Anfalls auftreten.[14] Dies wurde von NTE-Forschern so ausgelegt, daß eine Reizung der Schläfenlappen die Vision hervorrufen könne. Lebhafte Erinnerungen wurden auch von Wilder Penfield bei Patienten erzeugt, deren Gehirnrinde während einer offenen Gehirnoperation an Elektroden angeschlossen wurde.[15] Penfields Forschungsarbeit wird auch häufig von denjenigen zitiert, die nach einer neurologischen Basis des Lebenspanoramas suchen.

In jüngster Zeit haben der Neuropsychiater Vernon Neppe und der Neuropsychologe Michael Persinger die mögliche Beziehung zwischen Epilepsie, NTEs, AKEs und anderen außergewöhnlichen Bewußtseinszuständen sowie angeblich anormalen Aktivitäten, wie telepathischen, hellseherischen und präkognitiven Eingebungen untersucht. So wird Persingers Äußerung zitiert, daß in der Epilepsie »eine elektrische Entladung an einem bestimmten Punkt in den Schläfenlappen stattfindet. Da die Neuronen der Schläfenlappen hochempfindlich sind, kann ein einzelner Schlag unversehens einen Energiesturm auslösen.«[16] Dieser Sturm kann sich interessanterweise bis zu dem tief in den Schläfenlappen eingebetteten Hippokampus, der sogenannten »Gedächtnispforte«, ausdehnen. Daraus wird geschlossen, daß die Stimulation des Hippokampus durch den epileptischen Anfall eine ungeheure Menge vergangener Erfahrungen ins Bewußtsein heraufholt und diese so klar und mit einer so phänomenalen Geschwindigkeit ablaufen läßt, daß sie wie ein Blitz erscheinen.

Das wichtigste Ergebnis dieser neuen Forschungsrichtung ist vielleicht die Entdeckung von »Schläfenlappen-Sensitiven«. Nach dieser vor allem von Persinger vertretenen Meinung könnte man sagen, daß alle menschlichen Gehirne auf einem Kontinuum der »Schläfenlappen-Sensitivität« liegen. Klinische Epileptiker nehmen innerhalb dieses Kontinuums einen extremen Platz ein. Zahlreiche andere Schläfenlappen-Sensitive können neurophysiologische Reizungen erfahren, die eine Ähnlichkeit mit epileptischen Anfällen haben, jedoch nicht stark genug sind, um eine medizinische Behandlung zu erfordern.

Die Vorstellung von Schläfenlappen-Sensitiven könnte sich als eine der fruchtbarsten Ideen erweisen, die es je für die Erklärung gegeben hat, warum verschiedene Menschen in so unterschiedlichen Ausgangssituationen, wie Traum, Phantasie, tödliche Gefahr, psychedelischer Rauschzustand, oder sogar im normalen Wachbewußtsein »erlebnismäßig abheben« in Bewußtseinszustände mit phänomenologischen Begleitumständen von verblüffender Ähnlichkeit. Vielleicht ist in jedem dieser verschiedenen geist-körperlichen Zustände die Schläfenlappen-Sensitivität ein entscheidender gemeinsamer Faktor. Obgleich dies noch nicht nachgewiesen wurde, könnte die mögliche Beziehung zwischen Schläfenlappen-Sensitivität und anormalen Erfahrungen eines der spannendsten Gebiete der parapsychologischen Forschung der neunziger Jahre werden.

In einer neurophysiologischen Analyse der NTE untersucht Daniel Carr die mögliche Rolle des dem Gehirn zugrundeliegenden limbischen Bezirks beim Entstehen komplexer Nahtodvisionen.[17] Carr verfolgt die möglichen Bahnen und Modulationsweisen verschiedener Peptid-Neurotransmitter, die sich in Augenblicken extremer Belastung oder potentieller Todesgefahr durch die Schläfenlappen bewegen. Die daraus erfolgende Hyperaktivität der Schläfenlappen kann in der Großhirnrinde so gesteigert werden, daß komplexe Visionen von NTE und verwandter Bewußtseinszustände hervorgerufen werden. Viele von ihm besprochene Neurotransmitter üben, wie man weiß, einen großen Einfluß auf Stimmung und Gedächtnis aus. Seine Sicht kann den Forschern zu einem besseren Verständnis der mit NTEs verbundenen erstaunlichen Stimmungsaufschwünge und der gesteigerten Gedächtniskraft verhelfen.

In der psychologischen Theorie über das Lebenspanorama wurden verschiedene Varianten des psychoanalytischen Denkens angewandt. Johann Christoph Hampe bezieht sich zum Beispiel auf Freuds Theorie eines »Zensors«, der im Unterbewußten des Menschen sitzt. Hampe vertritt die Ansicht, daß dieser Zensor ein Aspekt des Unbewußten ist, der die Beurteilung unserer Fehlhandlungen verdrängt.[18] Der Zensor verstummt während der Überschwemmung durch zahllose Erinnerungen aus der Vergangenheit, die zur Panoramavision führen. Diese Sichtweisen berufen sich auf verschiedene Aspekte der psychoanalytischen Theorie.

Noyes und Kletti beziehen sich auf eine andere von Freuds Konstruktionen, nämlich seine Behauptung, daß es für Menschen unmöglich sei, sich ihren eigenen Tod vorzustellen.[19] Wenn wir versuchen, uns unseren persönlichen Tod vorzustellen, dann tun wir dies nach Freuds Anschauung vom Standpunkt eines überlebenden Zuschauers aus. Freud glaubte, daß jeder Mensch unbewußt von seiner Unsterblichkeit überzeugt sei. Noyes und Kletti adaptieren diese Idee als Erklärung für das Lebenspanorama, indem sie geltend machen, daß Menschen, die ihrem eigenen Tod gegenüberzustehen meinen, einen psychologischen Rückzug antreten und aus der Szene der bevorstehenden Katastrophe aussteigen, indem sie halluzinativ in die Vergangenheit flüchten. Auf diese Weise versuchen sie, sich in die Sicherheit und Geborgenheit ihres früheren Lebens zu versetzen, um dem grauenvollen Schicksal zu entrinnen, das den Körper mit rasanter Geschwindigkeit einzuholen droht. Der Bericht eines von Noyes und Kletti untersuchten Falles scheint diese Ansicht zu untermauern. Die betreffende Person äußerte bezüglich der Zeit, als sie von einem Pferd stürzte: »Um die entsetzlichen, gräßlichen Gedanken ›daß mir der

Tod bevorstehe‹ zu lindern, ergriff ein unfreiwilliger Geisteszustand von mir Besitz. Es war viel angenehmer, wunderbare Zeiten aus der Vergangenheit vorüberflitzen zu sehen.«[20]

Das dokumentierte Vorkommen negativer Panoramavisionen scheint jedoch den Gewinn, den das Freudsche Denken uns einerseits gebracht hat, andererseits wieder zu entwerten.[21] Wenn das Bewußtsein im Lebenspanorama sich auf eine noch bestürzendere Weise darstellt, warum sollte man dann motiviert sein, aus den ersten unerfreulichen Umständen in andere, noch unangenehmere zu »flüchten«? Wir weisen auch darauf hin, daß Noyes und Kletti ihre These durch die Aussage einer einzigen Person zu untermauern suchen, während sie die Ansichten der überwältigenden Mehrheit über Sinn und Bedeutung der NTEs gänzlich ignorieren. Die meisten Menschen mit Nahtoderlebnissen glauben, daß ihre Erfahrungen ihnen tatsächlich einen Blick in ein Leben jenseits des materiellen Daseins gewährt haben.

Zum Schluß wollen wir auf einige Varianten der transpersonalen oder transzendentalen Theorie näher eingehen. Jeder dieser Deutungsversuche bekräftigt den Glauben, daß Menschen mit Nahtoderfahrungen oder andere »ekstatisch Reisende«, tatsächlich einen Blick in eine jenseitige Sphäre geworfen haben, die das materielle Universum transzendiert. Diese allgemeine Sicht wurde in verschiedenen Richtungen weiterentwickelt. Angeregt von Vorstellungen des Lebens nach dem Tod aufgrund »kanalisierter Quellen«, haben manche Autoren, die sich für das menschliche Weiterleben nach dem physischen Tod interessieren, folgende Möglichkeit vorgeschlagen. Beim Tod des physischen Körpers »verschmilzt« das menschliche Bewußtsein mit dem Unbewußten, oder vielmehr: es inkorporiert das Unbewußte in einen erweiterten geistigen Rahmen. Mit den Worten eines Menschen, der behauptet, aus dem Jenseits mit uns zu kommunizieren:

»Über unsere eigene Sphäre... kommt mir nur eine Erinnerung. Ich habe die ganz gewöhnliche Erinnerung an physische Dinge, die ich auf der Erde besaß, und diese verschmilzt mit dem unterschwelligen Gedächtnis, das hier bewußt in kraft ist... [Hier] rufen wir keine Erinnerungen zurück, weil alles gegenwärtig ist. Alles steht auf einem einzigen Blatt. In diesem Sinn ist die Vergangenheit bei uns Gegenwart. Es ist unmöglich, irgend etwas zu vergessen; wir schauen nicht immer in die Vergangenheit, aber sie ist da, und wir können sie in der Erinnerung lesen. Sie ist da, ohne daß wir uns darum bemühen.«[22]

Mit anderen Worten, durch den Tod von den Fesseln von Raum und Zeit befreit, ist die menschliche Psyche imstande, sich an alle vergessenen Erfahrungen der Vergangenheit zu erinnern und mit dem bewußten Geist zu verbinden, so daß eine erweiterte Bewußtheit oder ein überbewußter Zustand hervorgerufen wird.

Wenn wir psychologische Konstrukte beiseite lassen und unsere Aufmerksamkeit der Frage zuwenden, in welcher Art von »Umgebung« ein solcher überbewußter Seinszustand gedeihen kann, kommen wir zur zweiten Variante dieser theoretischen Deutung. Stanislav Grof und Joan Halifax berühren kurz diese zweite Variante, wenn sie sagen, daß die Panoramavision »holographische« Eigenschaften haben könne, wenn die Vision »verschiedene Lebensperioden... simultan als Teile eines einzigen Kontinuums« darstellt.[23]

Kenneth Ring vertieft diesen Gedanken, indem er seine Theorie eines »holographischen, vierdimensionalen« Bewußtseins formuliert. Nach Rings Ansicht steigt das menschliche Bewußtsein während der NTEs und verwandter Bewußtseinszustände in eine vierte Dimension auf, die in gewissem Sinn nach holographischen Prinzipien organisiert ist. Ring betrachtet die Panoramavision als ein »holographisches Phänomen par excellence«, weil sich in ihr »alles gleichzeitig, synchron, abspielt«.[24]

Wir beenden diesen Abschnitt damit, daß wir eine weitere transzendentale Erklärung der Panoramavision untersuchen, die sich ebenfalls der theoretischen Konstruktion einer vierten Dimension bedient. Um diese Sicht nachvollziehen zu können, stellen wir uns ein eindimensionales Wesen vor, das auf eine lineare Welt beschränkt ist. Dieses Wesen kann sich in beide Richtungen bewegen, in die seine gerade Linie sich erstreckt. Ist diese Linie vertikal, dann gehen diese Richtungen nach oben und unten; ist sie horizontal, gehen sie vor und zurück. Unser Linearwesen kennt keine andere Möglichkeit der räumlichen Fortbewegung.

Nehmen wir jetzt an, daß ohne das Wissen dieses eindimensionalen Wesens die ganze Linienwelt sich im rechten Winkel über eine zweidimensionale Fläche bewegt – wie ein rohes Spaghetti, das gleichförmig über eine ebene Tischfläche rollt. Die Abschnitte der Fläche, die die Welt unseres Linienwesens bereits geschnitten haben, werden von ihm als »vergangene Zeit« bezeichnet; die Abschnitte, die er jetzt schneidet, sind »gegenwärtige Zeit«, und die Abschnitte, die er noch nicht geschnitten hat, heißen »zukünftige Zeit«. Stellen wir uns jetzt vor, daß das Bewußtsein dieses linearen Wesens sich auf irgendeine Weise erweitert, um eine Stellung oberhalb der Fläche einnehmen zu können. Was dieses Linearwesen von seinem Leben *nacheinander* wahrgenommen hat, solange es in der Linienwelt eingebettet war, erscheint jetzt vom Standpunkt dieser räumlich erweiterten, dimensional höheren Stellung aus als gleichzeitig.

Wenn unsere eigene dreidimensionale Welt durch einen höheren, vierdimensionalen Raum läuft, analog zu dem eben dargestellten Bild, dann kann jeder Augenblick unseres irdischen Lebens als ein dreidimensionaler Schnittpunkt dieser höheren Dimension angesehen werden. Unsere Vergangenheit und Zukunft sind dann buchstäblich hinter und vor uns in dieser vierten Dimension ausgebreitet. Wie unsere Aufmerksamkeit den in den dreidimensionalen Raum eingebetteten Teil von uns übersteigt – nehmen wir an, ausgelöst durch einen lebensbedrohlichen Umstand –, erleben wir die sogenannte »außerkörperliche Reise«, die als erster Schritt in einen höheren Raum zu verstehen wäre. Während dieser außerdimensionalen Ausdehnung erfährt unsere Wahrnehmung des »gegenwärtigen Augenblicks« eine Erweiterung, indem sie aus dem dreidimensionalen in einen vierdimensionalen Raum übergeht, bis sie sich mit der Spanne unseres gesamten, in der Zeit ausgebreiteten Lebens überschneidet. So erhalten wir in einer simultanen Schau einen wunderbaren Blick auf das Ganze unseres physischen Lebens. Die Zeit hat sich gewissermaßen in eine vierte Dimension hinein »verräumlicht«. Bei der Rückkehr in den physischen Körper, nachdem die Bedrohung des Lebens nicht mehr besteht, fallen unser Bewußtsein und unsere Wahrnehmung des »gegenwärtigen Augenblicks«

zurück in die festgelegten Parameter von Zeit und Raum, wie wir sie innerhalb des materiellen Universums wahrnehmen.

Eine detaillierte Analyse, wie die spezifischen Züge des von einzelnen Menschen berichteten Lebenspanoramas in diese höhere Raumtheorie einzuordnen sind, geht über den Rahmen des vorliegenden Aufsatzes hinaus. Wir möchten jedoch in der folgenden knappen Darstellung wenigstens andeuten, wie die beiden zusammenpassen.

Die ungeheure Beschleunigung mentaler Abläufe, die Rückschau von der auslösenden Lebenskrise bis zur Kindheit, samt dem Eindruck, daß Zukunft und Vergangenheit in den Blick gekommen sind, bieten dem geistigen Auge ein Bild des menschlichen Bewußtseins, das die Grenzen der vom Gehirn gefilterten Bewußtheit weit hinter sich läßt und sich in die Vergangenheit und Zukunft ausdehnt.[25] Die bruchstückhafte und flüchtige Wahrnehmung des Lebens, nach der die Vision zeitlos und allumfassend wird, deutet auch auf eine rasante Ausdehnung der menschlichen Bewußtheit von einem Standort innerhalb der Zeit hin zu einer zeitlosen Position, in welcher lebens- und zeitbegrenzte Seinszustände gleichsam *sub specie aeternitatis*, von der Ewigkeit her, betrachtet werden. Das Gefühl, daß die Zeit sich »ausdehnt« oder »erweitert« bis zu dem Punkt, wo sie zum Stillstand kommt, deutet auch auf eine Ausdehnung des gegenwärtigen Augenblicks. Diese Ausdehnung beginnt innerhalb unserer zeitgebundenen Region und gipfelt im Eintreten des menschlichen Bewußtseins in eine vierdimensionale, »raumzeitliche« kosmische Region. Quasi in umgekehrter Weise kann das Erleben des Lebenspanoramas, das in der frühen Kindheit beginnt und vorwärts bis zur Lebenskrise führt, als Beispiel dafür gelten, wie Menschen sich wieder in das physische Universum zurückziehen. In dieser Sicht haben solche Menschen die expansive Phase dieser außerdimensionalen Exkursion bereits erlebt, obgleich sie sich vielleicht nicht daran erinnern.

Menschliche Eschatologie: Gericht und Transzendenz

Zwei zusätzliche Facetten des Lebenspanoramas verdienen Aufmerksamkeit, wenn man sie im Zusammenhang mit der Überlebenstheorie bedenkt. Diese sind das Gefühl, daß die Menschen über ihr Leben zu Gericht sitzen und daß sie während der Vision einer erweiterten Erkenntnis teilhaftig sind. Das Thema des in dem Lebenspanorama eingebetteten Gerichts bildet einen wesentlichen Teil der eschatologischen Lehren vieler Religionen. Schon im uralten religiösen Text aus Ägypten *Die Unterweisung des Königs Meri-ka-re* (etwa 2500 v.Chr.) war das Thema des Gerichts mit dem ganzen, zeitlich stark gerafften menschlichen Leben verbunden. In der einschlägigen Passage dieses Textes hält ein Götterrat über das Leben der jüngst Verstorbenen Gericht, und diese Gottheiten betrachten das menschliche Leben, als wäre es in einer einzigen Stunde abgelaufen.[26]

Im Tibetischen Totenbuch steht, daß der Herr des Todes das Leben der Neuverstorbenen im »Spiegel des Karma« erblickt. Das darin gespiegelte Verhalten während des Lebens bestimmt das Schicksal der Seele nach dem Tod. Die Seelen der Verstorbenen gehen dann in eine der verschiedenen spirituellen Welten ein, himmlische oder höllische, je nach der im karmischen Spiegel aufgezeichneten Lebensführung. Nach einem Aufenthalt in diesen spirituellen Welten sind die Seelen dazu bestimmt, noch einmal auf dem Rad des Karmas in das physisch inkarnierte Dasein zurückzukehren. Nur diejenigen, die Erleuchtung erlangt haben – das heißt, die den unbeschreiblichen Zustand des Nirvana persönlich verwirklicht haben –, vermögen sich vom Rad des Karmas zu lösen. Im Buddhismus hat das Erlangen des Nirvana paradoxerweise mit der Erkenntnis zu tun, daß es im höchsten Verständnis der Wirklichkeit kein »Selbst« oder eine »Seele« gibt, die der Absolution von karmischer Schuld bedarf.

Im *Gottesstaat* legt der Kirchenvater Augustinus eine christliche Perspektive der Themen des Gerichts und der Panoramavision dar, indem er sich des Konzepts des Lebenspanoramas bedient, um das »Lebensbuch« in der Offenbarung (13:8) zu deuten. Er meint, daß die biblische Erwähnung dieses Buches sich auf eine bestimmte göttliche Kraft in der menschlichen Seele beziehe, die während des Gerichts aktiviert werde. Das Licht der Gegenwart Gottes, sagt Augustinus, durchstrahlt die Seelen der Verstorbenen mit einer höheren geistigen Erleuchtung, die sie befähigt, das ganze Leben mit wunderbarer Geschwindigkeit zu beobachten. Die aus dieser Vision gewonnene Erkenntnis entlastet das Gewissen der Seele, oder sie klagt es an. Auf diese Erkenntnis des »Lebensbuches« folgt die ewige Erlösung oder die ewige Verdammnis.

Der Gedanke, daß jeder von uns, die wir als spirituelle Wesen dazu bestimmt sind, den Tod unseres physischen Körpers zu transzendieren, einem Gericht über unser Leben gegenüberstehen wird, ist unzweifelhaft eine bestürzende Aussicht. In der Tat gibt es nur wenige Gedanken, die für alle, außer für die gottgefälligsten Menschen, beunruhigender sind. Wenn wir das Lebenspanorama und verwandte eschatologische Lehren jedoch im Licht der Überlebenstheorie betrachten, sehen wir uns unausweichlich mit einigen Fragen konfrontiert: Wenn wir uns in einem solchen Gericht befinden, sind wir es dann selbst oder ein höherer spiritueller Aspekt von uns, ein anderes Geistwesen höherer Ordnung (oder ein Rat solcher Wesen) oder ein Allerhöchstes Wesen, welches über uns zu Gericht sitzt? Wie steht es mit den Folgen dieses Gerichts? Sind wir einem kontinuierlichen Kreislauf auf einer Art karmischem Rad ausgesetzt, oder finden wir uns für immer in den Himmel oder in die Hölle verfrachtet? Und was hat es mit dem freien Willen auf sich? Ist unser ganzes Leben innerhalb eines höheren vierdimensionalen Raumes vor uns ausgebreitet, wie einige Fälle von Flash-forward nahezulegen scheinen? Oder gibt es, wie einige andere Fälle vermuten lassen, eine Anzahl von möglichen Zukunftsentwürfen in höheren Raumdimensionen, von denen einige innerhalb unseres dreidimensionalen Weltraums verwirklicht werden müssen, andere dagegen nicht, je nachdem, welches Leben wir wählen?

Für diejenigen von uns, die unsicher sind, auf welcher spirituellen Stufe sie stehen, ist es vielleicht ein Trost zu wissen, daß mystische Erfahrungen offenbar ganz selbstverständlich auf Panoramavisionen folgen. Man könnte sagen, solche Erlebnismuster seien nicht zu erwarten, wenn der Kosmos so strukturiert wäre, daß nur eine kleine prädestinierte Schar die himmlische Erlösung oder die Transzendenz des materiellen Daseins erreichen dürfte.

Aus der Perspektive der mystischen Erfahrung und des höheren Raumes kann die Panoramavision als ein Bewußtseinszustand oder eine Seinsstufe betrachtet werden, die an einem entscheidenden Schnittpunkt zwischen Zeit und Ewigkeit steht. Bei unserem physischen Absterben, nachdem wir aus dem materiellen Universum in diese kosmische Zwischenregion aufgestiegen sind, könnten wir dann so weit sein, daß wir unser eben durchlebtes niedrigeres Leben transzendental miteinschließen. Wenn wir unsere Erfahrungen des Lebens hier unten überprüft und etwas daraus gelernt haben, und wenn wir diese Einsichten in unser höheres spirituelles Wesen eingebracht haben, möchten wir vielleicht unseren Blick von den zeitgebundenen Seinszuständen aufwärts zu der transzendentalen Wirklichkeit lenken, die sich vor uns entfaltet.

Vielleicht werden wir erst dann in der Lage sein, den Sinn unseres Lebens, die Bedeutung unserer Beziehung zum größeren Kosmos, zu Zeit und Ewigkeit, zu Gott und zur Unsterblichkeit und zu anderen unergründlichen Geheimnissen ganz zu verstehen. Vielleicht ist der Spruch von Paulus wahr: »Wir sehen jetzt durch einen Spiegel ein dunkles Bild; dann aber von Angesicht zu Angesicht. Jetzt erkenne ich stückweise; dann aber werde ich erkennen, wie ich erkannt bin.«[27]

Spontaner Kontakt mit Verstorbenen: Perspektiven aus der Trauerberatung, Soziologie und Parapsychologie

D. SCOTT ROGO

Wenden wir uns den folgenden drei Berichten von Spontankontakten mit Toten oder Sterbenden zu:

Es geschah im Jahre 1970, und es war traurig für Romer Troxell, der mit dem Auto von seinem Heim in Pennsylvania nach Portage, Indiana, fuhr. Dort stand ihm eine herzzerreißende Prüfung bevor, denn er unternahm die Fahrt, um den Leichnam seines Sohnes zu identifizieren, der an einer verlassenen Straße gefunden worden war. Doch von dem Augenblick an, als er die Stadt betrat, spürte er die Anwesenheit seines Sohnes, die in seinem Gemüt zu ihm »sprach«. Die Stimme gab ihm Anweisungen, wo er das gestohlene Auto des Sohnes finden konnte. Den Anweisungen folgend, fuhr Mr. Troxell in den nahegelegenen Ort Gary, Indiana, und begab sich auf die Suche nach dem Fahrzeug. Die Führung seines Sohnes dirigierte ihn durch viele Straßen, bis das Auto gesichtet wurde. Mr. Troxell machte eine rasche Haarnadelkurve und nahm die Verfolgung des mutmaßlichen Mörders seines Sohnes auf. Mit der Hilfe eines Verwandten, der ihn begleitete, zwangen sie das Auto anzuhalten. Mr. Troxell verwickelte den Fahrer in ein harmloses Gespräch, während der Verwandte die Polizei rief. Der Fahrer wurde in der Folge verhaftet und später des Mordes überführt.

Romer Troxell berichtete später den Reportern: »Charlie verließ mich, nachdem wir den Mörder gefaßt hatten. Charlie hat jetzt Frieden gefunden. Aber auch die Polizei war hinter dem Killer her. Mir wurde dann klar, was sie in ihren Nachforschungen aufgedeckt hatten. Aber als ich hörte, daß mein Sohn mich führte, handelte ich. Es war wohl der Wille Gottes.«[1]

Die neue Aufteilung des kleinen Vermögens, das James L. Chaffin bei seinem Tod hinterließ, ist vermutlich einzigartig in der zeitgenössischen Justizgeschichte. Die Ereignisse, die zu der neuen Aufteilung führten, begannen im Jahre 1921, als der ältere Mr. Chaffin in North Carolina starb. Sein 1905 verfaßtes, formelles Testament vermachte seinen Besitz einseitig seinem dritten Sohn Marshall, wodurch seine anderen Söhne und seine Frau praktisch enterbt wurden. Der Grund für diese Bevorzugung wurde in der Öffentlichkeit nie bekannt, aber im Jahre 1925 wurde Mr. Chaffins Geist, Seele oder was auch immer, unruhig. Eines Tages erhielt sein Sohn James P. Chaffin spät abends einen Besuch des Verstorbenen. Dieser erklärte später, daß er nicht wußte, ob er wachte oder träumte, als die Erscheinung zu ihm kam. Die Besuche setzten sich fort, und schließlich sprach das Phantom ihn an. Auf den Mantel deutend, den es trug, sagte das Phantom: »Du wirst mein Testament in meiner Manteltasche finden.«

Die Botschaft machte einen solchen Eindruck auf James P. Chaffin, daß er den Mantel suchte, der sich im Besitz eines anderen Bruders befand. Sie sahen, daß das Futter zusammengenäht war, rissen die Naht auf und entdeckten einen handgeschriebenen Zettel, auf dem stand: »Lest das 27. Kapitel der Genesis in Papas alter Bibel.« Sie mußten also weitersuchen!

Die Bibel befand sich noch im Besitz ihrer Mutter, die sie mit anderen Andenken auf ihrem Dachboden verstaut hatte. In Gegenwart von zwei Zeugen schlug Chaffin die Bibel auf, die in drei Stücke zerfiel. Versteckt in den Blättern des Buches Genesis fand sich ein handgeschriebenes Testament, daß Chaffin Senior 1919 geschrieben hatte. Dieses revidierte Dokument sah eine gleichmäßige Aufteilung des Vermögens und die Versorgung seiner Frau vor. Da die Handschrift eindeutig die von Mr. Chaffin war, wurde das Testament nicht angefochten, als es beim Gericht vorgelegt wurde, und das Vermögen gelangte zu einer Neuverteilung.[2]

Wenige werden je den Schock und die Bestürzung von Mr. und Mrs. Grant Oyler, einem Mormonenehepaar aus Carmel, Kalifornien, erleben, als sich herausstellte, daß ihr kleiner Sohn Ben Aids hatte. Da er ein Bluter war, gaben seine Eltern ihm oft Injektionen mit einem Gerinnungsfaktor, um seine Blutungen einzudämmen. Diese Injektionen mit dem Blut aus einem Pool von Hunderten von Spendern wurden ihm verabreicht, bevor es noch Untersuchungen eventuell kontaminierter Blutspenden gab. Ben mußte die Folgen tragen, während seine Eltern hilflos zusahen und ihren einzigen Rückhalt in ihrem starken Glauben fanden.

Nach mehreren Krankenhausaufenthalten und anderen medizinischen Bemühungen starb Ben am 4. Juli 1986. Die letzten furchtbaren Tage vor seinem Tod verbrachte sein Bruder Aber (Kurzform von Abraham) bei seinen Großeltern. Gegen zwei Uhr morgens kam der kleine Junge in das Zimmer seiner Großeltern und erklärte: »In meinem Zimmer fliegt ein kleines Gespenst herum.« Das ältere Ehepaar setzte ihm auseinander, daß er nur geträumt habe, und führte ihn in sein Zimmer zurück. Das Kind antwortete beharrlich: »Es war Ben. Er kam herein und sagte mir, daß ihm bald nichts mehr weh tun wird, weil er nur noch einen Tag hierbleiben muß.« Drei Stunden später starb Ben Oyler.[3]

Diese drei unterschiedlichen Fälle stellen einen kleinen Teil der Literatur über Spontankontakte mit Toten oder Sterbenden dar. Verhältnismäßig wenig aus dieser Literatur ist dem allgemeinen Publikum bekannt, denn ein großer Teil stammt aus früheren Zeiten (1880-1930) und modert in den obskuren Annalen der übersinnlichen Forschung (oder Parapsychologie). Trotzdem ist dieses immense Schrifttum für das Studium der Unsterblichkeit ungemein wichtig und sollte von jedem geprüft werden, der sich ernsthaft für die Frage des Weiterlebens nach dem Tod interessiert.

Die Menschen, die von diesen Kontakten berichten, scheinen von ihren Erfahrungen selten verwirrt zu sein. Vielmehr gewinnen sie aus solchen Episoden eine feste Überzeugung, daß das Leben über das Grab hinausgeht. Ich möchte die Typen der spontanen Fälle, die auf ein Überleben des physischen Todes deuten, hier kurz darstellen und einige Studien über diesen Gegenstand prüfen.

Historische Forschung
über spontane Kontakte mit Verstorbenen

Die Menschheit, sowohl in der modernen westlichen Gesellschaft als auch in technologisch unentwickelten Kulturen, ist seit Urzeiten fasziniert von der Vorstellung der »Wiederkehr« der Toten und von unserer Aussicht auf eine spirituelle Unsterblichkeit. Fälle von teuren Verstorbenen, die ihren Freunden und Verwandten erschienen sind – vielleicht um Abschied zu nehmen oder ein erlittenes Unrecht gutzumachen – tauchen in der Folklore und in der volkstümlichen Geschichte verschiedener Kulturen wiederholt auf. Das kritische Studium solcher Erfahrungen setzte jedoch erst gegen Ende des neunzehnten Jahrhunderts ein, als verschiedene Intellektuelle und Gelehrte in Großbritannien anfingen, Berichte von Menschen zu untersuchen, die in Trance mit Toten »kommunizieren« konnten, sowie Berichte über Telepathie, Geisterhäuser und andere übersinnliche Phänomene. Diese Phänomene wurden popularisiert und gefördert vom Spiritualismus, einer umstrittenen religiösen Bewegung, die um die Mitte des vorigen Jahrhunderts von den Vereinigten Staaten nach Großbritannien kam und dem viktorianischen Materialismus andere Ideen entgegensetzte. Aber nur wenige Wissenschaftler unternahmen gemeinsame Anstrengungen, um diesen unglaublichen Geschichten nachzugehen und Wahrheit von Unsinn zu trennen. Daher gründete eine Gruppe von Intellektuellen – Professor Henry Sidgwick aus Cambridge, F.W.H. Myers, Edmund Gurney und andere – die Society for Psychical Research (SPR). Diese Organisation gibt es noch sowie ihre regelmäßigen Veröffentlichungen auf dem Gebiet der *Parapsychologie* – ein Terminus, der die frühere Bezeichnung *psychical research* (übersinnliche Forschung) in den dreißiger Jahren ablöste.

Im Rahmen dieses Essays ist es nicht möglich, die frühe Forschungsarbeit der Gesellschaft zusammenzufassen, die zur Jahrhundertwende fünfzehn umfangreiche Bände umfaßte. Verschiedene Ausschüsse innerhalb der SPR wurden eingerichtet, um die verschiedenen Formen der übersinnlichen Phänomene zu untersuchen und auszuwerten, und einer dieser Ausschüsse begann, Fälle von spontanen übersinnlichen Phänomenen zu sammeln, von denen in der breiten Öffentlichkeit berichtet worden war. Die Sammlung und Untersuchung dieser Fälle führte im Jahre 1886 schließlich zur Veröffentlichung des zweibändigen Werkes *Phantasms of the Living* (Geisterscheinungen bei Lebenden), verfaßt von Edmund Gurney mit Hilfe von Frank Podmore und F.W.H. Myers.[4] Mehrere in diesem Werk enthaltene Fälle legten die Möglichkeit der persönlichen Unsterblichkeit unmittelbar nahe. Die Forscher der SPR fanden heraus, daß viele Menschen »Krisenerscheinungen« hatten, ähnlich wie in dem oben dargestellten Fall von Aber Oyler. Entweder kurz vor oder nach dem Tod eines Menschen wurde dessen sichtbare Gestalt von einer befreundeten oder verwandten Person, die in einer entfernten Stadt oder in einem anderen Land lebte, wahrgenommen. In manchen Fällen wußte der Zeuge nicht, daß der Verstorbene krank gewesen war; ein anderes Mal wurde das Phantom von zwei Menschen gleichzeitig gesehen.

Der folgende Bericht ist typisch für mehrere in *Phantasms of the Living* veröffentlichte Fälle. Die Berichterstatterin war Hausmädchen bei einer Familie, die in London lebte:

»Eines Abends saß ich und las, und als ich von meinem Buch aufblickte, sah ich deutlich eine Schulfreundin von mir, an der ich sehr hing, neben der Türe stehen. Ich hätte wegen der Seltsamkeit ihres Besuchs beinahe aufgeschrien, als zu meinem Entsetzen keine Spur irgendeines Menschen im Raum war außer meiner Mutter. Ich erzählte ihr, was ich gesehen hatte, und wußte, daß sie es nicht gesehen haben konnte, weil sie mit dem Rükken zur Tür saß. Sie hatte auch nichts Ungewöhnliches gehört und amüsierte sich über meinen Schrecken und meinte, ich hätte wohl zu viel gelesen oder geträumt.

Ungefähr einen Tag nach diesem seltsamen Ereignis erhielt ich die Nachricht, daß meine Freundin gestorben sei. Das Merkwürdige war, daß ich nicht einmal wußte, daß sie krank war oder gar in Gefahr schwebte, und daher konnte ich damals nicht in Sorge um sie gewesen sein, obwohl ich vielleicht an sie dachte, aber das kann ich nicht bezeugen. Ihre Krankheit war kurz, und ihr Tod kam ganz unerwartet. Ihre Mutter sagte mir, daß sie kurz vor ihrem Tod von mir gesprochen hatte … Sie starb an demselben Abend und ungefähr zu der Zeit, als ich die Vision von ihr hatte, und das war Ende Oktober 1874.«

Die Mutter des Dienstmädchens bestätigte der SPR, daß die Tochter ihr diese Geschichte erzählt hatte, bevor sie vom Tod der Freundin benachrichtigt worden waren.

Trotz der einfachen Fakten dieser Fälle war es schwer, ihre Bedeutung festzulegen. Deuteten sie darauf hin, daß ein Element des Bewußtseins den Tod überlebt? Die Meinungen der Forscher der SPR zu dieser Frage waren bald hoffnungslos gespalten. F.W.H. Myers war der Ansicht, daß diese Erscheinungen vermutlich das Bewußtsein der sterbenden Person wiedergaben; dieses löse sich im Tod oder beim bevorstehenden Tod und manifestiere sich räumlich an einem entfernten Ort. Besonders überzeugend fand er kollektive Fälle, in denen zwei oder mehrere Personen die Gestalten gesehen hatten.

Aber andere Mitglieder der SPR kamen zu anderen Schlüssen. Namentlich Edmund Gurney meinte, daß solche Fälle durch Telepathie zu erklären seien. Er hielt es für wahrscheinlich, daß die Zeugen telepathische Botschaften von Sterbenden erhielten, die sie in Form wirklichkeitsgetreuer Halluzinationen nach außen projizierten. Kollektive Fälle könnten möglicherweise durch eine Art psychischer Ansteckung zwischen den Zeugen auftreten.

In Anbetracht dieser Möglichkeiten der Deutung wandte Myers sich den Fällen zu, in denen die Erscheinung sich Tage, Wochen oder sogar Monate nach dem Tod der betreffenden Person gezeigt hatte. Eine besondere Herausforderung waren für ihn Fälle, in denen die Gestalt einem Freund oder Verwandten eine wichtige Mitteilung machte. Im Jahre 1892 veröffentliche die SPR eine Auswahl solcher Fälle, die auch den folgenden Bericht enthielt:

»Elizabeth Conley, über die in verschiedenen Zeitungen ausführlich berichtet worden war, wurde im März 1863 in Chickasaw Township, Chikkasaw County, Iowa, geboren. Ihre Mutter starb noch im selben Jahr. Sie ist irischer Abstammung, wurde römisch-katholisch erzogen und ist Katholikin; führt seit zehn Jahren für ihren Vater den Haushalt.
Am 1. Februar 1891 fuhr ihr Vater nach Dubuque, Iowa, zu einer ärztlichen Behandlung und verstarb am 3. Tag desselben Monats ganz plötzlich. Sein Sohn wurde noch am selben Tag telegraphisch verständigt, und er und ich brachen am nächsten Morgen auf, um uns um die sterblichen Überreste zu kümmern, die wir in der Obhut des Coroners Hoffmann fanden.

Er hatte 9 Dollars und 75 Cents, die er aus seiner Brieftasche herausgenommen hatte. Ich glaube, sie hatte den Traum oder die Vision etwa zwei Tage nach unserer Rückkehr. Sie behauptete, ihr Vater sei ihr erschienen und habe ihr gesagt, daß sich in der inneren Tasche seines Unterhemdes ein Geldbetrag befinde. Ihr Bruder fuhr einige Tage danach nach Dubuque und fand die Kleider, wie wir sie zurückgelassen hatten, und in der erwähnten Tasche fanden sich 30 Dollar. Dies sind die Fakten, so getreu ich sie wiederzugeben vermag.«[5]

Zur Beurteilung dieses Falles wurden noch Aussagen des Pfarrers vor Ort aufgenommen, der ein persönliches Gespräch mit der Zeugin führte, sowie Bestätigungen ihres Bruders. Auch Briefe zur Bezeugung des guten Glaubens der an dem Vorfall Beteiligten wurden veröffentlicht.

Natürlich erschienen kritische Kommentare über die frühe Arbeit der SPR in der allgemeinen Presse. Daraufhin unterzogen die maßgeblichen Forscher ihr Studium der Spontanfälle einer nochmaligen Untersuchung und veröffentlichten 1894 einen zweiten Bericht mit noch besser dokumentierten Fällen.[6]

Zeitgenössische Forschung über Spontankontakte mit Verstorbenen

Die in diesem Kapitel bisher dargestellten Berichte zeigen, wie Fälle der Kontaktaufnahme mit Verstorbenen im neunzehnten und frühen zwanzigsten Jahrhundert gesammelt und erforscht wurden. Jeder einzelne Fall dieser Berichte wurde geprüft, und dem Forscher ging es in erster Linie darum, die spezifische Evidenz jeder Geschichte kritisch zu bewerten.

Diese Untersuchungen stellen zwar ein faszinierendes Material von beachtlichem Umfang dar, doch mußten Fragen von größerer Tragweite, die sich aus ihrem Studium ergaben, beiseite gelassen werden, wie etwa die folgenden: Ist der angebliche Kontakt mit Verstorbenen ein seltenes Phänomen? Welche Menschen berichten über solche Erfahrungen? Hat das kulturelle Milieu der Betreffenden einen Einfluß auf die Erfahrung?

73

Diese Fragen konnten erst untersucht und beantwortet werden, als die Soziologie aufkam und eine richtige demographische Forschung entstand. Während die rein parapsychologische Untersuchung von Fällen der Kontaktaufnahme mit Verstorbenen weiterging (und weitergeht), nahm die Erforschung solcher Erfahrungen als kulturelles Phänomen innerhalb der Sozialwissenschaften allmählich zu.

Trauer-Halluzinationen

Dieses psychosoziale Phänomen fand stärkere Beachtung, als auf Trauerberatung spezialisierte Psychologen bemerkten, daß verwitwete Eheleute oft solche Erfahrungen erwähnten.[7] Diese Episoden konnten alles beinhalten, von einer visuellen Materialisation des verstorbenen Menschen bis zu dem bloßen Gefühl, daß der Verstorbene anwesend, wenngleich nicht sinnlich faßbar sei. Meines Wissens wies erstmals P. Morris in seinem 1958 erschienenen Buch *Widows and Their Families* (Witwen und ihre Familien) darauf hin, wie häufig dieses Phänomen vorkommt.[8] Ein Jahr später beschloß ein japanisches Forschungsteam zu untersuchen, ob Erfahrungen der Kontaktaufnahme mit Toten auch in ihrem Land häufig vorkamen, was sie für wahrscheinlich hielten, weil die japanische Kultur mit ihrem Glauben an die fortgesetzte Existenz verstorbener Verwandter solchen Erfahrungen entgegenkommen würde. Für den Zweck ihrer Untersuchung wählten sie vierundfünfzig Witwen in Tokio aus, konnten jedoch nur zwanzig von ihnen interviewen. Neunzig Prozent berichteten, daß sie mit ihren verstorbenen Gatten eine Art von Kontakt hatten. Besonders bemerkenswert war die Tatsache, daß keine der Witwen diese Erfahrungen erschreckend oder psychisch bedrohlich fand – vielleicht deshalb, wie die Forscher meinten, weil der religiöse Glaube der Japaner einen gesellschaftlichen Rahmen für solche Erfahrungen bietet.[9]

Die japanischen Forscher irrten sich jedoch insofern, als sie dachten, diese Erfahrungen seien besonders in ihrem Land gang und gäbe. Die weitere Forschung hat erwiesen, daß diese Erfahrungen ein normaler Teil des Trauerprozesses sind, ob es sich um psychologische oder um echte paranormale Episoden handelt. Dieses Ergebnis ging aus einem Projekt von Dr. W. Dewi Rees, einem walisischen Psychiater, hervor, der eine eingehende Studie der Kontaktaufnahmen mit Verstorbenen während der Trauer durchführte und diese Studie 1971 veröffentlichte.

Dr. Rees war damals ein in Wales praktizierender Arzt, und er erweiterte den Umfang der japanischen Studie, indem er 293 Witwen *und* Witwer in einer ausgewählten Region von Wales interviewte. Sein Ziel war, sämtliche verwitweten Eheleute dieses Bezirks zu interviewen, um genaue statistische Grundwerte über Erfahrungen der Kontaktaufnahme mit Toten erstellen zu können. Er erreichte dieses Ziel annähernd, indem er mit 94,2 Prozent dieser Leute Gespräche führte. Beinahe die Hälfte von ihnen berichtete über solche Erfahrungen. Besonders interessant war, daß Männer nicht weniger häufig als Frauen diese Kontakte erwähnten. Dr. Rees stellte außerdem fest, daß diese Erfahrungen sich nicht unbedingt während der kritischsten Trauerphase, nämlich während der ersten sechs Monate des Trauerprozesses, ereigneten.[10] Solche Kontakte fanden etwas häufiger während des ersten Jahrzehnts nach dem Verlust statt, aber es gab in dieser Studie auch viele Berichte von Leuten, deren Ehepartner schon zwanzig Jahre und länger tot war.

Außerdem entdeckte Dr. Rees, daß visuelle Manifestationen von Verstorbenen häufiger während des ersten Jahrzehnts nach dem Verlust vorkamen, doch dieser Befund fiel statistisch kaum ins Gewicht. Seine Studie enthielt noch die folgenden Angaben:

1. Junge Menschen berichteten etwas weniger häufig über Kontakte nach dem Tod als Leute in mittleren Jahren. Doch auch dies war ein Grenzwert.
2. Kinderlose Paare berichteten etwas weniger häufig über Kontakte nach dem Tod als Witwen und Witwer mit Kindern.
3. Das wichtigste Ergebnis der gesamten Untersuchung bestand in der Wahrscheinlichkeit, daß die Erfahrung einer Trauer-Halluzination mit der Länge der Ehe unmittelbar zusammenhing.

Als Dr. Rees diese faszinierenden Befunde 1971 im *British Medical Journal* veröffentlichte, vertrat er den Standpunkt, daß an diesen Erfahrungen nichts Pathologisches sei:

»Die Untersuchung in Mittelwales berechtigt zu dem Schluß, daß Halluzinationen normale Erfahrungen verwitweter Menschen sind, die den Betreffenden psychologisch hilfreiche Phänomene an die Hand geben. Für diese Aussage sprechen die folgenden Befunde: Halluzinationen nach dem Verlust eines Ehepartners sind häufige Erfahrungen; sie erfolgen unabhängig von Geschlecht, Rasse, religiösem Glauben oder Wohnort; sie haben keinen Einfluß auf das äußere Verhalten; sie haben die Tendenz, mit der Zeit zu verschwinden; es gibt keinen Hinweis auf eine damit verbundene Krankheit oder Abnormalität, der darauf hindeuten würde, daß es sich um abnormale Züge handelt; sie treten häufiger bei Leuten auf, die eine glückliche Ehe geführt und Kinder hatten; die Leute sind in der Lage, ihre Erfahrung zu integrieren und für sich zu behalten.[11] Zwei Gründe sprechen dafür, daß diese Erfahrungen hilfreich sind: Die meisten Menschen empfinden, daß ihnen dadurch geholfen wird; und zu den Leuten, bei denen Halluzinationen am wenigsten wahrscheinlich sind, gehören diejenigen, die ihren Ehepartner im Alter unter vierzig Jahren verloren haben, doch geht aus der Erhebung hervor, daß Menschen dieser jüngeren Altersgruppe mit wesentlich größerer Wahrscheinlichkeit bald nach dem Verlust des Ehepartners sterben.«[12]

Aus dieser Äußerung könnte man den Eindruck gewinnen, daß der Psychiater diese Erfahrungen für rein psychologisch hält. Dr. Rees läßt die Möglichkeit jedoch offen, daß einige dieser Erfahrungen echte Kontakte mit den Verstorbenen darstellen.

Die walisische Pionierstudie erhielt 1974 eine knappe Bestätigung von Richard A. Kalish vom Graduate Theological Seminary in Berkeley, Kalifornien, und von David K. Reynolds von der University of Southern California, Los Angeles. Diese Forscher waren hauptsächlich an der Frage interessiert, ob eine Reihe von psychologischen Faktoren – wie der Glaube an die Unsterblichkeit usw. – sich während der Witwenschaft veränderte. Ihre Studie war breit angelegt, insofern sie ethnische Grenzen überschritt. Bei der Untersuchung dieser Faktoren wurden repräsentative Mitglieder (sowohl in den verwitweten als auch in den Kontrollgruppen) aus der weißen, schwarzen, japanischen und lateinamerikanischen Bevölkerungsgruppe in Los Angeles interviewt.[13] Die Studie verfolgte nicht den Zweck, diejenige von Rees zu duplizieren, aber der Fragebogen enthielt den folgenden Punkt: »Haben Sie jemals die Anwesenheit eines Menschen nach seinem Tod erlebt oder gespürt?«

Fast 60 Prozent der Witwen berichteten über solche Erfahrungen, und 14 Prozent gaben an, daß sie öfter Kontakte hatten. Obwohl die Forscher es nicht ausdrücklich feststellen, fanden diese Kontakte vermutlich mit den verstorbenen Ehepartnern der Befragten statt. Dieser Befund stand im Gegensatz zu den Beiträgen der Kontrollpersonen, von denen weniger als ein Drittel von Kontakten mit Verstorbenen berichtete. Dieses Ergebnis spricht dafür, daß solche Erfahrungen insbesondere mit dem Trauerprozeß in Verbindung stehen, doch schließt eine solche Deutung nicht unbedingt die Möglichkeit aus, daß einige Erfahrungen echte paranormale Erscheinungen darstellen. Ein Neuverstorbener könnte, wenn es tatsächlich ein Weiterleben gibt, ein besonders brennendes Verlangen haben, den Kontakt mit seinem Ehepartner herzustellen.

Es ist schade, daß relativ wenig formale Studien über Trauer-Halluzinationen von Psychologen oder Therapeuten durchgeführt wurden. Dies ist erstaunlich, weil die Existenz solcher Kontakte nach dem Tod in den meisten Büchern über seelischen Schmerz und Trauer erwähnt wird. In dieser Hinsicht ist es interessant, daß klinische Spezialisten für Trauerberatung manchmal widersprüchliche Deutungen des Phänomens geben. Einige von ihnen bieten rein psychologische Erklärungen an, indem sie sagen, daß die Erfahrung auf dem Verlangen nach Wiedervereinigung mit dem Verstorbenen beruht.[14] Andere Experten, die unmittelbar mit Trauernden arbeiten, sind jedoch zu dem Schluß gekommen, daß einige Begegnungen ontologische Realität haben könnten.[15] Wieder andere Psychologen scheinen von den Berichten, die sie gehört haben, völlig verwirrt zu sein. Am besten gefällt mir, was bezüglich dieser Verwirrung in einem vor einigen Jahren veröffentlichten Buch über Trauerarbeit ausgesagt wird. Die Autorin, eine Therapeutin aus Kalifornien und Spezialistin für Trauerarbeit, legt ein psychodynamisches Standardmodell zur Erklärung von Trauer-Halluzinationen dar. Dann berichtet sie jedoch, daß eine persönlich mit ihr bekannte Klientin einmal die Gestalt ihres verstorbenen Mannes in seinem bevorzugten Bademantel an der Tür sah. Ihre Schwiegermutter saß in demselben Zimmer, aber die Hauptzeugin sagte der älteren Frau nichts von ihrer Vision. Später erfuhr sie jedoch, daß ihre Schwiegermutter die Gestalt in demselben Bademantel gesehen hatte. Die Therapeutin zieht aus solchen Fällen den weisen Schluß, daß »die Erklärungen, *warum* diese Erfahrungen stattfinden, weniger wichtig sind als die Tatsache, daß sie für die betreffenden Menschen ungemein wirklich sind.«[16]

Wie die Erfahrung auch beschaffen sein mag, Trauertherapeuten sind der Ansicht, daß solche Begegnungen keine pathologische Reaktion auf seelischen Schmerz darstellen und den Trauernden eine Hilfe sein können.

Umfragen in der Öffentlichkeit

Die von Kalish und Reynolds so gründlich durchgeführte Studie stellt insofern eine Verbesserung gegenüber den früheren walisischen und japanischen Arbeiten dar, als die beiden Forscher festzustellen versuchten, ob die Kontakte mit Toten in einem spezifischen Zusammenhang mit Trauer stehen. Ihre Ergebnisse besagen, daß ein solcher Zusammenhang zwar besteht, daß Kontakte mit Verstorbenen aber auch häufig von der allgemeinen Öffentlichkeit berichtet werden.

Die umfassendste Untersuchung der postumen Kontakte haben wahrscheinlich Kalish und Reynolds durchgeführt. Ihre Forschungsarbeit über psychische Veränderungen durch Witwenschaft war nur ein kleiner Teil eines umfangreicheren Projekts zur Untersuchung psychokultureller Einflüsse auf Tod und Sterben, das zur Veröffentlichung ihres Buches *Death and Ethnicity* (Tod und ethnische Zugehörigkeit) im Jahre 1976 führte.[17] Da sie während ihrer Untersuchung so viele Berichte über Kontakte mit Toten gehört hatten, gingen sie in ihrem Buch und in anderen Publikationen ausführlich auf dieses Phänomen ein.[18] Sie zogen ihre Forschungsergebnisse über verwitwete Frauen und Männer mit den Befunden über andere Teilnehmer an ihrer Studie zusammen und stellten fest, daß über 50 Prozent der Frauen und über 30 Prozent der Männer von einem Kontakt mit den Toten berichteten.

Die in der Studie von Kalish und Reynolds am weitaus häufigsten berichtete Form des Kontakts mit Toten waren besonders bedeutsame Träume. Manche Leute jedoch (wie diejenigen in der von Dr. Rees durchgeführten Studie) berichteten von mehr realistischen »Visitationen« seitens Verstorbener. Sie gaben an, daß sie den Verstorbenen gesehen, seine Anwesenheit gespürt oder seine oder ihre Stimme gehört hätten. Diese Erfahrungen waren von äußerst intimer Natur, aber in einer eigenen Veröffentlichung sagte Kalish aus, daß in seltenen Fällen auch andere mit dem Zeugen Anwesende diese Erfahrung machten.[19] Es belustigt mich ein wenig, daß der Forscher, nachdem er dies eingeräumt hatte, nie die möglichen Schlußfolgerungen aus solchen Fällen zog.

Langfristig kam Kalish zu dem Schluß, daß diese Erfahrungen nichts Übernatürliches darstellten. Im Jahre 1979 stellte er fest:

»Ich glaube nicht, daß diese Leute mit den Toten Unterhaltungen geführt haben … Ich meine jedoch, daß diese Erfahrungen sehr lebendig und offenbar ganz real sind, daß sie weder Träume noch Anzeichen einer emotionalen Störung darstellen. Sie bedeuten vielmehr, daß der Verlust oder eine andere Erfahrung ungeheuer intensiv und anhaltend erlebt wird, und daß die frühere Verbindung zu der verstorbenen Person ungemein stark war. Als Folge davon genügen schon minimale Reize, wie ein vertrautes Zimmer oder ein Stuhl oder selbst eine Erinnerung, um eine scheinbare Wirklichkeit in der Gestalt des Verstorbenen hervorzurufen.«[20]

In dieser Hinsicht verwundert es kaum, daß Kalish vor einer Erörterung dieser seltenen Berichte, in denen andere Anwesende die Erfahrung teilten, zurückscheute.

Weiteres statistisches Material über den Kontakt mit Toten wurde während derselben Periode gesammelt, als Kalish und Reynolds ihre Ergebnisse veröffentlichten. Dieses Projekt wurde 1973 vom National Opinion Research Center (Nationales Zentrum für Meinungsforschung) in Chicago durchgeführt.[21] Bei einer Befragung von annähernd fünfzehnhundert ausgewählten Personen stellten die Forscher fest, daß 25 Prozent der breiten Bevölkerung postmortale Kontakte hatten. Die Wahrscheinlichkeit, solche Kontakte zu erleben, stand offenbar in keinem Bezug zum chronologischen Alter, zum Religionsbekenntnis, zur ethnischen Zugehörigkeit oder Bildung.

Es ist außerordentlich schade, daß weder das Team Kalish/Reynolds noch das National Opinion Research Center sich für die Inhalte der ihnen berichteten Fälle sonderlich interessierte. Ihre Berichte befaßten sich vor allem mit statistischen Befunden aufgrund ihrer Studien. Weil beide Projekte im Grunde soziologische Studien waren, ist dieses Versehen vielleicht verzeihlich. Doch würde eine Untersuchung des Erlebnisgehalts der Berichte die tendenziöse Aussage von Kalish/Reynolds bestätigen, daß wir es hier mit einem ausschließlich psychologischen Phänomen zu tun haben?

Jüngere Erhebungen über postume Kontakte im Alltag

Das für die Erhebungen von Kalish/Reynolds und vom National Opinion Research Center bezeichnende Versehen wurde 1980 teilweise richtiggestellt, als Julian Burton beschloß, Fälle eines Spontankontakts mit Verstorbenen in einem mehr phänomenologisch-humanistischen Rahmen zu untersuchen. Der Forscher arbeitete an seinem Doktorat in Psychologie und benützte seine Erhebung als Grundlage für seine Dissertation.[22] Die Studie entwickelte sich aus einem dramatischen persönlichen Erlebnis Burtons, kurz nachdem seine Mutter im Jahre 1973 an einem massiven Schlaganfall gestorben war:

»Meine Frau und ich hatten Verwandte zu Besuch. Ich war in der Küche und schnitt eine Ananas auf, als ich die Schritte meiner Frau rechts hinter mir zu hören vermeinte. Ich drehte mich um und wollte sie nach einer Schüssel fragen, bemerkte jedoch, daß sie nach links aus meinem Gesichtsfeld getreten war. Ich drehte mich nach ihr um, um meine Frage zu wiederholen, und sah meine Mutter dort stehen. Sie war voll sichtbar und sah viel jünger aus als zur Zeit ihres Todes. Sie trug ein durchsichtiges, hellblaues, marabuverbrämtes Kleid, das ich noch nie an ihr gesehen hatte …

Die Gestalt löste sich allmählich auf, aber die wirkliche Lösung des Knotens erfolgte erst am nächsten Tag. Am nächsten Morgen rief ich meine

80

Schwester Jean an und erzählte ihr, was geschehen war. Sie erregte sich, fing an zu schluchzen und fragte, warum unsere Mutter nicht zu *ihr* gekommen war. Das bedrückte mich, und ich fragte sie, ob sie denn glaubte, was ich ihr erzählt hatte, worauf sie antwortete, sie *wisse*, daß es wahr sei. Wie konnte sie so sicher sein? Sie erzählte, daß sie und Mutter zwei Wochen vor dem Schlaganfall einkaufen gegangen seien und daß Mutter das hellblaue Kleid anprobiert habe, das ich beschrieben hatte. Obwohl Mutter das Kleid gut stand und sie es sehr gerne gehabt hätte, scheute sie davor zurück, zweihundert Dollar für ein solches Kleidungsstück auszugeben.«

Obwohl er bereits zweiundvierzig Jahre alt war, als dieser Vorfall sich ereignete, beschloß Burton, seine Ausbildung und das Doktorat abzuschließen und sich mit Menschen zu befassen, die ähnliche Erfahrungen gemachten hatten. Er begann seine Forschungsarbeit damit, daß er einen Fragebogen ausarbeitete, in dem er die Leute befragte, ob sie Kontakte mit Toten erlebt hatten. Andere Punkte sahen Informationen über die Beziehung der Befragten zu der verstorbenen Person vor, die Häufigkeit der Erfahrungen und so fort. Weil die Möglichkeiten, den Fragebogen zu verteilen, begrenzt waren, übergab er ihn zuerst kleinen Studiengruppen für übersinnliche Forschung im Raum von Los Angeles. Dann veränderte er jedoch sein Vorgehen, als er sah, welch außergewöhnlich hohen Prozentsatz an Bestätigungen er erhielt. Er hegte den Verdacht, daß seine Informanten durch ihr Interesse für übersinnliche Dinge voreingenommen waren, und daher schickte er die Fragebögen an die psychologische Abteilung dreier Hochschulen in Los Angeles. Auch *hier* berichteten fünfzig Prozent der Studenten von postumen Kontakten. Als er sein Projekt beendete, hatte Burton Daten von fünfzehnhundert befragten Studenten gesammelt.

Burtons Forschungsergebnisse bestätigten mehrere im vorhergehenden Abschnitt beschriebene Befunde. Besonders ältere Menschen neigen zu solchen Kontakten, aber sie sind keineswegs auf sie beschränkt. Die meisten der Befragten berichteten entweder von Traumkontakten oder von dem subjektiven Gefühl, daß die Verstorbenen anwesend seien, doch es wurden auch lebendigere Geschichten von körperlosen Stimmen, Visionen im Wachzustand und leibhaftige Gesichte von Verstorbenen geschildert. Diese Erfahrungen waren für die Betroffenen von außerordentlicher Bedeutung, denn 60 Prozent der Befragten veränderten auf dieser Basis ihre Anschauungen über den Tod.

Burton war beeindruckt von den Fällen, denn manche hatten Ähnlichkeit mit seinen eigenen Erlebnissen. Im folgenden Bericht geht es um seine Haushälterin:

»Eines Tages, als sie gerade mein Schlafzimmer putzte, hörte Lita, wie jemand ihr nachpfiff. Sie dachte, daß draußen ein Arbeiter durch das Fenster hereinschaute (obgleich ich im zweiten Stock wohne), und fuhr mit ihrer Arbeit fort. Da ertönte der Pfiff wieder. Als sie aufblickte, hörte sie die Stimme einer Frau, die sie zweimal beim Namen rief. Sie sah in den anderen Räumen nach und fand niemanden. Obwohl es sie kalt überlief und sie eine Gänsehaut bekam, dachte sie nicht weiter daran, bis sie nach Hause kam und einen Brief aus El Salvador vorfand, mit der Nachricht, daß ihre beste Freundin gestorben war. Die Mutter ihrer Freundin schrieb, daß Litas Geschenk, ein Paar neue Schuhe, drei Stunden vor dem Tod angekommen sei. Diese Nachricht löste bei Lita eine Erinnerung aus: Der Pfiff war in ihrer Mädchenzeit ein Signal zwischen ihr und ihrer Freundin gewesen.«

Ein anderer Fall wurde von einem jungen Collegestudenten berichtet; er betraf den Tod seiner Großtante. Die Tatsache, daß sie offensichtlich nicht die Art von Beziehung zueinander hatten, die gewöhnlich zu einer starken emotionalen Bindung führt, macht diese Episode um so bemerkenswerter:

»Ich erfuhr von ihrem Tod, als ich von der Schule nach Hause kam. Ich mußte jedoch schleunigst fort zu meinem Religionsunterricht. Ich ging in mein Zimmer hinauf, um mein Buch zu holen, und während ich die Hand danach ausstreckte, hielt ich inne und drehte mich langsam um. Auf dem zweiten Bett saß eine leicht durchsichtige Frau mit im Schoß gefalteten Händen. Sie saß nur da und lächelte mir zu. Ich hatte sie nicht mehr gesehen, seit ich sechs Monate alt war, aber irgendwie wußte ich, daß es meine eben verstorbene Großtante war. Wir hatten Jahre hindurch Briefe gewechselt, und ich korrespondiere immer noch mit ihrer Schwester, mit der sie lebte. Ich begriff, was geschah, aber ich fürchtete mich nicht, weil ich fast überwältigt war von einem innigen Gefühl von Liebe. An dieser Erfahrung war überhaupt nichts Bedrohliches oder Bestürzendes. Ich stand ganz still und begann bewußt, mir Einzelheiten einzuprägen, wie sie aussah, welches Kleid sie trug und so fort. Als sie verschwunden war, ging ich hinunter und erzählte meiner Mutter und Schwester, was geschehen war. Wenn ich je Angst vor dem Tod hatte, habe ich jetzt keine mehr. Ich glaube fest an eine Art Leben nach dem Tod. Ich bin nicht sicher, ob ein anderes Familienmitglied darüber gesprochen hätte, wenn es eine solche Erfahrung gemacht hätte.«

Burton gelangte zu der Ansicht, daß die Ergebnisse seiner Forschungsarbeit für die Praxis der Psychotherapie und Trauerberatung von großer Bedeutung sind. Er ist der Meinung, daß solche Erfahrungen selten von den Trauernden berichtet werden, eine Folgerung, die mit den Befunden von Dr. Rees in Wales übereinstimmt. Dieses Problem, so behauptet der Psychologe, sei durch bestimmte Therapeuten noch verschärft worden, die solche Vorfälle »wegzuerklären« versuchen und sich weigern, ihre Erlebenswirklichkeit gelten zu lassen.

Weil Burtons Forschungsarbeit außer in einem kurzen Artikel in einer volkstümlichen Zeitschrift nie veröffentlicht wurde, werden leider nur wenige Trauerberater jemals davon erfahren.[23] Aber auf seine Arbeit fällt von außen ein Licht, das gleichzeitig die frühere Forschung von Reynolds, Kalish, Rees und anderen bestätigt. Aufgrund einer Erhebung im Jahre 1984, bei der 1.473 Personen befragt wurden, führte das National Opinion Research Council eine zweite Studie über Erfahrungen von Kontakten mit Verstorbenen in der breiteren Bevölkerung durch. Die Ergebnisse dieser Umfrage zeigten, daß 67 Prozent der Menschen, die einen Ehepartner verloren hatten, solche Kontakte hatten, während insgesamt 42 Prozent der breiten Öffentlichkeit von ähnlichen Erfahrungen berichten.[24] Sicher verdient ein unerklärtes Phänomen, das beinahe die Hälfte der amerikanischen Bevölkerung betrifft, die Anerkennung und Achtung der konventionellen Psychologie.

Was lebt weiter?

Keiner der spezifischen, in diesem Essay zusammengefaßten oder zitierten Fälle ist an sich ein Beweis, daß das Leben über den physischen Tod hinausgeht. Jeder weist gewisse Schwächen der Beweisführung auf oder läßt sich durch andere Theorien als das psychische Überleben erklären. Viele Menschen, die von solchen Kontakten berichten, könnten kurze, nichtpathologische Halluzinationen oder Illusionen erlebt haben, insbesondere, wenn sie diese Begegnungen während ihrer Trauerzeit hatten. Dies heißt jedoch nicht, daß *einige* »Trauer-Halluzinationen« und *einige* Kontakte mit den Toten nicht paranormal, also echte außersinnliche Kontakte unbekannter Art, sein könnten. Aber auch wenn wir manche in diesem Kapitel dargestellte Fälle für echt paranormal halten, würde dies lediglich den Schluß *nahelegen*, daß eine postume Kommunikation stattgefunden hat. Die Gründe dafür sind die folgenden:

Wissenschaftler und Psychologen, die übersinnliche Phänomene studieren, haben gelernt, daß die außersinnliche Wahrnehmung eine allgemeinmenschliche Fähigkeit ist. Manche Parapsychologen glauben sogar, daß jeder Fall, der ein Weiterleben nach dem Tod andeutet, auf dieser Basis erklärt werden könne. Betrachten wir die drei Fälle, die dieses Kapitel eröffneten, und deuten wir sie aus dieser Perspektive:

1. Vielleicht war die Stimme, die Romer Troxell innerlich vernahm, sein eigenes Unbewußtes, das auf übersinnliche Weise »wußte«, wo das gestohlene Auto seines Sohnes sich befand.

2. Vielleicht erfuhr der enttäuschte und enterbte James P. Chaffin durch Clairvoyance vom zweiten Testament seines Vaters und der Botschaft in dessen Mantel. Diese Information tauchte in Form eines realistischen Traumes von der Rückkehr seines Vaters vom Tod auf.

3. Vielleicht empfing der kleine Aber Oyler ein telepathisches Signal von seinem Bruder, das er in ein »Gespenst« in seinem Zimmer »übersetzte« – also so etwas wie eine vom Unbewußten des Jungen nach dem Empfang der Botschaft hervorgerufene bildhafte Projektion.

Das heißt nicht, daß solche Erklärungen richtig sind, sondern nur, daß sie logische Möglichkeiten bleiben, die nicht von der Hand zu weisen sind.

Auch wenn die in diesem Kapitel vorgelegten Fälle und Daten für ein Weiterleben nach dem Tod sprechen, sagen sie immer noch relativ wenig darüber aus, *was* weiterlebt. Ist es die Seele? Fälle wie die Auffindung des Chaffin-Testaments und das von Myers beschriebene rastlose Phantom zeigen, daß möglicherweise irgendein irdisches Gedächtnis den Tod relativ intakt überlebt. Ob dieses Überleben dauerhaft oder zeitlich begrenzt ist, läßt sich nicht bestimmen, wenngleich der Fall des Chaffin-Testaments die Vermutung nahelegt, daß ein persönliches Weiterleben nach dem Tod für Jahre anhalten kann.

Es ist meine persönliche Überzeugung, daß einige Berichte von Kontakten mit Toten *tatsächlich* echte Kontakte mit unseren verstorbenen Freunden und Angehörigen darstellen. Außerdem glaube ich, daß Trauer-Halluzinationen zwar vermutlich aus der Psyche kommen, daß manche Berichte jedoch wirkliche Kommunikationen aus dem Jenseits sein könnten. Es ist schwer, sich nicht von den Erzählungen derjenigen anrühren und beeindrucken zu lassen, die vor kurzem den Verlust eines nahestehenden Menschen erlitten haben, die restlose Überzeugung in ihren Augen zu sehen, wenn sie von ihren Erlebnissen berichten – so wie mein eigener verstorbener Großvater mich einmal bei einem Familientreffen beiseite nahm: Er erzählte mir ganz schlicht und einfach, daß er vor einigen Wochen meine verstorbene Großmutter gesehen hatte, die in der Küche stand und ihm zulächelte. Das Ereignis fand mehrere Wochen, nachdem seine Trauer um ihren Tod sich gelegt hatte, statt. Ich sehe nicht ein, warum ich solche Phänomene hypothetischen, psychologischen oder vielleicht neurologischen Mechanismen zuschreiben sollte.

Aber das sind persönliche Erwägungen, die den Skeptiker nicht beeindrucken werden. Dies war auch nicht meine Absicht in diesem Kapitel. Ich habe versucht zu zeigen, daß der Glaube an spirituelle Unsterblichkeit sich nicht nur auf die Religion zu berufen braucht. Die Suche nach Beweisen für ein seelisches Weiterleben nach dem

Tod sollte ein Anliegen der Wissenschaft sein. Die hier präsentierte Forschungsarbeit stellt die Ergebnisse dieser Suche und die Herausforderung durch ihre gesammelten Informationen dar. Die spezifische Deutung dieser Informationen bleibt den Lesern überlassen.

Diese Arbeit ist dem Andenken an Kenneth Honeychurch gewidmet, mit dem ich mich über diese Berichte oft unterhalten habe. Die Nachricht seines vorzeitigen Todes in Orinda, Kalifornien, im Alter von dreißig Jahren, erreichte mich eine Stunde, nachdem ich diesen Essay beendet hatte. Daher möchte ich an dieser Stelle aussprechen, wie sehr er das Leben seiner vielen Freunde bereichert hat.

Teil II
Die Herausforderung
des Materialismus

David Lorimer beginnt diesem Teil damit, daß er den uralten Gegensatz zwischen den Materialisten und den Anhängern des Fortlebens nach dem Tod im Westen aufzeigt und die Einstellung zum Tod von den alten Griechen und Homer über die Hebräer der alttestamentlichen Zeit bis zum Aufstieg des modernen wissenschaftlichen Materialismus' und den Theorien von Charles Darwin, Karl Marx und Sigmund Freud untersucht. Im Gegensatz zu der bekannten Auffassung letzterer Denker, daß das Bewußtsein lediglich ein »Nebenprodukt« der Gehirntätigkeit sei, macht Lorimer uns auf die weniger bekannte Anschauung aufmerksam, die von F.C.S. Schiller, William James und Henri Bergson vertreten wurde, nämlich, daß das Bewußtsein nicht vom Gehirn *produziert*, sondern durch das Gehirn *übertragen* werde und daher nicht notwendigerweise zerstört wird, wenn das Gehirn stirbt. »Die Übertragungstheorie entspricht den Fakten, die vom Materialismus als übersinnlich zurückgewiesen wurden«, führt Lorimer aus. Daher kommt diese Theorie zu einer Erklärung, die, mit den Worten Schillers, »letzten Endes haltbar ist, statt einer, die letzten Endes absurd ist«.

Die neuere Forschung über Nahtodfahrungen, meint Lorimer, gewährt uns einen Einblick in den Todesprozeß und erhellt die Frage nach der möglichen Gültigkeit der Transmitter-Theorie des Bewußtseins. Er zitiert einen typischen Fall einer Nahtoderfahrung, in der ein Mensch, der offenbar bewußtlos auf einem Bett liegt, sich in

Wirklichkeit in einem Zustand extrem gesteigerter und erweiterter, die normalen Grenzen von Raum und Zeit transzendierender Bewußtheit befindet, und macht geltend, daß die Genauigkeit der in einem solchen Zustand empfangenen Informationen lediglich durch die Übertragungstheorie erklärt werden kann. Es sei dem Materialisten überlassen, den Nachweis einer alternativen Erklärung zu führen.

Rupert Sheldrake ist ein bekannter Biologe, der eine Variante der Transmitter-Theorie des Bewußtseins vertritt. In seinem Beitrag unterwirft er die materialistische Annahme, daß Erinnerungen im Gehirn lokalisiert und irgendwie »gespeichert« seien, einer kritischen Prüfung und kommt zu dem Schluß, daß alle Theorien dieser Art entweder nicht bewiesen oder nicht stimmig sind. Er beschreibt dann ein neues Modell des Gedächtnisses aufgrund seiner Theorie der »morphogenetischen Felder«. Diese Felder, die den Lebewesen zu eigen sind, tragen zur Formbildung der sich entwickelnden Zellen, Gewebe und Organismen bei und verbinden Dinge ähnlicher Art über Raum und Zeit hinweg durch »morphische Resonanz«. Nach Sheldrakes Theorie läßt sich das Gedächtnis als die »Einstimmung« eines Organismus' auf seine vergangenen Zustände durch morphische Resonanz mit seinen eigenen morphogenetischen Feldern erklären.

Sheldrake bedient sich der Analogie des Transistorradios, um den Unterschied zwischen der Theorie der »lokalisierten Gedächtnisspur« und seiner eigenen Variante der Transmitter-Theorie zu erklären: Eine Beschädigung des Radioapparats kann zur Entstellung oder zum Verlust der durch ihn übertragenen Musik führen, aber das bedeutet nicht, daß die Musik in dem Apparat produziert oder gespeichert wird. Es bedeutet lediglich, daß das Radio nicht mehr in der Lage ist, Töne richtig zu übertragen. In ähnlicher Weise kann eine Schädigung des Gehirns zur Entstellung oder zum Verlust des Gedächtnisses führen, aber das beweist noch nicht, daß die ausgelöschten Erinnerungen im Gehirn gespeichert waren. Sheldrake stellt die Behauptung auf, daß die Beschädigung das Gehirn vielleicht einfach daran hindern könnte, »sich auf seine vergangenen Zustände einzuschwingen«.

Sheldrakes Modell führt nicht automatisch zu der Schlußfolgerung, daß es das Weiterleben nach dem Tod gibt, weil es innerhalb des materialistischen Bezugssystems interpretiert werden könnte, in dem das bewußte Selbst als identisch mit den Gehirnfunktionen betrachtet wird. Wenn Sheldrakes Theorie jedoch in einem Bezugssystem interpretiert wird, in dem das bewußte Selbst als nicht identisch mit den Gehirnfunktionen angesehen wird, sondern vielmehr mit dem Gehirn in *Interaktion* steht durch die Resonanz mit seinen morphogenetischen Feldern, »dann ist es möglich, daß das bewußte Selbst auch nach dem Absterben des Gehirns mit diesen Feldern verbunden bleiben und die Fähigkeit bewahren kann, sich auf seine vergangenen Zustände einzustimmen«. Sheldrakes Schlußfolgerung lautet daher, daß »eine Feldtheorie des Bewußtseins entwickelt werden könnte, die sowohl mit einem neuen wissenschaftlichen Verständnis des Gedächtnisses als auch mit der Möglichkeit eines Fortlebens des Bewußtseins nach dem physischen Tod in Einklang steht«.

Die tiefe philosophische Kluft zwischen jenen, die die Möglichkeit des Weiterlebens nach dem Tod leugnen, und denjenigen, die sie behaupten, liegt auf der Hand. Die Debatte zwischen den Anhängern der Überlebenstheorie und den Materialisten ist keineswegs als erledigt zu betrachten, sondern geht mit Volldampf weiter. Im Schlußkapitel dieses Abschnitts präsentiert der bekannte Bewußtseinsforscher und Psychologe *Charles T. Tart* dem materialistischen Lager eine gewaltige Herausforderung mit seiner auf Daten der parapsychologischen Forschung beruhenden harten Kritik der materialistischen Weltanschauung.

Tart stellt fest, daß die Realität der »Psi-Phänomene« – Telepathie, Clairvoyance, Präkognition und Psychokinese – durch parapsychologische Experimente als erwiesen gelten kann. Dies ist wichtig für die Frage des Fortlebens nach dem Tod, weil solche Phänomene Manifestationen des *Bewußtseins* sind, die allen Versuchen, sie auf die bekannten physischen Kräfte zu reduzieren, widerstanden haben. Sie sind daher gewichtige Gegenaussagen zur materialistischen Hypothese, daß das Bewußtsein identisch mit dem Gehirn sei. »Diese Psi-Phänomene können das Weiterleben nach dem Tod nicht ›beweisen‹«, räumt Tart ein, »aber sie widerlegen zumindest die Behauptung der materialistischen Wissenschaft, daß das Weiterleben des Bewußtseins nach dem Tod prinzipiell unmöglich sei.«

Dann wendet Tart sich potentiellen Szenarios zu, wie unser Bewußtseinszustand aussehen könnte, wenn wir den Tod tatsächlich überleben. Er bemerkt zunächst, daß das »gewöhnliche Bewußtsein«, unser normales »Ich-Gefühl«, sehr veränderlich und aus verschiedenen »Ichs« zusammengesetzt ist, die die kleinen Veränderungen des gewöhnlichen Lebens nicht lange »überleben« – wie zum Beispiel intensive Emotionen, Müdigkeit, Alkoholrausch und so fort. Er argumentiert, daß das gewöhnliche Bewußtsein die ungemein größere Veränderung durch den Tod vermutlich nicht überleben wird. Wenn wir daher nach dem Tod »aufwachen«, sollten wir uns nicht allzusehr wundern, wenn wir uns in einem veränderten Bewußtseinszustand befinden, vielleicht analog zum Traumzustand oder zu einem der anderen veränderten Bewußtseinszustände, die den Schamanen, Yogis und anderen Mystikern bekannt sind.

Alles in allem sollte das von den Autoren dieses Abschnitts beigebrachte Beweismaterial und ihre Argumente den harten Kern des materialistischen Dogmas entkräften, daß das Weiterleben des menschlichen Bewußtseins nach dem Tod aus Prinzip unmöglich sei, als wäre allein die Vorstellung davon ein Widerspruch. Aber die positive These, daß das Überleben nicht nur möglich ist, sondern tatsächlich stattfindet, wird viel schwerer zu erhärten sein.

Wissenschaft, Tod
und die Frage nach dem Sinn

DAVID LORIMER

»Von außen gesehen und solange wir außerhalb des Todes stehen, ist er von größter Grausamkeit. Aber sobald man darinsteht, erlebt man ein so starkes Gefühl von Ganzheit und Frieden und Erfüllung, daß man nicht mehr zurückkehren möchte.«

C.G. Jung, Briefe

»...dann muß der Mensch endlich aus seinem tausendjährigen Traum erwachen und seine totale Verlassenheit, seine radikale Fremdheit erkennen. Er weiß nun, daß er seinen Platz wie ein Zigeuner am Rande des Universums hat, das für seine Musik taub ist und gleichgültig gegen seine Hoffnungen, Leiden oder Verbrechen.«

Jacques Monod, Zufall und Notwendigkeit

Die beiden vorstehenden Äußerungen stammen von zwei großen Wissenschaftlern unseres Jahrhunderts. Die ihnen zugrundeliegenden Weltanschauungen sind einander jedoch diametral entgegengesetzt. Jung war einer der großen Pioniere unserer Erkenntnis der inneren Welt, die er über sechzig Jahre eingehend erforschte. Das Zitat stammt aus einem Brief vom Jahre 1945, nachdem er ein Jahr davor einen Herzanfall erlitten hatte. Als er sich davon erholte, hatte er eine Reihe von Visionen, die einer Initiation gleichkamen und sein Verhältnis zur dreidimensionalen Welt von Raum und Zeit veränderten. Danach eignete er sich den Platonischen Sprachgebrauch vom Körper als dem »Grab der Seele« an – eine Beschränkung der Bewußtseinsform. Er wollte zuerst nicht in die physische Welt zurückkehren, doch er machte die ungewöhnliche Erfahrung, daß ihm ein Bote begegnete, der gegen sein vorzeitiges Scheiden aus der Welt Einspruch erhob. Wäre Jung 1944 wirklich gestorben, wäre ein großer Teil seiner interessantesten Werke der fünziger Jahre über Synchronizität, Alchemie, Gut und Böse und anderes mehr ungeschrieben geblieben. Die innere Welt ist die Sinndimension, die uns befähigt, unserer Erfahrung des äußeren Lebens Bedeutung zu verleihen. Jung konnte nicht umhin, auch in manchen Arten von Koinzidenz einen Sinn zu finden, wie er in seiner Theorie der Synchronizität ausführte – eine sinnvolle Koinzidenz.

Monod, ein Biologe, hätte das Wort »sinnvoll« durch das Wort »bloß« ersetzt: eine *bloße* Koinzidenz, ein bloßer Zufall. Er erbte die traditionelle Aversion des zwanzigsten Jahrhunderts gegen Sinnbestimmung oder Teleologie und verwarf die Frage nach dem »Warum?« zugunsten einer Beantwortung der Frage nach dem »Wie?« Indem er jedoch das zweckgerichtete Verhalten der Tiere beobachtete, mußte sogar er bis zu einem gewissen Grad eine Sinnhaftigkeit zugeben, doch er prägte das Wort *Teleonomie*, um seine Beobachtung von der Vorstellung zu unterscheiden, daß dem Leben ein Sinn innewohne.

Monods Forschungen galten der öffentlichen, objektiven Welt der Biologie. Statt wie Jung nach innen zu blicken, blickte er durch das Mikroskop nach draußen. Seine Linse war sinnblind wie Admiral Nelson bei der Schlacht von Kopenhagen, als er mit seinem blinden Auge durch das Teleskop sah und gesagt haben soll: »Ich sehe keine Schiffe.« Indem die Wissenschaft nach klinischer Sachlichkeit und Unparteilichkeit strebte, schnitt sie sich von der inneren Dimension der Sinnhaftigkeit ab. Es ist daher kaum zu verwundern, daß sie in eine Welt blickt, die fremd und sinnlos, ohne Werte, erscheint: denn so ist auch die Linse.

Abgesehen von seinen Nahtodvisionen im Jahre 1944 hatte Jung viele Erlebnisse, die ihn zu dem Glauben führten, daß ein Teil der Psyche oder des Bewußtseins nicht auf Raum und Zeit beschränkt, sondern in der Lage ist, seine Grenzen durch Telepathie und Präkognition zu überschreiten. Er behauptete, daß ein schlüssiger Beweis des Fortbestehens der Seele nach dem Tod zwar nicht erbracht werden könne, aber: »es gibt Erfahrungen, die uns nachdenklich machen«.

Eine solche Erfahrung betraf den Besuch eines Freundes, dessen Begräbnis Jung am vorhergehenden Tag beigewohnt hatte. Sein

Freund forderte ihn mit einer Gebärde auf, ihn in der Vorstellung zu seinem Haus zu begleiten. Nach ihrer Ankunft gingen sie in das Studierzimmer hinauf, wo sein Freund auf einen Stuhl kletterte und ihm das zweite von fünf Büchern mit rotem Einband auf dem zweiten Regal von oben zeigte.

Die Neugier veranlaßte Jung am folgenden Morgen, die Witwe seines Freundes aufzusuchen. Er bat um die Erlaubnis, etwas in der Bibliothek seines Freundes nachsehen zu dürfen, einem Raum, den er nicht kannte. Dort fand er den Stuhl und entdeckte die fünf Bücher mit rotem Einband auf dem zweiten Regal von oben. Es handelte sich um Übersetzungen von Zola, und der zweite Band trug den Titel *Das Vermächtnis der Toten*. Dies muß gewiß eines der Erlebnisse gewesen sein, die Jung »nachdenklich« machten, weil er durch andere Kanäle als seine Sinnesorgane Informationen erhalten hatte. Der Titel des Buches erscheint jedenfalls merkwürdig treffend.

Was hätte Monod zu diesem Vorfall gesagt? Ein bloßer Zufall? Eine Phantasie von Jung, die aus einem chemischen Mißverhältnis nach der Teilnahme an dem Begräbnis herrührte? Das erinnert an die berühmten Zeilen von Coleridge:

»Was wäre, wenn du schliefst und wenn im Schlaf du träumtest;
was wäre, wenn im Traum du in den Himmel kämst
und eine seltsam schöne Blume pflücktest,
und wenn du beim Erwachen
die Blume hieltest in der Hand:
Ah –
was dann?«

Wie hätte Jung umhin können, den Schluß zu ziehen, daß ein Teil seines Bewußtseins außerhalb der normalen Grenzen von Raum und Zeit funktionierte? Und wenn der Tod einfach die Befreiung des Bewußtseins von den Fesseln der Raum-Zeit-Dimension wäre? Von außen betrachtet, können wir nicht sagen, ob das Bewußtsein mit dem Tod erlischt oder ob es sich für immer vom physischen Leib trennt, den es nicht mehr beseelt oder in Gang hält. Nicht umsonst lautet das lateinische Wort für »Seele« *anima*.

Weltanschauungen und das Wesen der Erklärungen

Worin besteht eine befriedigende Erklärung? Warum werden einige Erklärungen für »unbefriedigend« gehalten? Es hängt alles von den Grundannahmen und Kategorien ab, die man benützt. Die lexikalische Definition des englischen Wortes *explanation* (Erklärung) lautet: »Dinge klären oder verständlich machen«, doch etymologisch bedeutet dieses Wort »entfalten«. Was entfaltet wird, war bereits implizit oder eingefaltet. Wenn man also etwas erklärt (engl. *explain*), heißt das, etwas entfalten oder seine Implikationen auspacken. Basil Willey definierte eine Erklärung (explanation) als eine »Neuformulierung von etwas – eines Ereignisses, einer Theorie oder Lehre etc. – im Sinne gängiger Interessen und Annahmen«. Von einer Erklärung befriedigt zu sein, bedeutet also, bestimmte Bedingungen und Kategorien als endgültig zu akzeptieren, so daß jede weitere Erläuterung sich erübrigt. Theorien, die auf solchen Grundannahmen beruhen, gelten als einsichtig und »plausibel«, während auf gegensätzliche Grundannahmen gegründete Theorien als »uneinsichtig« und »unplausibel« lächerlich gemacht werden können. (In diesem Zusammenhang ist es bezeichnend, daß das Wort »plausibel« von *plaudere* (lat.) abgeleitet ist, mit der Bedeutung von »Beifall klatschen«.)
Wenn die Einsichtigkeit einer Erklärung von unseren Grundannahmen abhängt, sind diese wiederum von unserer Schulung abhängig, und diese wieder ist selbst ein Merkmal unseres vorherrschenden geistigen Klimas. Von Zeit zu Zeit, argumentiert Willey, entsteht ein allgemeines Verlangen nach einer Neuformulierung, das eine »Disharmonie zwischen herkömmlichen Erklärungen und gegenwärtigen Bedürfnissen« andeutet. Die wissenschaftliche Revolution des siebzehnten Jahrhunderts war eine solche Bewegung, in der naturalistische Erklärungen die übernatürlichen und theologischen verdrängten. Wie wir noch genauer sehen werden, bedeutete dies, Seele und Bewußtsein als ein Nebenprodukt der Materie zu erklären und daher die Möglichkeit eines Lebens nach dem Tod uneinsichtig zu machen. Vereinfacht ausgedrückt, wurde die folgende Behauptung aufgestellt: Das Bewußtsein wird vom physischen Gehirn er-

zeugt; folglich kommt es beim Tod des Gehirns zum Erlöschen des Bewußtseins. Doch bevor wir die Ursprünge solcher Anschauungen näher untersuchen, müssen wir zu den Wurzeln des abendländischen Denkens über Tod und Unsterblichkeit zurückkehren.

Ursprünge des abendländischen Denkens über den Tod

Im Verlauf seiner monumentalen Untersuchung des Glaubens an die Unsterblichkeit bemerkt der frühe Anthropologe Sir James G. Frazer:

»Es ist unmöglich, nicht verblüfft zu sein von der Stärke, um nicht zu sagen, von der Universalität des natürlichen Glaubens an die Unsterblichkeit bei den wilden Menschheitsrassen. Für sie ist ein Weiterleben nach dem Tod keine Sache der Spekulation und Mutmaßung, der Hoffnung und Angst, sondern eine praktische Gewißheit, die zu bezweifeln das Individuum sich so wenig einfallen lassen würde, wie es an der Wirklichkeit seines Daseins zweifelt. Er nimmt es ohne Frage hin und handelt danach ohne Zögern, als wäre es eine der gesichertsten Wahrheiten innerhalb der Grenzen menschlicher Erfahrung.«

Es wäre hinzuzufügen, daß eine solche Unsterblichkeit stark mit einem Bewußtsein der Verbindung mit den Stammesahnen identifiziert wird und daß ein ausgeprägtes Gefühl für Individualität sich hier noch nicht entwickelt hat.

Es gibt verblüffende Ähnlichkeiten zwischen dem, was die Hebräer des Alten Testaments und die alten Griechen Homers über ein Leben nach dem Tod glaubten. Alle hebräischen Toten kamen in die Scheol, wo sie als *rephaim* oder Schatten weiterexistieren. Die Scheol ist ein freudloser Ort, der von Hiob als ein »Land des Dunkels und des Schattens, [ein] Land der Finsternis ... wo, wenn es leuchtet, ist's eine tiefe Nacht« beschrieben wird (10:21-22). Die Toten existieren in einer verkümmerten Form weiter, sozusagen als »mindere Ausgaben« ihres früheren Selbst. Der griechische Hades ist auch nicht sonderlich attraktiv und wurde verschiedentlich als

95

»völlige Düsternis« oder als eine »trübe Unterwelt« geschildert, deren Bewohner sich in »gräßlichem Elend« befänden. Auf seiner epischen Reise in die Unterwelt kann Odysseus nur dann mit den Toten kommunizieren, wenn diese durch ein besonders abstoßendes Ritual, das Trinken des Blutes von Opferlämmern, wiederbelebt werden. Aus diesen beiden Überlieferungen geht hervor, daß Menschen unauflösliche psychophysische Organismen sind und daß der Tod, als Zerstörung der psychophysischen Einheit, nur ein kümmerliches Fortbestehen, nicht eine wünschenswerte Form der Unsterblichkeit zulassen kann.

Bei Platon, an der Wende zum vierten Jahrhundert v.Chr., begegnen wir bereits einer beträchtlichen Entwicklung der Vorstellungen von der Seele und der Unsterblichkeit. Er formuliert die Alternativen kurz und bündig: »Der Tod ist eines von zwei Dingen. Entweder er ist die Vernichtung, und dann haben die Toten kein Bewußtsein von irgend etwas; oder er ist, wie uns erzählt wird, eine echte Wandlung: eine Wanderung der Seele von diesem Ort zu einem anderen.«

Platon stand in der Überlieferung der Orphiker und Pythagoräer, die möglicherweise von indischen Vorstellungen von Karma und Wiedergeburt beeinflußt waren. Das Platonische Modell des Menschen unterschied sich von demjenigen der alten Hebräer und Griechen insofern, als der Wesenskern des Menschen nicht mehr als psychophysisch, sondern als eine unsterbliche Seele in einem sterblichen Körper betrachtet wurde. Die Seele war das Wesentliche, der Körper lediglich ein Vehikel für die Seele in der Folge ihrer Inkarnationen und ihrer Rückkehr zu einem reinen Seinszustand. Aufgrund der Göttlichkeit ihres Ursprungs und Wesens war die Seele unvergänglich im Gegensatz zum sterblichen Leib.

Diese Idee der Unsterblichkeit wurde nicht ohne Bedenken vom Christentum übernommen, jedoch ohne ihren Zusammenhang mit der Reinkarnation. Die griechische Vorstellung brachte auch den Dualismus von Seele und Körper in das abendländische Denken hinein und parallel dazu eine ähnliche Abgrenzung zwischen Geist und Fleisch, die den asketischen Praktiken der Klöster zugrunde liegt.

Der frühe christliche, insbesondere der Paulinische Glaube, stützte sich auf die Auferstehung Jesu von den Toten. Die genaue Art und Weise dieser Auferstehung steht noch in unserer Zeit im Brennpunkt der theologischen Debatte. Handelte es sich buchstäblich um eine Auferstehung des Fleisches? Wenn ja, gilt dies in ähnlicher Weise auch für uns? Oder ist die Auferstehung als eine spirituelle Wiedergeburt zu verstehen, als ein neues Leben in Christo? Die Texte des Neuen Testaments sind schwer zu entwirren, und es ist durchaus möglich, daß sie zugunsten einer buchstäblichen oder einer spirituellen Deutung verfälscht wurden. Einerseits lesen wir, daß Thomas tatsächlich den Leib Jesu berühren konnte, der eben ein Stück gebratenen Fisch verzehrt hatte. Andererseits scheint Jesus über die Gabe der Materialisation und der Entmaterialisation verfügt zu haben, wird von seinen Freunden nicht sofort erkannt und weist Maria an, ihn im Garten nicht zu berühren. Hier ist nicht der Ort, auf diese Fragen näher einzugehen, aber ich möchte doch darauf hinweisen, daß zwischen der Vorstellung von der Auferstehung des Fleisches – welche voraussetzt, daß Seele und Körper des Menschen nicht zu trennen sind – und der von Platon vertretenen Unsterblichkeit der Seele eine gewisse Spannung besteht.

Die griechischen Atomisten waren die erste philosophische Schule, die behauptete, die Seele setze sich aus materiellen Atomen zusammen, insbesondere des Atems und der Wärme. Epikur (342-270 v.Chr.) betont die vollkommene Abhängigkeit der Seele vom Körper, so daß die Zersetzung der gesamten Struktur auch das Verschwinden und Auslöschen der Seele bezeichne. Diese Anschauung wird am überzeugendsten vom römischen Dichter Lukrez (99-55 v.Chr.) vertreten, der den Tod für das Ende des Lebens und aller Sinnesempfindungen hält. Die ausführlichen Argumente dafür – etwa die Auswirkung von Gehirnschädigungen und Senilität – unterscheiden sich im wesentlichen kaum von denjenigen des zwanzigsten Jahrhunderts. Sie führen unweigerlich zu derselben Schlußfolgerung, nämlich daß der Tod »uns gar nichts angeht, da die Natur des Bewußtseins sich als sterblich erweist«. Das Selbst wird einfach ausgelöscht.

Insgesamt können wir also vier Varianten unterscheiden:
1. Seele und Körper sind unlösbar miteinander verbunden, so daß der Tod den Beginn eines verminderten Daseins darstellt (Scheol, Hades).
2. Seele und Körper sind unlösbar miteinander verbunden, und obgleich sie im Tod sich voneinander trennen, kommen sie in der Auferstehung wieder zusammen (frühes Christentum).
3. Die Seele ist göttlich und unsterblich und hat ihren Sitz im vergänglichen Vehikel des physischen Leibes (Platon).
4. Die Seele ist völlig abhängig vom Körper und geht mit dem physischen Tod unter (Atomisten).

Die Entstehung des Materialismus und die Leugnung des Lebens nach dem Tod

Descartes formulierte einen Dualismus, ähnlich wie Platon, und er beschäftigt seither die Philosophen, die vergeblich versucht haben, die Wechselbeziehung zwischen den angeblich unvereinbaren Substanzen des körperlosen Bewußtseins und des mechanischen Körpers auf einen Nenner zu bringen. Die stärkste Tendenz ist jedoch im systematischen Versuch zu sehen, das Bewußtsein auszuschalten, indem man alle »mentalen« Abläufe ausschließlich als materielle Gehirnprozesse erklärte. Hinter dieser Tendenz steht eine Reihe von Änderungen der Denkweise, die im siebzehnten Jahrhundert aufkamen.

Gott und die moralische Ordnung. Im Mittelalter betrachtete man Gott als den Seinsgrund und das *Summum bonum*, auf das die Menschen sich zubewegten. Er war der Schöpfer und Erhalter des Universums, der gelegentlich in der Art und Weise einer Vorsehung in die menschlichen Angelegenheiten eingriff. Galilei machte Gott zu dem großen Mechaniker und Erfinder, der am Anfang der Zeit das Weltall in Gang setzte. Bei Newton wurde Gott zum höchsten Uhrmacher, der die physischen Gesetze und Abläufe entwirft und reguliert. Gott entfernt sich immer mehr in Raum und Zeit – wobei die

Erde als ein bedeutungsloses Pünktchen gesehen wird –, bis Laplace mit der Idee Gottes gänzlich aufräumt. Seine Entgegnung auf ein spöttisches Wort von Napoleon: »Ich brauche diese Hypothese nicht«, ist berühmt.

Die Vorstellung, daß Gott eine gerechte moralischen Ordnung garantiert, wurde durch das Erdbeben von Lissabon in der Mitte des achtzehnten Jahrhunderts, bei dem Tausende von unschuldigen Menschen umkamen, schwer erschüttert. Wie konnte ein gerechter, allmächtiger und gütiger Gott so etwas zulassen oder verursachen? Diese Debatte hat sich bis in unser Jahrhundert mit seinen natürlichen und von Menschen herbeigeführten Katastrophen fortgesetzt, die für viele Menschen ein starkes Argument gegen die Existenz Gottes sind. Solche Beispiele könnten auch eine Kompensation in Form eines Lebens nach dem Tod verlangen, doch gewöhnlich werden sie nicht in diesem Licht gesehen. Das Problem des Bösen ist zu vielschichtig, als daß wir in diesem Kontext näher darauf eingehen könnten. Die moderne Wissenschaft setzt Natur, Zufall und Notwendigkeit an die Stelle von Gott.

Vom Sinn zur Ursache. Die Überschrift dieses Abschnitts könnte auch lauten: »Von der Metaphysik zur Physik« oder »Vom Warum zum Wie«. Galileo Galilei (1564-1642) war der einflußreichste Denker auf diesem Gebiet, mit seinen mechanischen Studien von Körpern in Bewegung, die keiner metaphysischen Erklärung bedurften. Mechanistische Erklärungen wurden jetzt als »wissenschaftlich« und teleologische als »unwissenschaftlich« betrachtet, und dies galt auch für die Erforschung von Seele und Bewußtsein. So wurde die Sinnfrage ausgeschaltet. Daher nimmt es kaum wunder, daß die menschliche Evolution und daher das Leben als in sich sinnlos in einer zufälligen Welt angesehen wurde. Mit den Worten eines Physikers: »Das Universum ist lediglich eines jener Dinge, die sich von Zeit zu Zeit ereignen.«

Primäre und sekundäre Eigenschaften. Diese Unterscheidung wurde von Galilei getroffen und hatte philosophische Folgen von großer Tragweite. Primäre Eigenschaften sind solche, die dem Gegenstand innewohnen, wie Form, Position, Bewegung und Zahl. Sie sind wirklich und objektiv und sind Gegenstand wissenschaftlicher Erkenntnis; sie sind quantifizierbar und daher meßbar. Sekundäre Eigenschaften, wie Geschmack und Geruch, sind »hinzugefügte«; sie sind subjektiv und beruhen mehr auf Meinung als auf Wissen. Aus dieser Unterscheidung folgt, daß Bewußtsein effektiv als eine sekundäre Eigenschaft definiert wird, die letztlich von der Materie der Primäreigenschaften abhängt. Folglich wird das Qualitative im Sinne des Quantitativen, das Subjektive durch das Objektive, das Innere durch das Äußere, das Bewußtsein als Produkt der Materie definiert.

An dieser Stelle sollen drei Schlüsselgestalten erwähnt werden, deren Theorien zur Formulierung eines sekularen und materialistischen Standpunkts beigetragen haben: Darwin, Marx und Freud. Descartes hatte bereits behauptet, daß Tiere keine Seele haben, aber es blieb Darwin vorbehalten, das Argument zu ergänzen, indem er ein Kontinuum in der Evolution der Arten setzte, so daß zwischen dem Homo sapiens und den übrigen Lebewesen kein offensichtlicher Bruch bestand. So wurde es schwierig, wenn nicht unmöglich, eine Grenze zu ziehen, jenseits welcher die Seele in die Evolution eintrat.

Viele Psychologen, sofern sie nicht Pawlow und Watson auf dem Weg der Verhaltenstheorie folgten (auf dem die Psychologie, wie es heißt, »ihr Bewußtsein verlor«!), fühlten sich gut aufgehoben in der Anschauung Freuds, daß die Religion eine infantile Projektion des Vaterbildes und die Vorstellung eines Lebens nach dem Tod ein reines Wunschdenken sei. Solche Psychologen haben sich jedoch meist nicht sehr tief auf die Phänomenologie der Religion eingelassen, und sie vernachlässigen die beunruhigendere Illusion der Hölle, die als Wunschdenken zu erklären freilich etwas schwierig ist. Sie ignorieren außerdem die ethischen Anforderungen einer Lehre der persönlichen Verantwortung.

Der Marxismus behauptet, daß das Bewußtsein ein Produkt des Gehirns sei und daß die Menschen lediglich das Produkt der Gesellschaft seien. In der Nachfolge Feuerbachs betrachtete Marx die Religion als eine sozialbedingte Schöpfung und forderte ihre Abschaffung als illusionäres Glück der Menschen, die sich dann der Aufgabe zuwenden könnten, die Bedingungen des irdischen Glücks zu schaffen, ohne ein Fortleben nach dem Tod berücksichtigen zu müssen, das von einem materialistischen Standpunkt eine bloße Vorstellung und unmöglich ist.

Die moderne Neurowissenschaft baut auf dem Materialismus als Grundlage ihres immer anspruchsvolleren Forschungsprogramms auf und nimmt auf der ganzen Linie an, daß es außerhalb der Gehirnabläufe keinerlei Bewußtsein geben könne. Wie zuvor ausgeführt, folgt aus dieser Anschauung, daß das Bewußtsein ein Nebenprodukt des Gehirns ist, das die Auflösung des Gehirns beim physischen Tod nicht überleben kann. Es gibt jedoch eine entgegengesetzte philosophische Anschauung, die auf das letzte Jahrzehnt des neunzehnten Jahrhunderts und das Wirken von F.C.S. Schiller, William James und Henri Bergson zurückgeht. Nach dieser Anschauung wird das Bewußtsein vom Gehirn nicht wirklich *produziert* (»Produktionstheorie«), sondern *durch* das Gehirn *geleitet* oder *übertragen*, dessen Filter normalerweise nur bestimmte Formen des Bewußtseins durchläßt. Hand in Hand mit dieser Übertragungstheorie geht, daß das Bewußtsein sich im Tod verändert oder erweitert und daß ein Umgehen des normalen Filters verschiedene Formen von ASW zulassen kann. Die Übertragungstheorie bietet daher einen Bezugsrahmen, durch den Anomalien des menschlichen Bewußtseins verständlich werden, die sich innerhalb der herkömmlichen materialistischen Denkweise nicht erklären lassen.

Schillers Buch *Riddles of the Sphinx* (Die Rätsel der Sphinx) erschien anonym im Jahre 1891. Der Autor bezeichnete sich selbst als »Troglodyt« (Höhlenbewohner), der »die fruchtlose Ehre eines vergeblichen Märtyrertums« riskieren würde, wenn er seinen Namen bekanntgäbe. Er vergleicht sich mit dem Menschen, der zu Platons Höhle zurückkehrt, nachdem er die Wahrheit geschaut hat, und vergeblich versucht, die Insassen der Höhle von der Gültigkeit seiner größeren Schau zu überzeugen. Er beklagt, daß der Materialismus das Verhältnis zwischen Materie und Bewußtsein umgekehrt habe, und behauptet, daß die »Materie das Bewußtsein nicht *produziert*, sondern seine Intensität innerhalb bestimmter Grenzen einschränkt: Ein materieller Organismus kann das Bewußtsein nicht aus einer bestimmten Anordnung von Atomen aufbauen, sondern nur seine Manifestationen innerhalb der von ihm zugelassenen Sphäre bündeln«.

Die Übertragungstheorie, sagt Schiller, entspricht den Fakten, die vom Materialismus als übersinnlich zurückgewiesen wurden, und »bietet dadurch eine Erklärung, die letzten Endes haltbar ist, statt einer, die letzten Endes absurd ist«. Er kommt im weiteren auf den »Scheinbeweis des Todes« zu sprechen und vertritt die Meinung, daß unsere Sicht notwendigerweise unvollkommen ist.

»Denn wir bedenken nur den Standpunkt der Überlebenden, und nie den der Sterbenden. Wir haben nicht die geringste Ahnung, was der Tod für die Sterbenden bedeutet. Für uns ist er eine katastrophale Veränderung, wobei ein Komplex von Phänomenen, den wir den Leichnam nennen, aufhört, uns die Anwesenheit des höheren Daseins zu suggerieren, das wir Geist nennen. Doch dies beweist keineswegs, daß der Geist des Toten aufgehört hat zu existieren. Es zeigt lediglich, daß er aufgehört hat, ein Teil unserer kleinen Welt zu sein… Mit mindestens ebenso großer Wahrscheinlichkeit läßt sich dies darauf zurückführen, daß er weiterbefördert oder entrückt, wie daß er zerstört wurde.«

Die jüngere Forschung hat sich zu einem großen Teil mit Nahtoderfahrungen (NTEs) befaßt und gewährt uns einen Einblick in den Todesprozeß, auf den Schiller sich bezieht. Die NTEs stellen das Weiterleben nach dem Tod zwar nicht unter Beweis, aber die Betroffenen betonen zumeist, daß sie in das erste Stadium des Sterbens und des Übergangs in eine Dimension außerhalb von Raum und Zeit eingetreten seien. Ein früher Fall dieser Art war das persönliche Erlebnis von Lord Geddes, das die mögliche Gültigkeit der Übertragungstheorie beträchtlich erhellt.

Geddes erkrankte einmal mitten in der Nacht so schwer, daß er nicht in der Lage war, um Hilfe zu klingeln, denn sein Puls und sein Atem waren völlig unregelmäßig. Dann nahm er wahr, daß sein Bewußtsein sich teilte und daß sein »A-Bewußtsein«, wie er es nannte, mit dem er sich jetzt identifizierte, gänzlich außerhalb »seines« Körpers zu sein schien, den er sehen konnte. »Allmählich«, berichtet Geddes, »merkte ich, daß ich nicht nur meinen Körper und das Bett, in dem ich lag, sehen konnte, sondern alles im ganzen Haus und Garten... wo immer meine Aufmerksamkeit sich hinwandte.« Die Erklärung dieses Phänomens bestehe darin, so dachte er, daß er frei war in einer Zeitdimension des Raumes, »in der ›jetzt‹ auf irgendeine Weise gleichbedeutend war mit ›hier‹ im gewöhnlichen dreidimensionalen Raum des Alltags«. In diesem Bewußtseinszustand konnte Geddes sehen, wie seine Frau ins Schlafzimmer trat und wie dann der Arzt kam. Er »sah« die Gedanken des Arztes, statt seine Stimme zu hören, und beobachtete, wie ihm eine Injektion gegeben wurde, die ihn in seinen Körper zurückholte. Sobald er zurückgekehrt war, »verschwand die ganze Klarheit der Schau aller Dinge, und mich überkam ein flackerndes Bewußtsein, das von Schmerz durchdrungen war«.

Während all dies geschah, lag Geddes offenbar bewußtlos auf dem Bett, doch seine Sinne dehnten sich aus und wurden schärfer, als er die normale Raumzeit-Bewußtheit transzendierte. Außerdem fällt auf, daß sein Bewußtsein schrumpfte, als er wieder in seinen Körper einging, und daß er dadurch seine Gedankenklarheit verlor und Schmerz verspürte.

Das Thema der ASW steht im Mittelpunkt der Debatte um das Wesen der Nahtoderfahrungen. Können Menschen richtige Informationen über Ereignisse empfangen, die sich abspielen, während sie bewußtlos sind und außerstande, die Szene aus dem, was sie vielleicht hören können, zu rekonstruieren? Die Umstände legen die Vermutung nahe, daß sie dazu in der Lage sind und daß ein solcher Vorfall nur mit der Übertragungstheorie erklärt werden kann. Es sei dem Materialisten überlassen, den Nachweis einer alternativen Erklärung zu führen. In einem allgemeineren Sinn hat die NTE-Forschung sicherlich ein neues Interesse an der Frage eines möglichen Weiterlebens nach dem Tod geweckt.

Mystik, Tod und die Sinnfrage

Unsere Erörterung hat sich bisher auf das Verhältnis zwischen Bewußtsein oder Seele (Psyche) und Körper konzentriert, ohne daß vom Geist (Pneuma) die Rede war. Dies führt uns von einem zwei- in einen dreidimensionalen Raum, obgleich der streng wissenschaftliche Materialismus auch die Erfahrung des Göttlichen im physikalischen Sinn deuten müßte, wodurch er die drei möglichen Ebenen der Erfahrung auf eine einzige reduzieren würde: Die Vertikale stürzt in die Fläche der Horizontalen.

Wir haben bereits gesehen, wie NTEs den Filter unserer gewöhnlichen Wirklichkeit aufheben und uns den Zugang zu einem erweiterten Bewußtsein ermöglichen. Die Forschung zeigt außerdem, daß die Aufhebung eines weiteren Filters Erlebnisse des Einswerdens oder der Mystik erschließt, und diese wiederum können maßgeblich dabei mitwirken, daß man die Angst vor dem Tod verliert. Nona Coxhead zitiert in *The Relevance of Bliss* (Die Relevanz der Seligkeit) eine Frau, die eine spontane mystische Erfahrung beschreibt, ohne dem Tod nahe zu sein:

»Mein Ich versank im grenzenlosen Sein. Unwiderlegliche Ahnungen der Unsterblichkeit überfluteten mich. Ich fühlte, wie ich ein unzerstörbarer Teil der unzerstörbaren Wirklichkeit wurde. Jede Angst schwand – vor allem die Angst vor dem Tod. Ich empfand, daß der Tod der Beginn eines neuen, schöneren Lebens sein würde.«

Vergleichen wir diese Äußerungen mit den von W.T. Stace in *Mysticism and Philosophy* zitierten Impressionen von Tennyson:

»Ganz plötzlich, gleichsam aus der Intensität des individuellen Bewußtseins, schien die Individualität selbst sich aufzulösen und im grenzenlosen Sein zu vergehen, und dies war kein Zustand der Verwirrung, sondern er war äußerst klar, von größter Gewißheit, jenseits aller Worte – wo der Tod eine fast lächerliche Unmöglichkeit ist – und der Verlust der Persönlichkeit (wenn es ein solcher ist) nicht als ein Auslöschen, sondern als das einzig wahre Leben erschien.«

Die Begegnung mit dem Licht oder dem Lichtwesen, wie in den von Coxhead zitierten Berichten über NTEs, bringt nicht nur die Auflösung der normalen Ich-Grenzen und eine Identifizierung mit dem Lichtwesen mit sich, sondern auch das Gefühl, von Liebe, Freude, Wärme, Frieden und Gewißheit überflutet zu sein. Es ist, als würde die Person plötzlich das Universum von innen, durch das Bewußtsein Gottes, wahrnehmen. Die in *The Relevance of Bliss* zitierte Person fährt fort:

»Außerordentliche, intuitive Erkenntnisse flitzten durch mein Bewußtsein. Es war, als ob ich das Wesen der Dinge verstünde. Ich begriff, daß der Plan des Universums gut ist und daß nur der Mensch nicht in Harmonie mit ihm ist ... auf dieser Ebene gab es weder Zeit noch Raum. Ich blickte in die Vergangenheit und sah das endlose Streben des Menschen hin zum Licht.«

Mystiker und Menschen, die Nahtoderfahrungen hatten, stimmen überein, daß der Sinn des Lebens, von innen betrachtet, darin besteht, in Weisheit und Liebe zu wachsen. Die Wissenschaft hat nun einmal die Beobachtung der äußeren Wirklichkeit im Blickfeld und kann über den Sinn und das Endziel des Lebens, wie es sich in den inneren Dimensionen offenbart, nichts aussagen. Die Wissenschaftler blicken durch Mikroskope und Teleskope und nehmen bestenfalls die offensichtliche Fähigkeit der Selbstorganisation der Materie/Energie wahr. Die mystische Begegnung mit der höchsten Wirklichkeit kann weder gewogen noch gemessen werden und ist dennoch ein allgemeingültiger, nicht reduzierbarer Bestandteil der menschlichen Erfahrung. Wir müssen »nach innen blicken, um den lebendigen Gott zu sehen«, dessen Existenzbeweis die Liebe ist. Eine materialistische Wissenschaft spiegelt Tod und Sinnlosigkeit; die innere mystische Begegnung offenbart das Leben und seinen Sinn.

Kann unser Gedächtnis den Tod des Gehirns überleben?

RUPERT SHELDRAKE

Die meisten Menschen in der westlichen Welt setzen die Annahme, daß Erinnerungen irgendwie im Gehirn gespeichert seien, als gegeben voraus. Die Vorstellung, daß Erfahrungen Eindrücke oder »Engramme« im Hirngewebe hinterlassen, stammt aus uralter Zeit. Aristoteles brachte diese Vorstellung zum Ausdruck, indem er die Erinnerungen mit dem Eindruck von Siegeln in Wachs verglich. Von Zeit zu Zeit werden die Analogien auf den neuesten Stand gebracht, die neuesten im Sinne eines Hologramms.

Gedächtnis und Überleben

Wenn unsere Erinnerungen im Gehirn gespeichert sind, müssen sie klarerweise zerfallen, wenn unser Gehirn nach dem Tod zerfällt. Daher können Erinnerungen den physischen Tod nicht überleben. Das bedeutet, daß ein bewußtes Überleben des physischen Todes prinzipiell unmöglich ist, es sei denn, daß wir uns ein bewußtes Überleben ohne Gedächtnis vorstellen können. Ich finde eine solche Möglichkeit unvorstellbar, denn ohne meine bewußten und unbewußten Erinnerungen wäre ich nicht ich selbst, und ich kann mir nicht denken, wie ich dann eine bewußte Identität bewahren könnte.

Die Theorien des Weiterlebens nach dem physischen Tod setzen zumindest implizit voraus, daß eine Form von Gedächtnis nach dem Zerfall des Gehirns zurückbleibt. Obgleich die Theorie der Reinkarnation nicht erfordert, daß bewußte Erinnerungen an frühere Leben in den folgenden Inkarnationen heraufgeholt werden können, nimmt sie dennoch an, daß Gewohnheiten, Interessen und Anlagen von einem Leben auf ein anderes übertragen werden, und dies bedeutet, daß es eine Art von Gedächtnisübertragung geben muß.

Die konventionelle Theorie der Gedächtnisspuren ist in Wirklichkeit eine *Annahme*, die aus der zur Zeit gültigen Theorie des Lebens hervorgeht, wonach alle Aspekte des Lebens und Bewußtseins letztlich im Sinne der bekannten physikalischen und chemischen Gesetze zu erklären sind. Wenn das Bewußtseins nichts weiter als ein Aspekt oder ein Epiphänomen der im Gehirn ablaufenden physikalischen Vorgänge ist, dann *müssen* Erinnerungen im Nervengewebe lokalisiert sein. Doch welche wissenschaftlichen Beweise gibt es für diese Annahme?

Die Flüchtigkeit der Gedächtnisspuren

Ungeheuer viel Mühe wurde in den Versuch gesteckt, die hypothetischen Gedächtnisspuren zu lokalisieren und zu identifizieren, und Zehntausende von Versuchstieren wurden in diesem Prozeß verwendet. Trotzdem konnten diese Spuren bisher nicht entdeckt werden.

Die klassischen Experimente führte Karl Lashley durch, und zwar mit Ratten, Affen und Schimpansen. Über dreißig Jahre lang versuchte er, konditionierte Reflexbahnen im Gehirn nachzuweisen und den Ort der spezifischen Gedächtnisspuren oder Engramme festzustellen. Zu diesem Zweck richtete er Tiere für verschiedene Aufgaben ab, von einfachen konditionierten Reflexen bis zur Lösung schwieriger Probleme. Entweder vor oder nach ihrem Training trennte er Nervenstränge in ihrem Gehirn ab oder entfernte Teile ihres Gehirns, und dann wurden die Auswirkungen auf das ursprüngliche Lernen oder auf das Erinnerungsvermögen nach der Operation gemessen.

Seine Skepsis gegenüber der angenommenen Bahn konditionierter Reflexbögen durch den motorischen Kortex setzte ein, als er feststellte, daß Ratten, die so abgerichtet waren, daß sie auf eine bestimmte Weise auf Licht reagierten, dies nicht weniger exakt taten, wenn ihnen fast der ganze motorische Kortex herausgeschnitten worden war. Ebenso war bei Affen der größte Teil ihres motorischen Kortex' entfernt worden, nachdem man ihnen beigebracht hatte, verschiedene Schachteln mit Schnappriegeln zu öffnen. Obgleich diese Operation eine zeitweilige Lähmung zur Folge hatte, erholten sie sich nach acht bis zwölf Wochen so weit, daß sie die nötigen Bewegungen zum Öffnen der Riegel ausführen konnten. Dann wurden sie verschiedenen Schachteln mit Schnappriegeln, sogenannten »puzzle boxes«, ausgesetzt, und diese öffneten sie gleich, ohne erst herumprobieren zu müssen.

Dann zeigte Lashley, daß einmal erlernte Gewohnheiten auch dann beibehalten wurden, wenn die damit verbundenen Gehirnteile zerstört waren. Gewohnheiten überlebten auch eine Reihe tiefer Einschnitte, mit denen die Querverbindungen innerhalb der Großhirnrinde unterbrochen wurden. Obendrein konnte bei intakter Großhirnrinde die Entfernung subkortikaler Strukturen wie des Kleinhirns das Gedächtnis ebenfalls nicht auslöschen.

Mit komplexeren Arten des Lernens, wobei die Ratten sich den Weg durch ein Labyrinth merken mußten, verloren sie diese Fähigkeit dann, wenn mehr als die Hälfte der Großhirnrinde entfernt worden war. Der Umfang des Gedächtnisverlusts, gemessen an der zum Wiedererlernen nötigen Übung, verhielt sich im Durchschnitt proportional zur Menge der zerstörten Gehirnrinde. Es machte offenbar nichts aus, welche Teile der Gehirnrinde zerstört waren, sondern es kam auf die Menge an.

Lashley war anfangs ein begeisterter Vertreter der Idee der lokalisierten Gedächtnisspuren, doch am Ende seiner Laufbahn sah er sich gezwungen, diese Vorstellung aufzugeben:

»Es ist unmöglich, irgendwo im Nervensystem eine isolierte Gedächtnisspur ausfindig zu machen. Bestimmte Bereiche mögen für das Erlernen oder Merken einer bestimmten Aktivität wichtig sein, aber innerhalb dieser Bereiche sind die Teile funktionell gleichwertig.«[1]

Hinsichtlich der Arten des Gedächtnisverlusts beim Menschen infolge von Gehirnschädigungen kam er zu einem ähnlichen Schluß:

»Ich glaube, daß die Forschungsergebnisse sehr dafür sprechen, daß Amnesie aufgrund einer Gehirnverletzung selten, wenn überhaupt, auf die

Zerstörung spezifischer Gedächtnisspuren zurückgeht. Vielmehr stellen die Fälle von Amnesie eine niedrigere Stufe der Aufmerksamkeit, eine größere Schwierigkeit, die organisierten Spurenmuster zu aktivieren, oder eine Störung eines breiteren Systems organisierter Funktionen dar.«

Lashley zog die Möglichkeit, daß Erinnerungen vielleicht gar nicht im Gehirn gespeichert sind, nicht in Betracht. Er deutete die Beweise gegen lokalisierte Spuren als multiple Darstellung von Spuren über einen ganzen Funktionsbereich. Er war der Ansicht, seine Arbeit zeige, daß

»das Nervensystem so beschaffen ist, daß es, wenn es irgendeinem Reizmuster ausgesetzt ist, ein Handlungsmuster entwickelt, das sich durch den gesamten Funktionsbereich durch die Ausbreitung von Reizen fortsetzt, so wie die Oberfläche einer Flüssigkeit ein Interferenzmuster sich ausbreitender Wellenbewegungen bildet, wenn sie an verschiedenen Punkten gestört wird.«

Er meint, daß Gedächtnis mit »einer Art Resonanz unter einer sehr großen Anzahl von Neuronen« zu tun habe. Diese Ideen wurden von seinem ehemaligen Schüler Karl Pribram weiter ausgeführt, der die These aufstellte, daß Erinnerungen gestreut gespeichert werden, analog zu den Interferenzmustern eines Hologramms.[2]
Ähnliche Experimente haben gezeigt, daß sogar bei wirbellosen Tieren wie dem Oktopus keine spezifischen Gedächtnisspuren lokalisiert werden können. Beobachtungen über das Merken erlernter Gewohnheiten nach der Zerstörung verschiedener Teile des Gehirns führten zu der scheinbar paradoxen Schlußfolgerung, daß »das Gedächtnis sich überall und nirgends im besonderen befindet«.[3]
Nicht nur haben die hypothetischen Gedächtnisspuren sich als räumlich unbestimmbar erwiesen, auch ihre physikalische Natur blieb im dunkeln. Die Vorstellung besonderer RNA-»Gedächtnismoleküle« war in den sechziger Jahren in Mode, wurde aber inzwischen mehr oder weniger aufgegeben. Die Vorstellung von ausschlagenden elektrischen Stromkreisen, die eine Art Echo erzeugen, kann für die Erklärung kurzfristiger Erinnerungen über Sekunden oder Minuten hilfreich sein, das Langzeitgedächtnis kann sie jedoch nicht erklären. Die gängigste Hypothese ist nach wie vor die beliebte alte Vorstel-

lung, daß das Gedächtnis von Modifikationen der Synapsen zwischen den Nervenzellen in einer noch unbekannten Weise abhängt.

Wenn Erinnerungen irgendwie in den Synapsen gespeichert werden, dann müssen diese über lange Zeiträume stabil bleiben, wenn sie als Gedächtnisspeicher fungieren sollen. Bis vor kurzem wurde allgemein angenommen, daß sich dies so verhält, obwohl man seit langem weiß, daß Gehirnzellen ständig absterben. Doch neuere Forschungsergebnisse sprechen dafür, daß das Nervensystem möglicherweise dynamischer ist, als man früher annahm.

Untersuchungen am Gehirn von Kanarienvögeln, insbesondere der Teile, die mit dem Erlernen des Singens zu tun haben, konnten zeigen, daß zwischen den Nervenzellen nicht nur ständig neue Verbindungen entstehen, sondern daß sich auch viele neue Nervenzellen bilden. Bei den Männchen vermehrt sich die Anzahl der Neuronen, wenn die Vögel im Frühjahr geschlechtsreif werden, nimmt jedoch im Herbst um etwa 40 Prozent ab. Wenn die neue Paarungszeit kommt, nimmt die Anzahl der Nervenzellen wieder zu und so fort. Solche Veränderungen fanden sich auch in anderen Teilen des Gehirns von Kanarienvögeln, und jetzt gibt es Hinweise darauf, daß bei erwachsenen Tieren anderer Gattungen eine Umschichtung der Neuronen im Vorderhirn, dem »Sitz« des komplexen Verhaltens und Lernens, stattfindet, wobei neue Zellen sich bilden, während andere absterben.[4]

Auch das Gehirn scheint in seinen Funktionen dynamischer zu sein, als man früher annahm. Neuere Untersuchungen an Affen haben gezeigt, daß die Gehirnregionen für Sinnesempfindungen, die verschiedene Körperteile programmieren, nicht fest installiert oder anatomisch starr sind, sondern unerwartet beweglich. In einer Reihe von Experimenten konnten die Gehirnbereiche für Sinneswahrnehmungen, die mit den von den Händen der Affen ausgehenden Tastempfindungen verbunden sind, lokalisiert werden. Die »Landkarte« des Gehirns, so wurde festgestellt, ist in entsprechende Bereiche für die fünf Finger und andere Flächen der Hand eingeteilt. Nachdem ein oder mehrere Finger amputiert wurden, konnte man feststellen, daß der Input an Sinnesempfindungen von den benachbarten Fingern sich über einen Zeitraum von Wochen allmählich in die bisher ausschließliche Gehirnregion der fehlenden Finger verlagerte. Die mit den benachbarten Fingern verbundenen erweiterten Gehirnregionen wurden mit einer zunehmenden Schärfe der Sinnesempfindungen in diesen Fingern in Zusammenhang gebracht.[5]

Die Dynamik des Nervensystems zeigt sich auch, wenn das Gehirn geschädigt ist. Wenn zum Beispiel ein Teil des für Sinneswahrnehmungen zuständigen Gehirnbereichs verletzt wird, kann die entsprechende sensorische »Landkarte« in der beschädigten Region sich auf die angrenzenden Regionen, wenngleich mit einem Verlust an Wahrnehmungsschärfe, verlagern. Diese Verlagerung der »Landkarte« hängt vermutlich nicht vom Wachstum oder von der Bewegung der Nervenzellen ab, sondern vielmehr von einer räumlichen Verlagerung der Nervenzellentätigkeit.[6]

Diese dynamische Struktur und Funktion des Nervensystems stellt die Theorie der Gedächtnisspuren vor große Probleme. Auf molekularer Ebene gibt es außerdem eine Dynamik, die eine Langzeitspeicherung schwierig macht, wie Francis Crick vor kurzem nachgewiesen hat. Die Zeitspanne des menschlichen Gedächtnisses umfaßt oft Jahre oder Jahrzehnte. Crick bemerkt:

»Man ist der Ansicht, daß alle Moleküle in unserem Körper, mit Ausnahme der DNS, innerhalb von Tagen, Wochen oder höchstens einigen Monaten ausgetauscht werden. Wie kann das Gedächtnis dann im Gehirn gespeichert werden, so daß seine Spuren relativ immun gegen den molekularen Austausch sind?«

Crick hat einen Mechanismus vorgeschlagen, bei dem »Moleküle in der Synapse in solcher Weise aufeinander einwirken, daß sie, eins nach dem anderen, von neuem Material ersetzt werden können, ohne den Zustand der Gesamtstruktur zu verändern«. In seiner scharfsinnigen Hypothese geht es um Proteinmoleküle, die er mit einer Reihe ungewöhnlicher Eigenschaften ausstattet. Bisher gibt es noch keinen Beweis dafür, daß solche Moleküle existieren.[7]

Die Theorie der Gedächtnisspuren ist also weit davon entfernt, sich durchgesetzt zu haben; im wesentlichen ist sie immer noch eine Spekulation. Eine Reihe zeitgenössischer Philosophen hat außerdem auf eine weitere Schwierigkeit logischer Art hingewiesen.

Wenn Erinnerungen auf irgendeine Weise als Code im Gehirn existieren und in Form von Spuren gespeichert werden, dann muß es einen Weg geben, sie aus dem Gedächtnisspeicher heraufzuholen. Doch wenn ein solches Rückholsystem funktionieren soll, muß es auch in der Lage sein, die entsprechenden Erinnerungen zu erkennen. Um das zu tun, muß es selbst eine Art von Erinnerung an das, was heraufgeholt werden soll, besitzen. Daher weicht die Vorstellung eines Rückholsystems von Erinnerungen dem eigentlichen Problem aus, da sie voraussetzt, was sie zu erklären sucht.[8]

Die Hypothese der formbildenden Verursachung

Eine alternative Annäherung an das Gedächtnisproblem ist die Hypothese der formbildenden Verursachung, die ich in meinem Buch *Das schöpferische Universum* ausführlich dargelegt habe.[9] Diese Hypothese beginnt nicht mit dem Phänomen des Gedächtnisses an sich, sondern mit einer Erörterung der Entstehung der Formen (Morphogenese) von Pflanzen und Tieren.

Der mechanistischen Denkrichtung in der Biologie ist es trotz ihrer Erfolge auf molekularer Ebene nicht gelungen, die Art und Weise zu erhellen, wie Embryos sich aus relativ einfachen Eizellen zu Organismen entwickeln, die Gewebe und Organe von großer struktureller Komplexität aufweisen. Während dieses Prozesses entstehen komplexere Strukturen aus einfacheren. Was verursacht die von ihnen angenommenen Formen? Biologen, die sich der reduktionistischen oder mechanistischen Denkweise verschrieben haben, nehmen an, daß diese Formen ausschließlich durch komplexe physiochemische Wechselwirkungen zwischen den Teilen zu erklären seien. Andere jedoch, zu denen ich mich zähle, sind überzeugt, daß diese mechanistische Sicht zu kurz greift. Es besteht zumindest die Möglichkeit, daß die Phänomene des Lebens von Gesetzen oder Faktoren abhängen, die von den physikalischen Wissenschaften noch nicht erkannt sind. Es geht darum herauszufinden, worin diese Faktoren bestehen und wie sie funktionieren.

112

Die einflußreichste Alternative zum mechanistischen Paradigma stammt von der holistischen oder organismischen Philosophie. Biologen dieser Richtung haben eine neue Art von Feldkonzept entwickelt, mit dessen Hilfe die Entwicklung und Erhaltung von Form und Ordnung lebender Organismen erklärt werden können. Diese Felder, die sogenannten *morphogenetischen Felder* (von griech. *morphé*, »Form«, und *genesis*, »Entstehung«), können analog zu elektrischen Kraftfeldern gedacht werden, die eine Form haben, obgleich sie unsichtbar sind. (Mit Hilfe eines Magneten kann diese Form durch verstreute Eisenspäne zutagetreten.) Morphogenetische Felder bilden durch ihre Struktur die sich entwickelnden Zellen, Gewebe und Organismen aus. Beim menschlichen Embryo zum Beispiel wird ein sich entwickelndes Ohr durch ein ohrenförmiges morphogenetisches Feld gebildet und ein sich entwickelndes Bein durch ein beinförmiges Feld.

Aber was sind das für Felder, und woher kommen sie? Über fünfzig Jahre lang blieben ihr Wesen und ihre Existenz im dunkeln. Ich halte diese Felder jedoch für ebenso wirklich wie die elektromagnetischen und die Gravitationsfelder der Physik, aber es sind Felder mit bemerkenswerten Eigenschaften. Wie die bekannten physikalischen Kraftfelder, verbinden sie ähnliche Dinge räumlich, als läge nichts dazwischen, aber dazu kommt noch, daß sie Dinge über die Zeit hinweg verbinden.

Bei den morphogenetischen Feldern, die ein heranwachsendes Tier oder eine Pflanze formen, geht es darum, daß sie von den Formen der früheren Organismen derselben Spezies abgeleitet sind. Der Embryo »schwingt« sich sozusagen auf die Formen der vergangenen Mitglieder der Spezies »ein«. Der Prozeß, durch den dies geschieht, heißt *morphische Resonanz*. In ähnlicher Weise leiten die Felder, die die Aktivitäten des Nervensystems eines Tieres formen, sich von früheren Tieren derselben Gattung her. In ihrem instinktiven Verhalten zapfen Tiere eine Art »Gedächtnisbank« oder einen »Gedächtnispool« ihrer Spezies an.

Diese neue Hypothese führt zu einer Reihe erstaunlicher Voraussagen, die experimentell überprüft werden können. Die eindeutigsten Tests wird man im Fachbereich Chemie durchführen können.

Die Hypothese der formbildenden Verursachung gilt nicht nur für lebende Organismen, sondern auch für chemische Systeme wie Kristalle. Sie sagt voraus, daß die Muster, die von den Molekülen beim Kristallisieren gebildet werden, von den Mustern der früheren Kristalle derselben Substanz beeinflußt werden. Dieser Einfluß wäre unmittelbar über Zeit und Raum hinweg wirksam, mit dem Resultat, daß diese Substanzen auf der ganzen Welt um so schneller kristallisieren, je öfter sie in der Vergangenheit bereits kristallisiert haben.

Neue, synthetisch hergestellte Chemikalien sind entsprechend schwer zu kristallisieren und haben tatsächlich die Tendenz, im Lauf der Zeit müheloser Kristalle zu bilden. Die konventionelle Erklärung ist die, daß winzige Teilchen früherer Kristalle durch die Kleider oder Bärte der von einem Labor zum anderen wandernden Wissenschaftler übertragen werden und auf diese Weise die Lösungen der betreffenden chemischen Substanzen »infizieren«. Wenn kein solcher Träger auszumachen ist, nimmt man an, daß kristalline »Keime« als mikroskopisch kleine Staubteilchen sich durch die Atmosphäre um die ganze Welt fortbewegen. Doch nach der Hypothese der formbildenden Verursachung sollte eine Kristallisation entsprechend der Häufigkeit früherer Kristallisationen spontaner erfolgen, auch wenn wandernde Wissenschaftler ferngehalten und Staubteilchen aus der Luft gefiltert werden. Diese Vorhersage kann ziemlich leicht experimentell überprüft werden. Im Bereich tierischen Verhaltens kann ein anderer Versuch gemacht werden. Wenn eine Anzahl von Tieren, zum Beispiel Ratten, ein neues Kunststück erlernt, das Ratten vorher noch nie ausführen konnten, dann müßten andere Ratten derselben Gattung auf der ganzen Welt dasselbe Kunststück leichter erlernen, auch ohne jegliche Verbindung oder Kommunikation zwischen ihnen. Je größer die Anzahl der Ratten ist, die eine neue Verhaltensweise lernen, desto leichter sollte es überall den danach folgenden Ratten fallen, sie ebenfalls zu erlernen.

Bemerkenswerterweise liegen bereits Ergebnisse aus einer langen Reihe von Experimenten mit Ratten vor, die in den Vereinigten Staaten, Schottland und Australien durchgeführt wurde. Die Schnelligkeit, mit der sie lernten, aus einem Wasserlabyrinth herauszufinden, steigerte sich mit jeder folgenden Gruppe von Ratten, ob sie von abgerichteten Eltern abstammten oder nicht. Diese erhöhte Lerngeschwindigkeit wurde in verschiedenen, Tausende von Kilometern voneinander entfernten Laboratorien festgestellt.[10]

Bezüglich des Menschen bedeutet diese Hypothese, daß es im Durchschnitt immer leichter werden sollte, radfahren, maschinenschreiben, schwimmen oder programmieren zu lernen, einfach deshalb, weil immer mehr Leute diese Dinge bereits gelernt haben. Solche Beschleunigungen haben offenbar wirklich stattgefunden. Allerdings läßt sich die potentielle Auswirkung der morphischen Resonanz nicht von verschiedenen kulturellen und umweltbedingten Faktoren trennen, die sich ebenfalls mit der Zeit verändert haben. Spezielle Versuchsanordnungen sind erforderlich, um die Wirkung der morphischen Resonanz zu testen. Einige vorläufige Experimente wurden bereits mit ermutigenden Ergebnissen durchgeführt.

Einschwingen in die Vergangenheit

Nach der Hypothese der formbildenden Verursachung schwingen Organismen sich in ähnliche Organismen der Vergangenheit ein, und je ähnlicher sie sind, desto spezifischer erfolgt das Einschwingen. Im allgemeinen gleicht ein Organismus seiner eigenen vergangenen Form mehr als derjenigen eines anderen Organismus. Er wird daher durch morphische Resonanz von seinen vergangenen Zuständen stark beeinflußt. Im Formbereich bedeutet dies, daß die Form sich stabilisiert und auch bei Veränderungen ihrer chemischen Zusammensetzung und ihrer materiellen Bestandteile ziemlich konstant bleibt. Wenn wir den Einfluß vergangener Verhaltensmuster betrachten, so hat diese Eigenresonanz noch interessantere Folgen.[11] Sowohl die Erinnerung an Gewohntes als auch Erinnerungen an bestimmte Ereignisse in der Vergangenheit können unmittelbar aus der morphischen Resonanz der Vergangenheit des betreffenden Organismus' kommen. *Diese Erinnerungen brauchen nicht im Gehirn gespeichert zu sein.*

Um den Unterschied zwischen der morphischen Resonanz und den Theorien der Gedächtnisspuren deutlicher zu machen, wollen wir die Analogie eines Transistorradios betrachten. Die Musik, die aus dem Lautsprecher kommt, hängt von der Energie ab, die von der Batterie erzeugt wird, von den Bestandteilen des Apparats und deren Montage, sowie von den Wellen, auf die das Gerät eingestellt ist. Eine leichte Beschädigung des Geräts kann zur Entstellung der Tonqualität führen, während ein ernsterer Schaden zum Verlust der Fähigkeit führt, die Wellen überhaupt empfangen zu können. Aber diese Fakten bedeuten selbstredend nicht, daß die Musik in dem Gerät produziert oder gespeichert wird. Eine Gehirnverletzung, die zu Gedächtnisverlust führt, beweist noch lange nicht, daß die verlorenen Erinnerungen im Gehirn gespeichert waren. Die Beschädigung des Gehirns könnte es einfach nur daran hindern, sich auf seine vergangenen Zustände einzuschwingen.

Der Verlust des Gedächtnisses im Zusammenhang mit Gehirnverletzungen gilt üblicherweise als Beweis dafür, daß die Erinnerungen sich im Gehirn befinden. Als weiteres Indiz zugunsten der Theorie der Gedächtnisspuren gilt für gewöhnlich auch Wilder Penfields Entdeckung, daß ein elektrischer Reiz der Schläfenlappen bei Epileptikern dazu führen kann, daß lebhafte, von den Patienten bewußt erlebte Erinnerungen geweckt werden. Doch auch das muß nicht heißen, daß die Erinnerungen wirklich im Nervengewebe gespeichert sind. Wenn man die Frequenzeinstellung eines Radios oder Fernsehgeräts stimuliert, kann die Einstellung so verändert werden, daß die Wellen eines anderen Senders empfangen werden können. Doch das würde natürlich nicht bedeuten, daß diese neuen Programme in den Bestandteilen der stimulierten Frequenzeinstellung gespeichert sind. Interessanterweise distanzierte Penfield sich nach weiteren Überlegungen von seinen ursprünglichen Schlußfolgerungen:

»Im Jahre 1951 hatte ich vorgeschlagen, bestimmte Teile der Schläfenregion ›Gedächtniskortex‹ zu nennen, und die Vermutung ausgesprochen, daß die Speicherung durch die Neuronen dort in der Gehirnrinde lokalisiert sei, in der Nähe von Punkten, wo die stimulierende Elektrode eine Erlebnisreaktion hervorrufen kann. Das war ein Irrtum … Der Gedächtnisspeicher befindet sich nicht in der Gehirnrinde.«[12]

Wenn wir unsere Erinnerungen empfangen, indem wir uns auf die Zustände unserer Vergangenheit einschwingen und wenn diese Erinnerungen nicht in unserem Gehirn gespeichert sind, warum schwingen wir uns dann nicht auch auf die Erinnerungen anderer Leute ein? Vielleicht tun wir es. Wenn wir uns auf die Erinnerungen einer großen Zahl von Menschen in der Vergangenheit einschwingen, würden wir nicht sämtliche Erinnerungen an besondere Ereignisse in ihrem Leben wahrnehmen, sondern vielmehr eine Art zusammengesetzter Erinnerung oder »Gedächtnispool«, der die Grundformen oder -muster ihrer Erfahrungen und Denkweise enthalten würde. Diese Vorstellung entspricht genau Jungs Lehre der Archetypen oder des kollektiven Unbewußten, und seine psychologische Denkweise harmoniert sehr gut mit der Idee der morphischen Resonanz.

Es könnte auch möglich sein, zeitlich sehr kurz (nur wenige Sekunden) zurückliegende Erinnerungen bestimmter Leute zu empfangen. In diesem Fall könnte eine Gedankenübertragung oder, anders ausgedrückt, ein telepathischer Prozeß stattfinden. Auf diese Weise könnte die Hypothese der formbildenden Verursachung eine Brücke zwischen der Wissenschaft und wenigstens einigen Phänomenen der Parapsychologie schlagen.

Es könnte außerdem möglich sein, sich auf vergangene Erfahrungen bestimmter Menschen einzuschwingen, die jetzt tot sind. In diesem Fall könnten wir Zugang zu »Erinnerungen an vergangene Leben« gewinnen, ein Phänomen, für das überzeugende Indizien vorliegen.[13]

Was für ein Weiterleben spricht

Wenn diese neue Auffassung des Gedächtnisphänomens durch experimentelle Indizien erhärtet wird, so würde dies zu einer Wende in der wissenschaftlichen Fragestellung führen, ob das Bewußtsein imstande ist, den physischen Tod zu überleben. Wenn Erinnerungen nicht im Gehirn gespeichert werden, gibt es keinen Grund, warum sie vergehen sollten, wenn das Gehirn abstirbt. Sie können potentiell weiterbestehen, und es wäre immer noch möglich, sich in sie einzuschwingen.

Diese Hypothese führt jedoch nicht automatisch zu dem Schluß, daß ein solches Weiterleben tatsächlich stattfindet. Von einem theoretischen Standpunkt aus hängt das Weiterleben von unserer Auffassung der Beziehung zwischen Psyche und Körper ab. Einerseits kann diese Hypothese differenziert und auf der Höhe der materialistischen Philosophie ausgelegt werden. Wenn nämlich das bewußte Selbst nichts weiter ist als ein Aspekt der Gehirnfunktion und der damit verbundenen Bereiche, dann wäre das Gehirn immer noch wesentlich für den Prozeß des Einschwingens auf Erinnerungen, selbst wenn diese nicht im Gehirn gespeichert sind, sondern statt dessen unmittelbar durch morphische Resonanz mit der Vergangenheit der betreffenden Person wiedergegeben werden. In diesem Fall würde das Absterben des Gehirns immer noch zur Auslöschung des Bewußtseins führen. Die Erinnerungen würden nicht eigentlich zerstört werden, doch sie gingen verloren, weil es keinen Weg mehr gäbe, sie zu bergen. Das Absterben des Gehirns würde dann die Auflösung des Einstellsystems bedeuten.

Andererseits ist es möglich, wenn das bewußte Selbst nicht mit dem Funktionieren des Gehirns identisch ist, sondern vielmehr mit dem Gehirn durch morphische Felder in *Wechselwirkung* steht, daß das bewußte Selbst auch nach dem Absterben des Gehirns mit diesen Feldern verbunden bleiben und die Fähigkeit bewahren kann, sich auf seine vergangenen Zustände einzustimmen. Sowohl das Selbst als auch seine Erinnerungen könnten den Tod des Körpers überleben.

Wie das bewußte Selbst sich zu den morphischen Feldern, die mit geistiger Aktivität verbunden sind, wechselwirkend verhält, ist freilich noch ungeklärt. Aber es scheint nicht unvorstellbar, daß eine Feldtheorie des Bewußtseins entwickelt werden könnte, die sowohl mit einem neuen wissenschaftlichen Verständnis des Gedächtnisses als auch mit der Möglichkeit eines Fortlebens des Bewußtseins nach dem physischen Tod in Einklang steht.

Was lebt weiter? Schlußfolgerungen aus der modernen Bewußtseinsforschung

CHARLES T. TART

Nach der heute so weit verbreiteten materialistischen Auffassung vom Menschen ist jede Diskussion über das Bewußtsein im wesentlichen eine Diskussion über Schaltkreise eines Computers, genauer gesagt: eines Biocomputers, aber noch immer *nicht mehr*. Der Materialist behauptet, daß das gewöhnliche Bewußtsein dem aktiv ablaufenden Programm eines Biocomputers gleicht. Spezifische Bewußtseinsprozesse, wie Erinnerung, Gefühle, Wahrnehmung usw., seien lediglich Subprogramme des gewöhnlichen Bewußtseins. Veränderte Bewußtseinszustände, wie sie in Träumen, in psychedelischen Sitzungen oder spontan auftreten, seien einfach andere Programme. Obgleich dieses ineinandergreifende System von Programmen und Subprogrammen alle möglichen Formen von Output und Erfahrungen produzieren kann, von denen viele dem Zweck unseres Vergnügens und des biologischen Überlebens dienen, sind viele aber auch ganz willkürlich oder sogar unsinnig. Auf jeden Fall ist mein biologisches, materielles Selbst nichts weiter als die Gesamtheit dieser Programme und Subprogramme, die in der »Hardware« – dem Gehirn und dem Körper – des menschlichen Biocomputers ablaufen. Daher kommt der Materialist zu dem Schluß, daß, wenn diese Hardware zerstört wird, wenn das Gehirn und der Körper sterben, das Bewußtsein notgedrungen mit ihnen sterben muß. Keine Überzeugung, kein noch so glühender religiöser Glaube, nicht einmal mystische, vom Körper unabhängige Seinserfahrungen haben in dieser Anschauung irgendeine Bedeutung. Wenn dein Gehirn und dein Körper sterben, dann stirbst auch *du*, basta.

Einfach ausgedrückt, lautet die materialistische Gleichung:

$$\text{Bewußtsein} = \text{Gehirn} \quad (\text{mind}[1] = \text{brain})$$

Mehr sei darüber nicht zu sagen. Alle offenkundigen Gegenbeispiele, wie angebliche Kontakte mit dem Geist Verstorbener, außerkörperliche Erfahrungen, Nahtoderfahrungen usw., werden als pathologische Symptome, als Halluzination oder Einbildung abgetan. Sie gelten als Scheinerfahrungen, die auf keiner Wirklichkeit beruhen.

Eine völlig materialistische Weltanschauung setzt jedoch vitale Aspekte der menschlichen Natur außer kraft und gelangt zu einer trostlosen Lebensbetrachtung, die wegen ihrer Trostlosigkeit meistens nicht offen ausgesprochen wird. Wenn Hoffnung, Liebe und Freude, wenn der Intellekt und sogar die materialistische Philosophie auf ihre »letzte Wirklichkeit« reduziert werden – nämlich auf nichts weiter als elektrochemische Impulse eines Biocomputers, der durch Zufall in einem Universum toter, willkürlich bewegter stofflicher Teilchen entstanden ist – was bleibt uns dann noch?

Fehler in der materialistischen Gleichung: Die Indizien der Parapsychologie

Wenn die materialistische Wissenschaft und Philosophie nicht in Anspruch nähme, allumfassend zu sein, wenn sie nur ein spezieller Wissenszweig sein wollte, der auf seinem Gebiet nützlich ist, jedoch nicht sonderlich relevant für Dinge außerhalb dieses Bereichs, würde sie viel von dem Einfluß verlieren, den sie heute besitzt. Doch weil die praktischen und intellektuellen Resultate der modernen Wissenschaft von so großer Tragweite und so mächtig sind, lassen wir (fast alle Wissenschaftler) uns von den dahinterstehenden materialistischen Grundannahmen allzusehr beeinflussen. Wir können diese Annahmen bewußt ablehnen, weil sie zu einem Verlust des lebendigen Geistes führen, aber für uns westliche Menschen ist es immer noch schwer, die kulturelle Konditionierung und das gefühlsmäßige Engagement durch diese Weltanschauung der materialistischen Wissenschaft (Szientismus) wirklich abzulegen. Daher ist es wichtig, uns mit dem Universalitätsanspruch des Szientismus' rational auseinanderzusetzen, statt uns lediglich auf den Standpunkt zu stellen: »Mir paßt die ganze Richtung nicht. Deshalb lehne ich den Materialismus ab, auch wenn ich dabei von meinem Verstand absehen muß.«

Wer die Gleichung »Bewußtsein = Gehirn« nicht für die ganze Wahrheit hält, muß jedoch nicht verzweifeln. Man braucht kein unwissenschaftlicher Ignorant zu sein, um vernünftig zu argumentieren, daß der wissenschaftliche Standpunkt nicht der Weisheit letzter Schluß ist und daher nicht über allmächtige Gründe verfügt, warum die Möglichkeit des bewußten Fortlebens nach dem Tod von der Hand zu weisen sei.

Diese Möglichkeit gründet sich auf die wissenschaftlichen Ergebnisse der parapsychologischen Forschung, die in den vergangenen sechs Jahrzehnten Tausende von empirischen Beobachtungen und mindestens siebenhundert Laborversuche vorzuweisen hat. Für eine wachsende Anzahl von Wissenschaftlern, zu denen ich mich zähle, hat die Parapsychologie ein für allemal klargestellt, daß es Aspekte des menschlichen Bewußtseins gibt, die einfach nicht auf materialistische Erklärungen reduziert werden können. Jede unvoreingenommene Deutung der parapsychologischen Forschungsergebnisse muß zu dem Schluß gelangen, daß die Gleichung »Bewußtsein = Gehirn« ganz unzulänglich ist und daher nicht benutzt werden sollte, um spirituelle Realitäten oder die Möglichkeit des Fortlebens nach dem Tod von vornherein auszuschließen.

Kurz gesagt, die parapsychologische Forschung hat die Existenz von vier großen übersinnlichen Fähigkeiten überzeugend demonstriert. (*Übersinnlich* bezeichnet die Übertragung von Informationen oder physikalische Wirkungen, die auf keinem vernunftgemäß vorstellbaren physischen Weg hervorgerufen werden.) Diese sind Telepathie, Clairvoyance, Präkognition und Psychokinese, die man zusammen als *Psi-Phänomene* bezeichnet.

Telepathie ist die direkte Übertragung von Informationen von einem Bewußtsein auf ein anderes, wenn gewöhnliche physische Mittel (wie Sprechen oder Zeichensprache) auszuschließen sind. Ihre Existenz wurde in Laboruntersuchungen des Kartenerratens zweifelsfrei festgestellt. Hierbei schaut ein in einem Zimmer allein eingeschlossener Sender eine Karte nach der anderen in einem gründlich durchgemischten Satz von Spielkarten an und versucht, seine Gedanken über diese Karten einem Empfänger zu senden, der allein in einem anderen Raum sitzt und die empfangenen Eindrücke der Karten niederschreibt. Obwohl ein hundertprozentig richtiges Erraten sehr selten vorkommt, gibt es viele Untersuchungen, die mehr Treffer aufweisen, als dem Zufall nach zu erwarten gewesen wäre, um die Realität der Telepathie nachzuweisen.

Clairvoyance ist die unmittelbare, außersinnliche Wahrnehmung von Informationen über die physikalische Welt ohne die Einschaltung eines anderen Bewußtseins, das diese Information auf dem gewöhnlichen Weg der Sinneswahrnehmung bereits kennt. Auch diese Fähigkeit wurde durch Kartenversuche, wenngleich anderer Art, nachgewiesen. In diesen Studien teilt die Versuchsperson ihre Eindrücke über die Reihenfolge in einem Kartenspiel mit, nachdem die Karten so zufällig geordnet wurden, daß niemand ihre Reihenfolge kennt. Viele solche Untersuchungen weisen genügend Treffer nach, um die Existenz der Clairvoyance zu bestätigen.

Präkognition ist die Fähigkeit, die Zukunft vorauszusagen, wenn diese ganz willkürlich bestimmt wird. Diese Fähigkeit wurde in Studien nachgewiesen, in denen eine Versuchsperson die Reihenfolge eines Kartenspiels voraussagen soll, das erst zu einem künftigen Zeitpunkt willkürlich durchgemischt werden wird. Präkognition dieser Art hat sich mit Intervallen bis zu einem Jahr als erfolgreich erwiesen.

Die Gesamtheit von Telepathie, Clairvoyance und Präkognition ist als *außersinnliche Wahrnehmung* (ASW) bekannt, weil sie alle mit der Aufnahme von Informationen zu tun haben.

Psychokinese (PK), das vierte nachweislich übersinnliche Phänomen, populär »mind over matter« (Bewußtsein über Materie) genannt, wurde in klassischen Versuchen festgestellt, in denen es darum ging, eine bestimmte Augenzahl eines maschinell geworfenen

Würfels herbeizuwünschen. (In jüngeren Studien ist das Zielobjekt gewöhnlich ein elektronischer Generator willkürlicher Zahlen.)

Diese Psi-Phänomene sind für die Frage des Weiterlebens nach dem Tod wichtig, weil sie Manifestationen des *Bewußtseins* sind, die jedem Versuch widerstanden haben, sich auf bekannte physikalische Kräfte oder eine einfache Ausdehnung solcher Kräfte zurückführen zu lassen. Sie sind daher glatte Gegenbeispiele zu der materialistischen Gleichung »Bewußtsein = Gehirn«.

Zweifellos hängen einige Aspekte der Psyche und des Bewußtseins teilweise oder ganz vom Funktionieren des Gehirns und des Nervensystems ab, wie der Materialismus behauptet. Doch Psi-Phänomene scheinen von den physischen Grenzen dieser Funktionen unabhängig zu sein. Sie demonstrieren daher die Notwendigkeit, das Bewußtsein nach seinen eigenen Bedingungen zu erforschen. Diese Psi-Phänomene können das Weiterleben nach dem Tod nicht »beweisen«, aber sie widerlegen zumindest die Behauptung der materialistischen Wissenschaft, daß das Weiterleben des Bewußtseins nach dem Tod prinzipiell unmöglich sei.

Überlebensforschung

Einmal stand die Frage des Weiterlebens nach dem Tod ganz im Brennpunkt des Interesses der Parapsychologie (ursprünglich *übersinnliche Forschung* genannt). Heute ist die Überlebensforschung nur mehr ein sehr kleiner Teil der Parapsychologie, die sich jetzt hauptsächlich mit den Aspekten der vier oben genannten Psi-Phänomene befaßt. Aus der zentralen Rolle, die sie einmal spielte, wurde die Überlebensforschung ein halbes Jahrhundert lang ganz an den Rand gedrängt. Die Gründe dafür sind aufschlußreich.

Die Vorstellung, daß lebende Menschen übersinnliche Fähigkeiten besitzen, war noch nicht allgemein akzeptiert, als die ersten Forscher des Übersinnlichen begannen, Medien zu untersuchen, die heute oft »Channels« (Kanäle) genannt werden. Wenn der angebliche Geist eines Verstorbenen eine Nachricht übermittelte, die mit dem übereinstimmte, was der Forscher über den Toten wußte, dann neigte der dazu, dieses Indiz für bare Münze zu nehmen, als Beweis des Fortlebens nach dem Tod. Denn wem außer dem Forscher und dem Verstorbenen hätte diese Information bekannt sein können? Als sich nach und nach herausstellte, daß auch gewöhnliche Leute manchmal Psi-Fähigkeiten hatten, wurde das Bild jedoch komplizierter. Die beweisträchtige Information *könnte* von dem Verstorbenen, aber auch aus einer Reihe anderer Quellen stammen – zum Beispiel, daß das Medium unbewußt-telepathisch das Bewußtsein des Forschers oder das Bewußtsein eines Freundes oder Angehörigen des Verstorbenen las, oder aus einer hellseherischen Übertragung von Information aus erhaltenen Dokumenten und Berichten. Außerdem, wenn es *Prä*kognition gab, warum nicht auch *Retro*kognition, wobei das Medium mittels unbewußter übersinnlicher Fähigkeiten zeitlich zurückgriff, um Informationen über die verstorbene Person zu deren Lebzeiten heraufzuholen?

Als neue Fakten aus den Untersuchungen über Hypnose und abnorme Geisteszustände, wie beispielsweise multiple Persönlichkeiten, auftauchten, nahmen die Komplikationen noch zu, da sie zeigten, daß das Unbewußte es einem Menschen erlaubte, andere auf unglaubliche Weise nachzuahmen. Und als sich außerdem herausstellte, daß unbewußte Prozesse die geistigen Funktionen eines Menschen verzerren und Erfahrungen verdrehen konnten, um tiefverwurzelte Überzeugungen zu bestätigen, war der Grund gelegt für eine überzeugende alternative Erklärung der besten Indizien für ein Weiterleben – die *Theorie der unbewußten Personifikation*.

Nach dieser Theorie glaubt das Medium an ein Weiterleben und braucht Erfahrungen, um diese Überzeugung zu bestätigen, und daher *imitiert* es Verstorbene mit einem unbewußten Teil seines Bewußtseins. Weil das Unbewußte des Mediums gelegentlich ASW-Fähigkeiten einsetzt, um Informationen über verstorbene Menschen zu erlangen, die dem Medium normalerweise nicht bekannt gewesen sein können, sind diese imitierten Persönlichkeiten sehr überzeugend. Und wegen der Spaltung zwischen dem Bewußten und dem Unbewußten hat das Medium das bewußte Empfinden, einfach ein Kanal für »externe« Persönlichkeiten zu sein.

Weil es zu schwierig wurde, zwischen der Überlebenshypothese und der Theorie der unbewußten Personifikation zu unterscheiden, ließen die meisten Parapsychologen die Überlebensforschung links liegen und wandten sich den Psi-Fähigkeiten der Lebenden zu. Heute arbeiten nur noch wenige Parapsychologen an der Erstellung besserer Tests, um zwischen diesen beiden Deutungen unterscheiden zu können.

Gewöhnliches Bewußtsein und Weiterleben nach dem Tod

Die spärliche Forschung der Parapsychologen über das Weiterleben nach dem Tod setzte voraus, daß es um das Überleben des gewöhnlichen Bewußtseins oder des normalen »Ich-Bewußtseins« geht. Die moderne Bewußtseinsforschung – sowie gewisse Zweige der Philosophia perennis, wie der Buddhismus, der Sufismus und die Lehren von G. I. Gurdjieff – weist jedoch darauf hin, daß das sogenannte »Ich« sich von Minute zu Minute verändert und keineswegs so fixiert ist, wie wir gerne annehmen. Weil bestimmte Formen des »Ichs« ziemlich häufig vorkommen, ist es nützlich, insbesondere wenn wir uns für persönliches Wachstum interessieren, von unseren vielen »Ichs« oder »Unter-Ichs« zu sprechen.[2] Es ist jedoch wichtig festzuhalten, daß viele dieser gewöhnlichen »Ichs« nicht lange »überleben«, das heißt ihre Präsenz und Integrität bewahren, wegen der vielen kleinen Veränderungen des täglichen Lebens, wie intensive Gefühle, sexuelles Begehren, Hunger, Ermüdung, Alkoholeinfluß und die Wirkung zahlreicher anderer bewußtseinsverändernder Drogen. Wenn die gewöhnlichen »Ichs« nicht einmal diese relativ geringen Erschütterungen überdauern können, ist es ziemlich unwahrscheinlich, daß sie die ungemein größeren Wandlungen im Tod überleben würden.

Was ist aus diesen Tatsachen für die Frage des Weiterlebens nach dem Tod zu schließen? Erstens: Obwohl es nicht unmöglich ist, daß *irgendeine Art* von Bewußtsein den Tod überdauert, können wir nicht erwarten, daß der Bewußtseinszustand, den wir vielleicht nach dem Tod erlangen werden, derselbe ist, an den wir im Leben gewöhnt sind. Mit anderen Worten: es ist unwahrscheinlich, daß wir nach dem Tod mit einem intakten Bewußtsein unseres gewöhnlichen »Ichs« erwachen. Zweitens: Die Frage »Kann ich den Tod überdauern?« kann nicht wirklich befriedigend beantwortet werden, es sei denn als Teil der größeren Frage »Wer und was bin ich?« Dies ist die zentrale Frage, der ich mich zuwenden möchte, wenn wir im weiteren Verlauf dieses Essays die Frage des Weiterlebens nach dem Tod untersuchen.

Was ist das gewöhnliche Bewußtsein?

Andernorts habe ich festgestellt, daß das gewöhnliche Bewußtsein als ein in wechselseitigen Beziehungen stehendes Netzwerk von Abläufen oder Subsystemen des gesamten Bewußtseinssystems gedacht werden kann.[3] Im folgenden gebe ich eine kurze Beschreibung jedes dieser Abläufe oder Subsysteme:

Exteroception (äußere Wahrnehmung) ist unsere Wahrnehmung der äußeren Welt mit den normalen fünf Sinnen. So sind zum Beispiel unsere Augen und Ohren Exteroceptoren, Hören und Sehen Exteroception.

Interoception (innere Wahrnehmung) ist die Wahrnehmung innerer Körperzustände – etwa wenn man ein »Magenflattern« oder Rückenschmerzen verspürt.

Input processing (Verarbeiten des Inputs) bezeichnet die Art, wie wir unsere Wirklichkeit aus den nackten Daten unserer Wahrnehmungen »konstruieren«. Dies ist ein komplexer Prozeß des Formens, Abwandelns, Hinzufügens und Abziehens vom unmittelbaren Input unserer Sinnesorgane, so daß unsere Sinnesempfindungen sich zu einer Wahrnehmung vertrauter, erkennbarer Gegenstände ordnen. Die Mechanismen dieses Prozesses, durch den wir unsere Wirklichkeit aufbauen, sind im Lauf unserer kulturellen Entwicklung ganz automatisch geworden, und daher sind wir uns ihrer im allgemeinen nicht bewußt.

Memory (Gedächtnis) bezeichnet die Speicherung von Information aus früheren Erfahrungen, Gedanken und Gefühlen. Das Gedächtnis dient weitgehend der Inputverarbeitung, indem es die Richtung des Aufbauprozesses angibt.

Awareness (Bewußtheit) ist eine Bezeichnung für ein höheres Wissen in uns, daß etwas existiert oder geschieht. Im alltäglichen Bewußtsein ist die Bewußtheit gewöhnlich sehr eng mit Worten verbunden, denn was wir gewöhnlich unter »Denken« verstehen, ist eine Art inwendiges Reden mit uns selbst. Bewußtheit meint jedoch etwas viel Grundlegenderes als Worte. Meinen weiteren Ausführungen vorgreifend, möchte ich die Vermutung aussprechen, daß das Weiterleben nach dem Tod, sofern es dieses gibt, enger mit einer grundlegenden Bewußtheit verbunden sein wird als mit dem gewöhnlichen Bewußtsein.

Sense of identity (Identitätsgefühl) ist ein besonderes, kognitiv erlebtes Gefühl von »Das bin ich!«, das zu bestimmten Bewußtheitsinhalten hinzukommt. Diese Eigenschaft macht die Wahrnehmung »*Er* hat Schmerzen« zu einer ganz anderen als die Wahrnehmung »*Ich* habe Schmerzen«. Die Interoception ist normalerweise ein wesentlicher Teil des Identitätsgefühls: Das Gefühl, »ich« zu sein, ist gewöhnlich mit einer ganzen Reihe innerer Körperempfindungen verbunden.

Emotionen sind vertraute psychophysische Erfahrungen, wie Angst, Erregung, Zorn, Liebe, Freude usw.

Space/time sense (Raum-Zeit-Sinn) gehört wie die Inputverarbeitung zu der Art und Weise, wie wir uns die Wahrnehmung unseres Selbst und unserer Welt zurechtlegen. Er verankert unsere Erfahrungen in Raum und Zeit, denn diese finden gewöhnlich nicht in einem Vakuum, jenseits des Raum-Zeit-Kontinuums, sondern *hier* und *jetzt* statt.

Evaluation (Bewertung) nennen wir die verschiedenen Prozesse des Beurteilens und Abwägens von Information auf der Grundlage dessen, was ich wahrnehme und was ich schon weiß: Was *bedeutet* diese Wahrnehmung? Was soll ich tun? Evaluation besteht aus relativ konventionellen, formal-logischen Denkprozessen sowie aus alogischen und unlogischen Abläufen. Auch emotionale Reaktionen sind bewertende Prozesse, aber wir haben sie wegen ihrer besonderen Eigenschaft getrennt behandelt.

Subconscious processes (unterbewußte Abläufe) sind die normalerweise unsichtbaren, intelligenten Abläufe, die wir hervorrufen, um organisierte Erfahrungen und Verhaltensweisen zu erklären, die im Rahmen der bewußten Erfahrungen eines Menschen nicht hinlänglich erklärt werden können. Wenn zum Beispiel jemand behauptet, glücklich zu sein, jedoch klassische Anzeichen von Depression aufweist, können wir daraus schließen, daß unterbewußte geistig-seelische Prozesse am Werk sind.

Motor output (motorischer Output) schließlich bezeichnet die Abläufe, die unsere Muskeln und unseren Körper kontrollieren (beispielsweise Hormonreaktionen) und uns erlauben, aufgrund von Evaluationen und Entscheidungen zu handeln.

Daß diese Abläufe getrennt beschrieben werden können, sollte uns natürlich nicht dazu führen, sie als statisch anzusehen, denn es handelt sich um eine miteinander verkettete und sich gegenseitig unterstützende Ansammlung dynamischer Prozesse. Gewöhnlich läuft dieses System dynamischer Aktion und Interaktion auf das hinaus, was ich als mein *Ich*, meinen alltäglichen Bewußtseinszustand, bezeichne. Insofern einige dieser Prozesse (beispielsweise der motorische Output) hauptsächlich Funktionen des stofflichen Körpers und Nervensystems, nicht Eigenschaften des Bewußtseins sind, werden sie den Tod nicht überleben. Daher ist zu erwarten, daß die Beschaffenheit eines eventuell nach dem Tod wahrgenommenen »Ichs« ganz anders sein wird als das im normalen Wachzustand.

Eine besonders wichtige Eigenschaft des Funktionssystems, das unseren Bewußtseinszustand ausmacht, ist seine *Stabilität*. Das heißt, daß es sein generelles Muster, seine Unversehrtheit, im allgemeinen beibehält trotz der ständigen Veränderungen in unserer äußeren Welt und in unserem Körper. Ich kann zum Beispiel ein helles Licht sehen, ich kann leichte Kopfschmerzen haben usw., aber ich bleibe immer noch »ich«. Wie jedes gut konstruierte System kann dieses System, das »mich« ausmacht, im allgemeinen Veränderungen kompensieren, so daß diese es nicht aus seiner optimalen Funktionstüchtigkeit drängen.

Die Stabilisierung des gewöhnlichen Bewußtseins wird großenteils durch die Last oder Arbeit bewirkt, die diese Prozesse der Bewußtheit auferlegen. Weil diese Arbeit fast gänzlich automatisch abläuft, empfinden wir normalerweise nicht, daß wir hart arbeiten, um unseren gewöhnlichen Zustand zu erhalten; wir scheinen uns einfach darin zu befinden. Wenn jedoch ein großer Teil dieser Last wegfällt – wie es typischerweise bei der Einführung in veränderte Bewußtseinszustände geschieht nach dem Motto »Entspann dich, bewerte nicht, laß dich einfach treiben« etc. –, kann die bewußte Erfahrung sich in ihrem Wesen drastisch verändern. Insofern die befrachtende Stabilisierung des gewöhnlichen Bewußtseins, unser gewöhnliches »Ich«, weitgehend von den Prozessen des Körpers und Nervensystems abhängt, wird diese Befrachtung beim Tod wegfallen und dadurch das Auftreten veränderter Zustände begünstigen.

Kurz: Das gewöhnliche Bewußtsein ist eine quasi willkürliche Konstruktion. Während unseres Heranwachsens und unserer kulturellen Entwicklung haben wir viele Gewohnheiten angenommen, routinemäßige Weisen des Wahrnehmens, Denkens, Fühlens und Handelns. Diese Gewohnheiten funktionieren in unserer üblichen Umgebung automatisch und konstituieren ein System – jenes Muster, das wir unser »gewöhnliches Bewußtsein« nennen –, das stabil ist und seine Unversehrtheit in unterschiedlichen Verhältnissen beibehält. Wir vergessen die Arbeit, die wir als Kinder in die Konstruktion dieses Systems investiert haben, wie auch seine kulturbedingte Relativität und Willkür, und nehmen es als unser »gewöhnliches« oder »normales« Bewußtsein als gegeben hin.

Die Frage des Weiterlebens nach dem Tod wird üblicherweise als Frage nach dem Weiterleben der Persönlichkeit gestellt. Es ist jedoch wichtig zu erkennen, daß die Persönlichkeit – jene charakteristischen Verhaltens- und Ausdrucksweisen, die uns von anderen unterscheiden – sich durch unseren Bewußtseinszustand manifestiert. Wenn unser Bewußtseinszustand aber drastisch verändert wird, dann verändert sich auch unsere Persönlichkeit. Und wenn der postmortale Zustand das Auftreten veränderter Zustände begünstigt, dann dürfte es nicht unsere gewöhnliche Persönlichkeit, das uns vertraute »Ich-Gefühl« sein, das überlebt, wenn überhaupt etwas überdauert.

Veränderte Bewußtseinszustände

Jeder der oben beschriebenen psychischen Abläufe kann sich unter besonderen Umständen radikal verändern. So kann zum Beispiel ein gewöhnliches Gesicht als ein Gott oder Dämon erscheinen; das Blut, das man normalerweise nicht spürt, kann sich wie ein Strom oder wie eine durch die Adern kreisende, strahlende Energie anfühlen; man kann in einem Zustand der verdoppelten Identität mit einem anderen verschmelzen; das Bewußtsein scheint die normalen Grenzen von Raum und Zeit überschreiten zu können, wie in mystischen Erlebnissen von Ewigkeit. Wenn viele solcher Veränderungen gleichzeitig auftreten, sprechen wir von der Erfahrung eines »veränderten Bewußtseinszustands«. Das heißt, daß der aus diesen gleichzeitigen Veränderungen resultierende Zustand so radikal anders ist, um als bloße Variante des gewöhnlichen Zustands zu gelten. Er unterscheidet sich von ihm qualitativ sowie quantitativ.

Betrachten wir das folgende Beispiel eines veränderten Bewußtseinszustands nach dem Bericht von Peter Stafford:

»Auf einmal verschwand die Welt. Ich war nicht mehr in meinem Körper. Ich hatte keinen Körper… Dann kam ich an einen Punkt, an dem ich bereit war zu sterben. Es war keine Frage des Wählens, es war einfach eine Welle, die mich immer höher emportrug, und gleichzeitig empfand ich, was ich in meinem normalen Zustand ein Grauen vor dem Tod nennen würde. Mir wurde klar, daß dies alles andere war, als das, was ich mir unter dem Tod vorgestellt hatte, außer daß es wirklich der Tod war, daß etwas im Begriff war zu sterben. Dann erreichte ich einen Punkt, wo ich alles losließ. Ich gab einfach nach und trat in einen Raum ein, in dem es keine Worte gibt. Die Worte, die dafür gebraucht wurden, waren schon tausendmal gebraucht worden – angefangen bei Buddha. Ich meine das Einssein mit dem Universum, die Erkenntnis der Gottheit. All diese Worte gebrauchte ich später, um mir klar zu machen, was ich erlebt hatte. Ich hatte das Gefühl, ›daheim‹ zu sein… Es war ein Zustand der Glückseligkeit, wie ich ihn so nie erlebt hatte.«[4]

Wir werden später auf diese Art der Erfahrung eines veränderten Bewußtseinszustands noch zurückkommen, weil sie für die Frage des Weiterlebens nach dem Tod von besonderer Bedeutung ist.

Träumen – der häufigste Zustand
einer Bewußtseinsveränderung

Die moderne Schlafforschung hat gezeigt, daß wir, ob wir uns daran erinnern oder nicht, etwa 20 Prozent unserer Schlafzeit in einem Zustand mit bestimmten Gehirnwellen, *Stufe 1* genannt, zubringen, der mit der geistigen Tätigkeit des Träumens verbunden wird. Um zu träumen, müssen wir einschlafen und im Schlaf verharren – das heißt, wir müssen einen veränderten Bewußtseinszustand induzieren. Normalerweise bedeutet dies, daß wir die äußere und die innere Wahrnehmung auf eine sehr niedrige Stufe zurückschalten müssen. Wir drehen das Licht ab, schließen die Augen und schalten die visuelle Sinneswahrnehmung aus. Wir entspannen unseren Körper, liegen still und schalten damit die kinesthetische Wahrnehmung aus. Falls wir den Tod in irgendeiner Form überleben, werden wir mit Sicherheit nicht mehr die äußeren und inneren Sinnesorgane haben, die wir zu Lebzeiten besaßen. Daher wird der gewohnheitsmäßige Input wie beim Träumen drastisch reduziert sein.

Wir wissen jetzt auch, daß während des Träumens eine sehr starke Hemmung des unsere Wahrnehmungsorgane erreichenden Inputs besteht. Wenn ein Schläfer einem absichtlichen Reiz ausgesetzt wird, der aber nicht so stark ist, daß er ihn aufweckt, und wenn man ihn danach aufweckt und nach seinen Träumen fragt, wird er berichten, daß die Reize die meiste Zeit nicht in seine Traumwelt vordringen. Die wenigen Reize, die durchkommen, werden gewöhnlich so entstellt, daß sie sich dem gerade ablaufenden Traum einfügen. So kann zum Beispiel das Klopfen mit einem Bleistift im Traum zum Klopfen eines Spechts werden. Parapsychologen, die Berichte über Kommunikationen mit Verstorbenen untersuchen, sollte diese Art der Verzerrung zu denken geben, weil ähnliche Verzerrungen unserer Fragen an die Verstorbenen in aller Wahrscheinlichkeit vorkommen, wenn der postmortale Zustand tatsächlich wie ein Traumzustand ist. Diese Hypothese wäre eine Erklärung für die Verworrenheit und den verzerrten Charakter eines großen Teils der angeblichen, über Medien erfolgten Kommunikationen mit verstorbenen Personen.

Auch die Funktion des Gedächtnisses ist im Traumzustand eine ganz andere. Wenn wir uns im Wachzustand an etwas erinnern, wissen wir meistens, daß wir eine Erinnerung haben. Unsere geistigen Bilder besitzen eine nichtverbale Qualität, gleichsam wie ein Etikett mit der Aufschrift »Dies ist eine Erinnerung«. In Träumen verschwindet diese Eigenschaft jedoch. Die konventionelle Auffassung von Träumen ist die, daß wir alle Gegenstände in unserer Traumwelt aus Erinnerungsbildern hervorrufen, doch das Träumen wird als ein *Wahrnehmen*, nicht als ein *Erinnern* erlebt.

Unser Identitätsgefühl, unsere Emotionen und unsere Evaluationsprozesse können außerdem, während wir träumen, auf ganz andere Weise funktionieren. Manchmal scheint es uns in Träumen, als hätten wir Erlebnisse, die einem anderen gehören – einer Person mit anderen emotionalen, wertenden und intellektuellen Reaktionen auf das, was geschieht. Dinge, die nach den Normen des Traumes vernünftig sind, können nach der Norm des Wachzustands völlig absurd oder zusammenhanglos sein.

In Träumen verändert sich auch unser Raum- und Zeitgefühl radikal: Statt das Traumerlebnis in seinen »realen« Kontext zu stellen – nämlich zu erkennen, daß man im Bett liegt und träumt –, glaubt man vielleicht, daß man mit den Armen flattert und über den Himalaya fliegt. Wenn wir solche drastischen Veränderungen in der Verarbeitung von Emotionen, Bewertungen, dem Identitätsgefühl und dem Raum-Zeit-Gefühl im Leben routinemäßig erfahren, warum sollten solche Veränderungen, und vielleicht noch radikalere, nicht auch nach dem Tod vorkommen? Angenommen, man würde nach dem Tod in einem Zustand erwachen, der eher wie ein Traum wäre als wie der gewöhnliche Bewußtseinszustand: Würde jemand, der unsere Persönlichkeit im gewöhnlichen Zustand kannte, diese in einem mehr traumähnlichen Zustand wiedererkennen?

Psychologen schreiben dem Unbewußten die intelligente und aktive Schöpfung der Träume zu. Diese psychologische Erklärung ist freilich nicht sehr stichhaltig, aber sie ist die beste, die wir derzeit haben, und zugleich eine glänzende Erinnerung daran, wie wenig wir wirklich von unserem Bewußtsein verstehen. Wenn eine so mächtige Quelle des Erlebens wie die Träume geistigen Prozessen unterworfen sind, die wir praktisch nicht begreifen, werden wir daran gemahnt, wie behutsam wir vorgehen müssen, wenn wir Merkmale des Wachbewußtseins in einen potentiellen postmortalen Zustand übertragen.

Unbeständigkeit des postmortalen Zustands

Wir bemerkten vorhin, daß Körper und Gehirn als stabilisierende Mechanismen sowohl für die gewöhnlichen als auch für veränderte Bewußtseinszustände wichtig sind und daß die Abwesenheit eines Körpers und Gehirns in einem postmortalen Zustand ein Zeichen dafür sein könnte, daß ein solcher Zustand äußerst unbeständig wäre. Um daher ein besseres Verständnis zu gewinnen, wie ein postmortaler Zustand aussehen könnte, tun wir vielleicht gut daran zu untersuchen, was mit den geistigen Funktionen im Leben geschieht, wenn die Körperbewußtheit stark reduziert oder zeitweise ausgeschaltet ist.

Das Träumen liefert uns, wie wir gesehen haben, ein nützliches Analogon für die mögliche Art eines postmortalen Zustands, weil wir im Traum tatsächlich keine Bewußtheit unseres physischen Körpers haben, sondern lediglich unseren psychisch fabrizierten Traumkörper. Studien über den Entzug von Sinnesreizen haben ebenfalls etwas zu dieser Frage zu sagen sowie die Untersuchungen über Vergiftungen durch Ketamine, die auch sehr gut zum Studium der geistigen Eigenschaften herangezogen werden können, wenn der Körper im Leben nicht wahrgenommen wird. Ketaminhydrochlorid, das in der Chirurgie normalerweise als schmerzstillendes Mittel verwendet wird, wurde in viel geringeren Dosen (etwa einem Zehntel der chirurgischen Dosis) als psychedelische Droge verwendet und hat bei einigen Benützern zu »außerkörperlichen Erfahrungen« geführt, in denen der physische Körper effektiv aus dem Bewußtsein verschwand. Das vorhin zitierte Erlebnis von Peter Stafford wurde durch Ketamin hervorgerufen.

Es ist natürlich immer noch möglich, daß beständige Bewußtseins-

133

zustände sich in einem postmortalen Zustand entwickeln können, wenn es andere Stabilisierungsprozesse als den interoceptiven Input unseres physischen Körpers in einem solchen Zustand gibt. Doch um eine solche Frage beantworten zu können, müssen wir vorläufig noch abwarten.

Überlebensforschung und das Problem des zustandsspezifischen Wissens

Eine der bedeutsamsten Eigenschaften des Wissens ist die, daß wichtige Aspekte dieses Wissens spezifisch für einen bestimmten Zustand sind. Das heißt, was man wissen kann, hängt vom jeweiligen Bewußtseinszustand ab.

Das Konzept des zustandsspezifischen Wissens wird verständlich, wenn man den Vergleich mit einem Fischernetz heranzieht, das durch das Meer trudelt: Wenn das Netz zwei Zentimeter lange Maschen hat, dann wird nichts in ihm hängenbleiben, was weniger groß als zwei Zentimeter ist, und damit wird ihm ein möglicher enormer Fang entgehen. Wenn man diese Eigenschaft des Netzes, sein »datensammelndes System« begreift, ist das kein Problem; wenn nicht, wird man wahrscheinlich denken, daß alles Leben im Meer größer als zwei Zentimeter ist. So ist man nicht in der Lage, kleinere Lebewesen zu studieren, wenn man nicht das Netz austauscht.

Die Forschung über veränderte Bewußtseinszustände zeigt, daß manche Arten der menschlichen Erkenntnis *zustandsspezifisch* sind, das heißt, wenn man sich nicht in einem bestimmten Bewußtseinszustand befindet, lassen sich bestimmte Dinge nicht erkennen. So kann man zum Beispiel im gewöhnlichen Bewußtseinszustand etwas über die Einswerdung mit einer anderen Person in einem Zustand dualer Identität lesen, aber man wird nicht wirklich wissen, was dieser Ausdruck bedeutet, solange man sich nicht im entsprechenden Bewußtseinszustand befindet, die eigene Identität nicht tatsächlich mit der einer anderen Person verschmilzt.

Gewisse Arten von Erkenntnis sind vielleicht nur zum Teil zustandsspezifisch, das heißt, sie sind vielleicht in zwei oder mehr Bewußtseinszuständen zu erleben. Wenn ich Sie zum Beispiel nach Ihrem Namen frage, werden Sie in Ihrem normalen Bewußtseinszustand vermutlich in der Lage sein, mir eine richtige Antwort zu geben, desgleichen im Traum (angenommen, ich bin eine Traumperson, die Ihnen diese Frage stellt), sogar unter Schmerzen oder unter Einfluß von Alkohol oder LSD. Doch manche Dingen lassen sich *nur* in einem veränderten Bewußtseinszustand erkennen. Man kann sich ihrer im Normalbewußtsein nicht einmal erinnern, geschweige denn sie anderen angemessen erklären.

Um die Sphäre des menschlichen Erkenntnisvermögens zu erweitern, müssen wir einige Phänomene in einem diesen Gegenständen angemessenen, veränderten Bewußtseinszustand studieren. Wenn wir diesen Bewußtseinszustand oder diese Zustände nicht persönlich erfahren und mit ihnen arbeiten, werden wir nie wirklich zu einer Antwort gelangen. Es ist ein großes Unglück der modernen Zeit, daß die spezifischen Geisteszustände, die viele Arten der lebendigen spirituellen Erkenntnis bedingen, in Vergessenheit geraten sind. Weil wir an spirituelle Fragen, wie etwa an die Frage unseres Schicksals nach dem Tod, nur aus der Perspektive der gewöhnlichen Bewußtseinszustände herangehen, ist es kein Wunder, daß die Antworten, die wir bekommen, nur verzerrte, blasse Spiegelungen der Wirklichkeit sind. Wir haben uns von abstrakten verbalen Aussagen über spirituelle Wahrheiten so blenden lassen, daß wir die Gelegenheit versäumen, diese Wahrheiten durch unmittelbare Erfahrung selbst zu verifizieren. Daher kommt das spirituelle Unbehagen in unserer Zeit.

Was hat all dies mit der Frage des Weiterlebens nach dem Tod zu tun? In manchen veränderten Bewußtseinszuständen kommt es relativ häufig vor, daß man unmittelbar eine Daseinsform erlebt, die vom physischen Körper teilweise oder gänzlich unabhängig ist, und eine solche Erfahrung ist die unmittelbarste Erkenntnis des Überlebens, die ein Mensch gewinnen kann.

Auch indirekte Indizien sind natürlich nützlich. Aber indem wir den unmittelbaren Hinweis der Erfahrung in veränderten Bewußtseinszuständen zurückweisen, sehen wir uns genötigt, die Frage des

Überlebens lediglich von der Warte der *indirekten* Erfahrung, der Abstraktion und Begrifflichkeit zu behandeln. Damit ignorieren wir einige der relevantesten Indizien, die wir bezüglich des Weiterlebens haben, und können auf diese Weise nie zu einer persönlich befriedigenden Antwort kommen.

Zusammenfassung

Zusammenfassend läßt sich sagen, daß unsere gewöhnliche Persönlichkeit, unser gewöhnliches »Ich-Bewußtsein« vermutlich keine Aussicht hat, längerfristig zu überleben, da es nur wenig Einheitlichkeit besitzt und aus vielen »Ichs« besteht, von denen jedes einzelne die Erschütterungen des täglichen Lebens oft nicht lange »überlebt«. Die weitaus größere Erschütterung des Sterbens könnte daher leicht viele Aspekte des gewöhnlichen Bewußtseins entweder zeitweilig oder auf Dauer zerstören. Außerdem hängt die Stabilität des gewöhnlichen Bewußtseins stark von einer Reihe körperbedingter Prozesse ab, wie etwa dem Input der äußeren und inneren Sinneswahrnehmungen. Fehlen diese Prozesse, kann das Bewußtsein sich drastisch verändern, wie es beim gewöhnlichen Träumen oder unter dem Einfluß bewußtseinsverändernder Drogen geschieht. Wenn wir im postmortalen Zustand nicht mit einer sehr analogen äußeren Welt samt einem Körper ausgestattet sind, besteht kaum eine Wahrscheinlichkeit, daß unser gewöhnliches »Ich« überleben wird.

Obwohl es uns also nicht allzusehr überraschen sollte, wenn wir nach dem Tod eine Art von Bewußtsein wiedererlangen, sollte es uns ebensowenig überraschen, wenn dieses Bewußtsein sich erheblich, vielleicht tiefgreifend, von dem gewöhnlichen Wachbewußtsein unterscheidet, das wir zu unseren Lebzeiten gewöhnt waren. Um die Frage »Werde ich nach dem Tode weiterleben?« zu beantworten, müssen wir zuerst die Bandbreite der Ausdrucksmöglichkeiten dieses »Ichs« bestimmen. Wenn wir durch tiefe Meditation und Selbsterforschung feststellen, daß es eine zugrundeliegende Bewußtheit eines »Ichs« gibt, die den kleineren Erschütterungen des täglichen Lebens sowie den größeren Erschütterungen durch veränderte Bewußtseinszustände standhalten kann, dann wird diese Bewußtheit vermutlich am ehesten nach dem Tod weiterleben. Und wenn wir uns auf den Tod vorbereiten wollen, indem wir darüber nachdenken, wie der postmortale Bewußtseinszustand aussehen könnte, und dadurch vielleicht den Schock und die Verwirrung nach dem Tod mildern, sollten wir die Indizien aus der modernen Erforschung veränderter Bewußtseinszustände nicht ignorieren.

Teil III
Tod und Jenseits
in der Philosophia perennis

In Teil III wenden wir uns in unserem Bemühen um die Frage nach dem Schicksal des menschlichen Bewußtseins nach dem Tod der Philosophia perennis zu, den Erkenntnissen der größten Weisen und Seher dieser Welt. Wie wir erkennen werden, bestätigen die zeitlosen Weisheitslehren die Indizien für ein Weiterleben nach dem Tod, die wir vorhin untersucht haben, nämlich die Berichte von transpersonalen und mystischen Erfahrungen in den Studien über Nahtoderlebnisse sowie aus der modernen Bewußtseinsforschung.

Im Aufsatz »Gedanken im Augenblick des Todes« geht *Ram Dass* seiner eigenen Gewißheit auf den Grund, daß etwas den Tod überdauert, und prüft seine persönlichen Erfahrungen mit postmortalen Zuständen, als er veränderte Bewußtseinszustände erforschte. Er vermittelt uns das Wesentliche aus seiner zwanzigjährigen Beschäftigung mit den zeitlosen Lehren über Tod und Jenseits.

Ram Dass stellt fest, welche Bedeutung die Spiritualität des Ostens den Gedanken im Augenblick des Todes beimißt, und weist darauf hin, daß im uralten Schamanismus sowie in der modernen psychedelischen Forschung des Westens folgendes bekannt ist: Die Qualität der Gedanken, die man am Anfang einer schamanischen oder psychedelischen Reise hat, bestimmen weitgehend die Qualität der Visionen, die man nachher empfängt. Wenn wir also, so lautet seine Überlegung, veränderte Bewußtseinszustände nach dem Tod erleben, ist es wahrscheinlich, daß unser Gemütszustand im Augenblick des Todes die Beschaffenheit dieser Zustände stark beeinflussen wird. Deshalb ist es so wichtig, bei klarem Bewußtsein zu sterben, frei von Bindungen und Haßgefühlen. Daraus zieht Ram Dass den Schluß, daß man sich am besten auf den Tod vorbereitet, indem man übt, während des Lebens ganz präsent und bewußt zu sein.

In seinem Beitrag »Tod, Wiedergeburt und Meditation« gibt *Ken Wilber* uns einen gründlichen Einblick in die tantrischen Lehren Tibets über die Bewußtseinszustände nach dem Tod. Im Unterschied zu unserer westlichen Kultur würden traditionelle Kulturen wie die tibetische ständig mit dem Tod leben, schreibt Wilber. »Die Menschen sterben zu Hause, umgeben von ihren Angehörigen und Freunden.« Die aktuellen Stufen des Sterbeprozesses und dessen Beziehung zur spirituellen Dimension, zur spirituellen Entwicklung, zu Karma und Wiedergeburt usw., wären daher tausend- , ja, millionenfach beobachtet worden. Aus diesem Grund wäre es töricht, argumentiert Wilber, wenn ein seriöser Forscher die von der tibetischen Überlieferung zuhauf gesammelten Daten nicht beachten würde.

Wilber schildert den tibetischen Bericht der subjektiven Erfahrungen während des Sterbens und bemerkt, daß wir zwar Einwände gegen die tibetische Erklärung der *Ursache* dieser Phänomene haben können, daß jedoch eine riesige Menge »kontemplativer Indizien« dafür spricht, daß die Phänomene an sich existieren. Zu diesen kontemplativen Indizien gehören die Erfahrungen zahlloser Meditierender in verschiedenen spirituellen Überlieferungen, die Formen der Meditation praktiziert haben, die den wirklichen physischen Tod »nachahmen« und ihnen auf diese Weise ermöglichen, eine »Imitation« der Stufen des Sterbeprozesses zu erleben. Der Zweck dieser Meditationen besteht darin, sich mit den Bewußtseinszuständen vertraut zu machen, die nach dem Tod eintreten. Dann wären wir nicht nur in der Lage, der Verwirrung und dem Grauen vor solchen Zuständen zu entgehen, sondern könnten sie sogar dazu nützen, uns von der Notwendigkeit der Wiedergeburt endgültig zu befreien.

In »Was lebt weiter? Die Lehren des tibetischen Buddhismus« betont auch *Sogyal Rinpoche*, ein tibetischer Meditationsmeister, wie notwendig es ist, daß wir uns hier, in diesem Leben, auf den Tod vorbereiten. Durch die Übung der Achtsamkeit und das Loslassen von Bindungen während des Lebens, so glauben die Tibeter, könne man mit klarem Bewußtsein sterben, ohne zu klagen oder sich an das Leben zu klammern, und dadurch die Befreiung im Augenblick des Todes erlangen.

Laut dem Tibetischen Totenbuch fällt das Bewußtsein kurz nach dem Tod »wie ohnmächtig« in einen dunklen, leeren Raum. Das Bewußtsein stirbt jedoch nur für einen Augenblick, und wenn die Person erwacht, erlebt sie die »klare, helle Leere«, den reinen Glanz des wahren Wesens des Bewußtseins. An diesem entscheidenden Punkt kann die Erleuchtung am leichtesten verwirklicht werden. »Sehr weit Fortgeschrittene können [die Leuchtkraft] einfach als ihre eigene Bewußtseinsnatur erkennen«, erläutert Sogyal Rinpoche. »Sie verbinden sie dann mit ihrem eigenen erleuchteten Zustand, erreichen dadurch die volle Bewußtheit, verschmelzen mit ihr und erlangen dadurch die Befreiung.«

Die im Tibetischen Totenbuch beschriebenen postmortalen Visionen sind nicht nur den Berichten westlicher Nahtoderfahrungen verblüffend ähnlich, sondern auch den Beschreibungen der visionären Phänomene, wie sie auf Schamanenreisen, in LSD-Erfahrungen und stark erlebnishaften Psychotherapien vorkommen. Aus dieser Tatsache darf man schließen, daß die von Schamanen, Yogis, tibetischen Buddhisten und anderen Mystikern beschriebenen veränderten Bewußtseinszustände auf eine gemeinsame »Geographie« einer außergewöhnlichen Wirklichkeit verweisen und daß es in der Tat möglich ist, sich auf den Tod in einer bestimmten Weise vorzubereiten, um den Schock und das Grauen zu mildern: indem man sich schon während des Lebens durch spirituelle Übung mit diesem Gelände vertraut macht.

Die »Geographie« der postmortalen Zustände ist auch das Thema des Essays von *Kenneth Ring*, »Schamanische Initiation, imaginale Welten und das Licht nach dem Tod«. Ring bemerkt, daß der von Schamanen und denjenigen, die Nahtoderfahrungen hatten, besuchte Bereich uns nicht nur nach dem Tod erwartet: »Er ist jetzt da und steht im Prinzip schon *im Leben* jedem Menschen offen, der den ›Eintrittscode‹ gelernt hat.« Dieser Code, sagt er, ist mit der »Imagination« verbunden, doch nicht als eine Art von Einbildung oder etwas Unwirkliches, sondern im Sinn einer objektiv existierenden Dimension der Wirklichkeit – die »imaginale Sphäre«.

Normalerweise, sagt Ring, kann die imaginale Sphäre in gewissen veränderten Bewußtseinszuständen wahrgenommen werden, in denen wir lernen können, mit dem Auge des Schamanen, mit imaginaler Schau zu sehen. Was wir sehen, meint er, ist unser eigener Seelenzustand, der uns in der Form von *Bildern* (*images*), der »natürlichen Sprache der Seele«, erscheint. Von daher kann die Einheitlichkeit der Geographie der postmortalen Sphäre mit der Universalität der menschlichen Seele erklärt werden. Nach Ring ist es also nicht so, »daß wir nach dem Tod ›irgendwohin‹ gehen, sondern wir treten vielmehr in einen Bewußtseinszustand ein, in dem unsere Wirklichkeit aus *Bildern* besteht und in dem diese Wirklichkeit, die nicht gänzlich festgelegt ist, auf die Gedanken, Erwartungen und Wünsche unserer Seele reagiert.«

Aus Rings Darstellung geht etwas Wichtiges hervor, nämlich, daß wir aus den Berichten von Nahtoderfahrungen nicht schließen sollen, die postmortale Erfahrung sei unveränderlich glückselig. Ring stellt fest: Es gibt »Stimmen aus der Geschichte«, wie die Platons und William Blakes, die uns mahnen, daß »wir im gegenwärtigen Augenblick das Drehbuch unseres imaginalen postmortalen Dramas schreiben und daß wir selbst das Schicksal unserer Seele gestalten«.

Gedanken im Augenblick des Todes

RAM DASS

Die folgende Geschichte über meinen Guru, Neem Karoli Baba, wurde mir vor einigen Jahren von einem Inder erzählt:

»Es war in Bhumiadhar, wo Baba einmal die Nacht verbrachte. Wir hatten alle zu Abend gegessen und waren um 10:30 schlafen gegangen. Gegen ein Uhr nachts fing Baba an zu schreien, daß er sehr hungrig sei und Dal [Linsen] und Chapattis haben wollte. Ich wachte auf und erinnerte ihn daran, daß er doch schon gegessen habe. Aber er bestand darauf, daß er Dal und Chapattis haben müsse. Wer kann die Wege eines solchen Wesens begreifen? Daher weckte ich Brahmachari Baba [den Priester], und er machte ein Feuer an und bereitete das Essen zu. Es war bereits zwei Uhr morgens, und wir sahen Baba zu, wie er mit großem Appetit das Mahl verzehrte. Dann gingen wir wieder schlafen.

Am nächsten Morgen gegen elf Uhr kam ein Telegramm mit der Nachricht, daß einer von Babas alten Jüngern in einem Dorf unten im Tiefland in der vergangenen Nacht um zwei Uhr gestorben sei. Als Baba das Telegramm vorgelesen wurde, sagte er: ›Seht ihr, deshalb mußte ich Chapattis und Dal haben.‹ Das machte uns neugierig, weil wir gar nichts begriffen. Wir drangen in ihn, aber er wollte nichts mehr sagen. Schließlich, nachdem wir ihn zwei oder drei Tage bedrängt hatten, sagte er: ›Begreift ihr denn nicht? Er [der Verstorbene] sehnte sich nach Chapattis und Dal, und ich wollte nicht, daß er dieses Verlangen mit in den Tod nimmt, weil es sich auf seine künftige Wiedergeburt auswirken würde.‹«

Diese Geschichte spiegelt eine Anschauung von Leben und Tod, mit der ich die vergangenen achtundzwanzig Jahre gelebt habe. Wenn ich mich frage, woher ich weiß, daß etwas nach dem Tod weitergeht, erkenne ich, daß mein Glaube sich auf drei Grundlagen stützt: auf meine eigenen Erfahrungen, die Anschauungen von Menschen, die ich kenne und denen ich vertraue (solchen wie in der obigen Geschichte), und was ich der spirituellen Literatur entnehmen konnte, die ich gelesen habe. Es ist eine Kombination aus diesen Gründen, die mir eine so starke Überzeugung vermittelt hat, daß im Augenblick des Todes nicht alles zu Ende ist.

Meine persönlichen Erfahrungen beziehen sich auf das Ein-und-wieder-Austreten aus veränderten Bewußtseinszuständen. Als ich diesen Zuständen nachforschte, erlebte ich von Zeit zu Zeit, wie die Identität mit meinem Körper und meiner Persönlichkeit von mir abfiel, und dadurch erhielt ich Zugang zu einem Bewußtheitszustand, der mit Geburt und Tod, Kommen und Gehen wenig zu tun hat. Durch intensive Meditationspraxis und meine Arbeit mit psychedelischen Chemikalien habe ich erfahren, wie das Bewußtsein Wirklichkeiten erzeugt, und bin in Berührung mit der Ebene gekommen, die jenseits der Gedanken liegt. Von daher gelangte ich zu einem intuitiven Verständnis der postmortalen Zustände – ein Verständnis, das von den anderen beiden Wegen des Erkennens, die ich erwähnt habe, erhärtet wird.

Klarerweise kann ich die Schlußfolgerungen, die ich über die Ereignisse nach dem Tod darlegen werde, nicht »wissen« im wissenschaftlichen Sinn, der die Kriterien dessen, was wir wissen können, vorschreibt. Nur weil ich auf mein intuitives Herzbewußtsein als Weg der Erkenntnis höre und ihm folge, obwohl dieses den Kriterien der öffentlichen Reproduzierbarkeit nicht entspricht, habe ich Zugang zu einer Menge von Informationen über postmortale Zustände gewonnen.

Ich bemerkte, daß aufgrund dieser persönlichen Erfahrungen und der Gelegenheiten, die ich ergriffen hatte, um weise Menschen und die Literatur kennenzulernen, die solche Erfahrungen bestätigen, meine eigene Angst vor dem Tod sich stark gelegt hat. Deshalb konnte ich mit Sterbenden arbeiten und ihnen etwas Gelassenheit und Frieden angesichts des Unbekannten vermitteln, was ihnen guttat. In den Augenblicken, in denen ich bei einem Menschen bin, dem der Tod bevorsteht, ist mir bewußt, daß nur die Wahrheit etwas ausrichtet, und so bin ich genötigt, meinen Glauben an das Leben nach dem Tod immer wieder zu überprüfen. Dies ist also die Feuerprobe, durch die das hindurchgegangen ist, was ich jetzt mitteilen möchte.

In den spirituellen Überlieferungen des Ostens heißt es, daß die Gedankenformen, an die wir im Augenblick des Todes gebunden sind, das bestimmen, was als nächstes geschieht. Wie mein Guru einmal sagte: »Wenn du auch nur den nächsten Atemzug begehrst, wirst du wiedergeboren werden.« Wegen dieser unmittelbaren Wirkung von Gedanken und Wünschen im Augenblick des Todes wird in den Ländern, wo der Glaube an die Reinkarnation weit verbreitet ist, so viel Wert auf die Vorbereitung auf den Augenblick des Todes gelegt. So beschreiben zum Beispiel die Tibeter Methoden, wie man vermeiden kann, in dem Schweregefühl steckenzubleiben, das bei der Zersetzung des »erdhaften« Elementes des Körpers aufkommt, oder in dem Gefühl der Trockenheit, wenn das Element des »Wassers« sich auflöst, oder in dem Kältegefühl, wenn das Element des »Feuers« sich auflöst, oder in dem Gefühl, daß der Ausatem länger ist als der Einatem, wenn das Element der »Luft« sich auflöst.

Diese Bedeutung, die der Osten den Gedankenformen im Augenblick des Todes zuschreibt, wird von den Erkenntnissen aus schamanischen Studien und der Bewußtseinsforschung bestätigt. So wissen zum Beispiel die Schamanen, daß die Art der Gedanken am Beginn der »Schamanenreise« durch veränderte Bewußtseinszustände darüber entscheidet, wie die Reise verläuft – ob die erfahrenen Visionen himmlisch oder höllisch sein werden. (Deshalb wird vor den schamanischen Initiationen so großer Wert auf »Läuterung« gelegt, sei es durch Fasten, Schwitzen oder andere asketische Übungen.) Gleichermaßen stellten auch psychedelische Forscher des Westens schon früh fest, daß die Gemütsverfassung eines Menschen am Beginn der psychedelischen Erfahrung die Qualität dieser Erfahrung wesentlich bestimmt. Wenn die postmortalen Zustände also tatsächlich den veränderten Bewußtseinszuständen ähnlich sind, dann besteht die Wahrscheinlichkeit, daß die Gemütsverfassung im Augenblick des Todes einen starken Einfluß auf die Art der postmortalen Erfahrung haben wird.

Wir können den Teil des Individuums, der durch den Schleier des physischen Todes hindurchgeht, als die »Seele« bezeichnen, wenngleich wir vielleicht zur Kenntnis nehmen, daß diese »Seele« an sich nur eine subtilere Gedankenform ist, die sich schließlich auflöst, wenn die Fülle des buddhistischen Begriffs *anatta* (Nicht-Selbst) verwirklicht wird. Das, worin die Seele sich letztlich auflöst, liegt zweifellos jenseits aller Beschreibung durch Worte, wie viele Erleuchtete bezeugt haben. Es gibt jedoch zahlreiche Symbole, die auf diese höchste Wahrheit hinweisen. Viele Worte wie *Gott, Nirvana, das Gestaltlose* usw. werden zur Bezeichnung des Mysteriums verwendet. Doch diese sind bloß »Finger, die auf den Mond verweisen«; denn der wissende menschliche Geist, mit all seinen begrifflichen und symbolischen Krücken, muß zurückgelassen werden, wenn man in die letzte Wahrheit stirbt.

Intellektuell sehen wir vielleicht ein, daß vom Standpunkt der letzten Wahrheit die Reinkarnation selbst eine Illusion ist. Aber wir können uns aus dem Gespinst dieser Illusion nicht eher befreien, als die letzten Verhaftungen des Bewußtseins zum Stillstand kommen. Die meisten von uns, die sich auf der Evolutionsreise befinden, brauchen im Augenblick keine Angst davor zu haben, daß wir uns ins Nichts auflösen werden, denn wir haben noch genügend Karma (das Beharrungsvermögen vergangener Bindungen) übrig, um noch mit vielen Wanderungen der Seele durch zahlreiche Geburten rechnen zu können.

Die großen spirituellen Meister lehren, daß die Erfahrung nach dem Tod auch eine Funktion der Evolution der Seele ist, und diese Evolution spiegelt sich am deutlichsten in der Qualität des manifestierten Lebens, das zu vollenden man im Begriff steht. Ich stelle mir gerne vor, daß die menschliche Geburt ein wenig so ist, wie wenn man in die vierte Klasse Grundschule kommt: Wir bleiben nur so lange dort wie nötig, um das mitzukriegen, was unsere Seele von dieser Klasse braucht, und danach sind wir natürlich bereit, in der Evolution weiterzugehen, indem wir dieses Leben verlassen. Daher verläßt die Seele die physische Ebene weder einen Augenblick zu früh noch zu spät. Die Art und Weise, wie sie von ihr abgeht, gehört zum Lehrplan der Seele. Und was sie mitnimmt, wenn sie abtritt, ist das Wesentliche dessen, worum es in diesem Leben ging. Die Seele weiß darüber Bescheid, obwohl sie das Gehirn, welches das Denken nährte, zurückgelassen hat.

Verschiedene Schulen des Philosophia perennis lehren, daß die »jungen Seelen«, die in der Bindung an den physischen Körper tief verwurzelt sind, in eine subtile physische Hülle sterben, in der sie eine Art verwirrten »Schlaf« erleben. Man sagt, daß ihre Identifizierung mit der Grobstofflichkeit des Körpers sie schlecht auf die Erkenntnis vorbereitet, daß sie noch existieren, nachdem sie gestorben sind. Daher geraten sie in Verwirrung und machen ein paar schwächliche Versuche, so zu tun, als ob sie noch lebten. Ich vermute, daß sie ziemlich erstaunt sind, daß niemand auf der physischen Ebene Notiz von ihnen nimmt. Diese Wesen werden dann ganz unbewußt durch das Beharrungsvermögen ihres Karmas (eine Art »übersinnlicher DNA«) in ihre nächste Geburt programmiert. Wer extreme physische Bindungen hat, meistens durch Gier oder Zorn, verharrt oft auf oder in der Nähe der physischen Ebenen und wird von anderen manchmal als Gespenst oder Poltergeist erlebt.

Wenn die Seele sich weiterentwickelt, gelingt es ihr am Ende ihrer Inkarnation auf Erden, ihrer Lage innezuwerden, so daß sie sich von einer oder mehreren ihrer »Hüllen« oder »Schleier« befreien kann. Letztere sind die verschiedenen stofflichen, astralen, emotionalen, mentalen und spirituellen Körper oder Vehikel des Bewußtseins, wie sie im Vedanta, im Yoga und anderen meditativen Überlieferungen beschrieben werden. Auf dieser Stufe der Evolution erkennt eine Seele augenblicklich nach ihrem Tod, daß sie gestorben ist, und erfährt eine Ausdehnung, wenn sie vom Behältnis der Inkarnation befreit ist. Die Seele kann eine Weile zaudern, wenn sie sich zwischen dem Entzücken über ihre Befreiung von der Inkarnation und dem Sog ihrer Liebesbindungen an diejenigen, die sie verlassen hat, eingeklemmt fühlt. Aber nach einer Zeit begreift sie, wie alles laufen muß, und geht entweder allein oder mit Führung in eine andere Sphäre ein.

Auf dieser Stufe kann die Seele durch eine mentale Sphäre hindurchgehen, wenn ihre Bindungen dort liegen, oder in vitale oder emotionale Sphären. Diese werden oft die *Astralsphären* genannt oder im Mahayana-Buddhismus die »Bardos« oder »Zwischeninseln«. Wenn man in diese Sphären hineinstirbt, sagen die Tibeter, kann die Seele das Bewußtsein behalten und eine Reihe von Erfahrungen machen. So kann sie beispielsweise durch Lichttunnel hindurchgehen, mit ungeheurer Freude und tiefer Liebe erfüllt werden,

147

Wesen in subtilen Lichtkörpern begegnen, die der Seele vertraut sind, oder Sphären von intensiver Farbe, Klang usw. erleben.

Wenn die Seele einige Zeit in einer solchen Sphäre verbracht hat, so heißt es weiter, betrachtet sie entweder allein oder mit der Hilfe von Führern ihre vergangene karmische Reise, und als Resultat dieser Betrachtungen bereitet sie sich vor und programmiert sich für ihre nächste Inkarnation. Zeugnisse von Menschen, die im Angesicht des Todes »panoramaartige Erinnerungen« hatten, in denen sie eine tiefe Erkenntnis der Bedeutung ihres ganzen Lebens gewannen, scheinen die Wahrheit dieser Lehre zu bestätigen.

Im Yoga und Vedanta wird gelehrt, daß eine noch höher entwickelte Seele, die bei ihrem Tod die Identifizierung mit ihren feinstofflichen Körpern durchbrochen hat, bei vollem Bewußtsein durch die Pforte des Todes in die höheren oder »kausalen« Sphären – manchmal »Gefilde Brahmas« genannt – eingeht und für einige Zeit während ihrer Reise in ihrer subtilsten Wesensform verharrt.

In manchen Schulen herrscht der Glaube, daß eine solche Seele, wenn sie nicht erleuchtet oder von der Illusion der Getrenntheit nicht gänzlich befreit ist, nach einem längeren oder kürzeren Aufenthalt in den feinstofflichen Sphären unweigerlich eine weitere Inkarnation in einem physischen Körper annehmen muß. Ich bin mir jedoch nicht sicher, ob eine Seele sich vor ihrer endgültigen Befreiung von der Illusion der Getrenntheit über einen physischen Körper inkarnieren muß. Vielleicht kann das letzte Werk in anderen Sphären vollbracht werden, vielleicht auch nicht. Auf dieser Stufe meiner Entwicklung weiß ich es einfach nicht und werde abwarten müssen. Mit Sicherheit weiß ich aber, daß der Augenblick des Todes (oder das »Ablegen des Körpers«, wie man in Indien sagt) der aufregendste Moment des Lebens ist. Und ich glaube, daß die beste Vorbereitung darauf und zugleich die beste Art zu leben, darin besteht, im Hier und Jetzt, ganz gegenwärtig und sich dieses Augenblicks voll bewußt zu sein.

Wenn man sich in der Achtsamkeit des Augenblicks übt und das Bewußtsein immer und immer wieder auf die gegenwärtige Tätigkeit lenkt – ob es sich darum handelt, einen Teller abzuwaschen, den Fuß beim Gehen zu heben oder einfach den nächsten Atemzug zu tun –, früher oder später hört das Bewußtsein auf, mit Bindung oder Widerwillen auf Gedanken oder Empfindungen zu reagieren. Dieses Loslassen erlaubt der Bewußtheit, ohne Ballast in den nächsten Augenblick hineinzugehen. In diesem Sinne sagte Christus: »Seht, ich mache alle Dinge neu.«

Diese Übung bedeutet auch, daß man den vergangenen Augenblick sterben läßt, wenn der neue kommt. Dann klammert man sich in der Gegenwart nicht an die Vergangenheit und klebt nicht mehr an der Zukunft. Diese Übung ist relativ einfach in Situationen, die keinen oder wenig Streß mit sich bringen, aber es ist schwer, sich nicht von Anziehung oder Abneigung einfangen zu lassen, wenn die Situation intensive Reize ausübt. Aber mit ausreichender Übung ist es möglich, und dann ist man bereit, immer bewußt und für den nächsten Augenblick offen zu sein, selbst im Augenblick des physischen Todes, wenn viele starke Reize einwirken. Dann nimmt man keinen Ballast oder kein »altes Karma« mit, wenn man durch die Pforte des Todes tritt. Ja, es ist gar kein Jemand da, der durch die Pforte des Todes geht, denn sogar der Gedanke an das Selbst wurde losgelassen.

Als Buddha gefragt wurde, wohin er, ein vollkommen entwickeltes Wesen, im Augenblick des Todes gehen würde, gab er zur Antwort: »Wohin geht das Feuer, wenn das Brennholz verbraucht ist?« Ja, so ist das!

Tod, Wiedergeburt und Meditation

KEN WILBER

Eine Reinkarnationslehre in irgendeiner Form läßt sich in allen mystischen Überlieferungen auf der ganzen Welt nachweisen. Sogar das Christentum akzeptierte sie bis ins vierte Jahrhundert, dann wurde sie, weitgehend aus politischen Gründen, von der Kirche verbannt, doch viele zeitgenössische christliche Mystiker gehen von dieser Vorstellung aus. Wie der christliche Theologe John Hick in seinem bedeutenden Werk *Death and Eternal Life* (Tod und ewiges Leben) bemerkte, herrscht unter den Weltreligionen, das Christentum eingeschlossen, ein Konsens, daß es irgendeine Art von Reinkarnation gibt.

Die Tatsache, daß viele Leute etwas *glauben*, macht es freilich noch nicht wahr, und es ist sehr schwer, die Idee der Reinkarnation durch Zeugnisse angeblicher Erinnerungen aus vergangenen Leben zu untermauern. In den meisten Fällen stellt sich nämlich heraus, daß diese »Zeugnisse« nur die Vergegenwärtigung einer unterbewußten Gedächtnisspur aus *diesem* Leben sind.

Dieses Problem ist jedoch nicht so gravierend, wie es auf den ersten Blick scheinen mag, weil die Reinkarnation, wie sie von den großen mystischen Überlieferungen gelehrt wurde, ein sehr spezifischer Begriff ist. Sie bedeutet nämlich *nicht*, daß das *mentale Bewußtsein* durch verschiedene Leben wandert und sich daher unter besonderen Umständen – wie etwa unter Hypnose – an alle seine vergangenen Leben erinnern kann. Im Gegenteil, es ist die *Seele*, die eine Wanderung vollzieht, nicht das mentale Bewußtsein. Daher können wir auch nicht erwarten, daß die Reinkarnation sich durch angebliche Erinnerungen an vergangene Leben beweisen läßt, da Erinnerungen, Ideen, Kenntnisse usw. dem mentalen Bewußtsein angehören und nicht in ein neues Leben hinüberwandern. All dies wird zusammen mit dem Körper im Tod zurückgelassen. Möglicherweise können hin und wieder etliche Erinnerungen auftauchen, wie in den von Professor Ian Stevenson und anderen berichteten Fällen, doch diese wären eher die Ausnahme als die Regel. Es ist die Seele, die wandert, und die Seele ist nicht ein Paket von Erinnerungen, Ideen oder Glaubensinhalten.

Die meisten Zweige der Philosophia perennis stimmen darin überein, daß die Seele zwei bestimmende Grundmerkmale hat: Erstens ist sie der Speicher der »Tugend« eines Menschen bzw. ihres Mangels, das heißt des guten und schlechten Karmas. Zweitens ist sie die »Stärke« der Bewußtheit oder der Fähigkeit des Menschen, die phänomenale Welt ohne Verhaftung oder Abneigung zu »bezeugen«. Diese zweite Fähigkeit wird auch »Weisheit« genannt. Die Ansammlung beider – der Tugend und Weisheit – konstituiert die Seele, die als einzige wandert. Wer also behauptet, sich an ein vergangenes Leben zu »erinnern« – wo er lebte, womit er seinen Lebensunterhalt verdiente usw. –, erinnert laut allen großen Religionen oder Zweigen der Philosophia perennis nicht wirklich ein vergangenes Leben. Nur Buddhas oder Tulkus, heißt es, können sich an vergangene Leben erinnern. Sie sind die Ausnahmen von der Regel.

Reinkarnation als spirituelle Hypothese

Wenn angebliche Erinnerungen an vergangene Leben kein brauchbares Beweisstück für die Reinkarnation sind, auf welche anderen Indizien kann die Lehre sich stützen? Hier sollten wir bedenken, daß die Philosophia perennis ganz allgemein drei hauptsächliche und voneinander unterschiedene Arten der Erkenntnis und ihrer Verifizierung kennt: die sinnliche oder empirische, die verstandesmäßige oder logische und die spirituelle oder kontemplative Erkenntnis. Reinkarnation ist keine sinnliche oder rationale Hypothese und kann daher nicht durch sinnliche Wahrnehmung noch durch logische Schlußfolgerung erklärt oder verifiziert werden. Sie ist eine spirituelle Hypothese, die mit dem Auge der Kontemplation zu überprüfen ist, nicht mit dem Auge des Fleisches oder des verstandesmäßigen Denkens. Obgleich wir also keinen der üblichen Beweise finden werden, der uns von der Reinkarnation überzeugen könnte, werden wir, sobald wir Kontemplation üben und darin einigermaßen fortgeschritten sind, gewisse offenkundige Tatsachen bemerken, zum Beispiel, daß der Standort des Zeugen, also der Seele, an der Ewigkeit oder Grenzenlosigkeit teilzuhaben beginnt.

Die Seele hat etwas Zeitloses, das völlig klar und unverkennbar zutage tritt. Man beginnt die Ewigkeit buchstäblich zu »kosten« und ahnt, daß die Seele gewissermaßen außerhalb der Zeit, über der Geschichte, über Leben und Tod steht. Auf diese Weise erlangt man allmählich Gewißheit, daß die Seele nicht mit dem Körper oder dem mentalen Bewußtsein stirbt, daß sie vorher existiert hat und wieder existieren wird. Doch diese Gewißheit hat nichts zu tun mit Erinnerungen an vergangene Leben. Sie ist vielmehr ein Eingedenksein jenes Aspekts der Seele, der den Geist berührt und daher radikal und vollkommen ewig ist. Von daher wird es klar, daß, mit den Worten des großen vedantischen Sehers Shankara gesprochen, »einzig und allein Gott wandert« oder der Absolute Geist. Letztlich ist es das Buddha-Bewußtsein, das Eine und Einzige, das in all diesen Gestaltungen erscheint, das als all diese Seelen in eine neue Geburt eingeht. Auf den tieferen Stufen der Kontemplation ist diese Erkenntnis der Ewigkeit und des Geistes als unsterblich und unzerstörbar ganz deutlich zu spüren.

Dennoch ist es, gemäß den zeitlosen Lehren, nicht *nur* das Absolute, das wandert. Auch die einzelne Seele wandert, wenn sie nicht erleuchtet ist. Wenn die Seele erwacht oder sich in Geist auflöst, hört sie auf zu wandern. Sie ist »befreit«, oder sie erkennt, daß sie überall und in allen Dingen sich als Geist reinkarniert. Doch wenn die Seele nicht zum Geist erwacht, wenn sie nicht erleuchtet ist, dann wird sie wiedergeboren, und dabei nimmt sie ihre angesammelte Tugend und Weisheit mit, nicht besondere Erinnerungen ihres mentalen Bewußtseins. Und diese Kette der Wiedergeburten setzt sich fort, bis diese zwei Ansammlungen, Tugend und Weisheit, den entscheidenden Punkt erreichen, an dem die Seele erleuchtet wird oder sich im

Geist auflöst, befreit und dadurch die individuelle Seelenwanderung zu Ende bringt.

Selbst der Buddhismus, der die absolute Existenz der Seele leugnet, räumt der Seele eine relative oder konventionelle Existenz ein und gibt zu, daß diese relativ oder konventionell existierende Seele Wanderungen durchmacht. Wenn das Absolute oder *Sunyata* unmittelbar erfahren wird, dann hört die relative Seelenwanderung – und damit auch die getrennte Seele – auf. Man könnte jedoch meinen, daß ein Buddhist gegen unseren Gebrauch des Wortes *Seele* in diesem Kontext Einwände hätte, da diese Bezeichnung im allgemeinen die Bedeutung von etwas Unzerstörbarem, Ewigem hat. Diese Bedeutung aber scheint unvereinbar mit der buddhistischen Vorstellung, daß die Seele nur ein relatives, zeitlich befristetes Dasein besitzt. Betrachten wir die Lehren der Philosophia perennis jedoch genauer, dann löst dieser scheinbare Widerspruch sich auf.

Die zeitlose Weisheit lehrt, daß die Seele in der Tat unzerstörbar ist, doch wenn sie zur vollen Erkenntnis des Geistes gelangt, wird ihr Gefühl der Getrenntheit aufgelöst oder transzendiert. Die Seele bleibt immer noch die Individualität oder der Ausdruck dieser bestimmten Person, aber ihr Sein oder ihre Mitte verlagert sich in den Geist und löst damit ihre Illusion der Getrenntheit auf. Diese Lehre stimmt fast genau mit den höchsten Lehren des Buddhismus, dem *anuttaratantra yoga* oder der »höchsten Tantralehre«, überein, wonach es im Mittelpunkt des Herzchakras eines jeden Menschen den sogenannten »unzerstörbaren Tropfen« (oder Glanz) gibt. Nach der Lehre des Vajrayana ist es dieser unzerstörbare Tropfen, der wandert. Er ist nämlich wirklich unzerstörbar; sogar die Buddhas besitzen ihn, wie es heißt. Der unzerstörbare Tropfen soll der Sitz des sehr subtilen »Windes« (*rLung*) sein, der das »sehr subtile [oder kausale] Bewußtsein« nährt, das Bewußtsein der Erleuchtung oder des eigenen spirituellen Wesenskerns. Der Buddhismus steht daher im Einklang mit der Philosophia perennis, denn der unzerstörbare Tropfen ist die Seele, das Kontinuum, wie ich es definiert habe.

Die Stufen des Sterbeprozesses:
die Auflösung der Großen Daseinskette

Die verschiedenen Zweige der Philosophia perennis stimmen im großen und ganzen hinsichtlich der Stufen des Sterbeprozesses und der sie begleitenden Erfahrungen überein. Danach ist der Tod ein Prozeß, in dem die Große Daseinskette sich für den einzelnen Menschen sozusagen »von unten nach oben auflöst«. Das heißt, im Tod löst der Körper sich in das mentale Bewußtsein auf, dann löst dieses sich in die Seele auf, und die Seele löst sich schließlich in den Geist auf, wobei jede dieser Stufen durch besondere Ereignisse gekennzeichnet ist. Wenn der Körper sich zum Beispiel in das mentale Bewußtsein auflöst, so ist dies der tatsächliche physische Sterbeprozeß. Die Auflösung des mentalen Bewußtseins in die Seele ist ein Rückblick und »Urteil« über das ganze Leben. Die Auflösung der Seele in den Geist ist eine radikale Befreiung und Grenzüberschreitung. Dann kehrt der Prozeß sich sozusagen um, und die angesammelten karmischen Neigungen erzeugen eine Seele aus dem Geist, sodann ein mentales Bewußtsein aus der Seele, darauf einen Körper aus dem mentalen Bewußtsein, und danach vergißt man alle vorherigen Schritte und wird in einem physischen Körper wiedergeboren. Laut den Tibetern dauert dieser ganze Prozeß etwa neunundvierzig Tage.

Die tibetische Überlieferung enthält die umfangreichste und ausführlichste Beschreibung der Auflösungsstufen der Großen Daseinskette während des Sterbeprozesses. Bei den Tibetern haben die subjektiven Erfahrungen, die mit den acht Stufen der Auflösung einhergehen, eigene Bezeichnungen, wie »Trugbild«, »Rauch«, »Leuchtkäfer«, »Butterlampe«, »weiße Erscheinung«, »wachsendes Rot«, »schwarzes Beinahe-Erlangen« und »klares Licht«. Um diese Bezeichnungen zu verstehen, benötigen wir eine etwas präzisere und eingehendere Darstellung der Großen Kette. Statt also vereinfacht von Körper, mentalem Bewußtsein, Seele und Geist zu sprechen, werden wir diese Reihe ein wenig erweitern: Materie, Empfindung, Wahrnehmung, Reiz, übersinnlich, feinstofflich (subtil), kausal (oder nicht-manifestiert) und Geist (oder das Höchste).

Die erste Stufe des Sterbeprozesses setzt ein, wenn das Aggregat der Form oder Materie – die niedrigste Ebene der großen Kette – sich auflöst. Dafür gibt es fünf *äußere* Zeichen: Der Körper verliert seine physische Kraft; das Sehvermögen wird unklar und verschwommen; der Körper wird schwer und fühlt sich an, als würde er »versinken«; das Leben schwindet aus den Augen, und die Körperfarbe verliert ihren Glanz. Das *innere* Zeichen, das spontan mit den äußeren auftritt, ist eine »trugbildartige Erscheinung«, eine Art flimmerndes, fließendes Bild, wie eine Fata Morgana in der Wüste. Dies geschieht technisch gesehen deshalb, weil der »Wind« (*prana*) des Elements Erde sich im »Mittelkanal« aufgelöst hat und dadurch das Element Wasser vorherrscht. Daher kommt die fließende, trugbildartige Erscheinung.

Als nächstes löst das zweite Aggregat, die Empfindung, sich auf. Wieder gibt es dafür fünf äußere Zeichen: Man hat keine körperlichen, angenehmen oder unangenehmen Empfindungen mehr; die Körperflüssigkeiten vertrocknen (zum Beispiel wird die Zunge sehr trocken); man nimmt keine äußeren Geräusche mehr wahr, und auch innere Geräusche (zum Beispiel Ohrensausen) hören auf. Das innere Zeichen für diese zweite Auflösung ist eine »rauchartige Erscheinung« wie ein Nebel. Dies geschieht deshalb, weil das Element Wasser, das die trugbildartige Erscheinung verursachte, sich in das Element Feuer auflöst. Daher kommt die rauchartige Erscheinung.

Die dritte Stufe ist die Auflösung der dritten Ebene oder des dritten Aggregats, der Wahrnehmung oder Unterscheidung. Die fünf äußeren Zeichen sind die folgenden: Man kann keine Gegenstände mehr erkennen oder wahrnehmen; man erkennt keine Freunde oder Angehörigen mehr; die Wärme des Körpers schwindet (der Körper erkaltet); der Atem wird leicht und flach, und man nimmt keine Gerüche mehr wahr. Das innere Zeichen, das diese Stufe spontan begleitet, wird »Leuchtkäfer« genannt, weil diese Erscheinung wie ein Schwarm von Leuchtkäfern oder wie sprühende Funken eines Feuers beschrieben wird. Dies geschieht technisch deshalb, weil das Element Feuer sich aufgelöst hat und jetzt das Element Wind vorherrscht.

Die vierte Stufe ist die Auflösung des vierten Aggregats, der Impulse (oder »zweckbestimmten Bildungen«). Die fünf äußeren Zeichen dieser Auflösung sind die folgenden: Man kann sich nicht mehr bewegen (weil es keine Impulse mehr gibt); man kann sich keiner Handlungen oder ihrer Zwecke mehr erinnern; alles Atmen hört auf; die Zunge wird dick und blau, und man kann nicht mehr deutlich sprechen; man nimmt keinen Geschmack mehr wahr. Das innere Zeichen ist eine »Butterlampen-Erscheinung«, die als stetes, klares, helles Licht beschrieben wird. (An diesem Punkt treten Ähnlichkeiten mit der Nahtoderfahrung auf, die ich später besprechen werde.)

Um die fünften und folgenden Stufen der Auflösung zu verstehen, muß man etwas über tantrische Physiologie wissen. Der Vajrayana lehrt, daß alle mentalen Zustände – grobe, subtile und höchst subtile – durch entsprechende »Winde«, Energien oder Lebenskräfte (*prana* in Sanskrit, *rLung* in Tibetisch) genährt werden. Wenn diese Winde sich auflösen, löst sich auch das entsprechende mentale Bewußtsein auf. Stufe fünf ist die Auflösung der fünften Ebene oder des fünften Aggregats, des Erkenntnisvermögens oder des Bewußtseins selbst. Wie die Vajrayana-Lehren jedoch feststellen, gibt es viele Ebenen des Bewußtseins. Diese, die in das grobe, das subtile und das höchst subtile Bewußtsein eingeteilt werden, lösen sich nacheinander auf und bringen spezifische Zeichen und Erfahrungen hervor. Stufe fünf ist also die Auflösung des groben Bewußtseins mitsamt dem »Wind« oder *prana* (Lebenskraft), der es nährt. Es gibt daher keine grobe Begriffsbildung, kein gewöhnliches mentales Bewußtsein mehr.

In dieser fünften Stufe, nachdem das grobe Bewußtsein abgestorben ist und das subtile zu erscheinen beginnt, erlebt man einen Zustand des sogenannten »weißen Lichts«. Dies soll ein sehr helles, klares, weißes Licht sein, wie eine von einem schimmernden Vollmond erleuchtete klare Herbstnacht. Um jedoch die Ursache dieses weißen Lichts verstehen zu können, müssen wir den tibetischen Begriff *thig.le* einführen, der etwa soviel wie »Tropfen« oder »Essenz« bedeutet. In der Vajrayana-Lehre gibt es vier Tropfen oder Essenzen, die besonders wichtig sind. Einer von ihnen, der weiße Tropfen, soll sich auf dem Scheitelpunkt des Kopfes befinden. Man empfängt ihn vom Vater, und er soll *bodhicitta*, das erleuchtete Bewußtsein, darstellen oder sogar sein. Der zweite ist der rote Tropfen, den man von der Mutter empfängt; er befindet sich im Nabelzentrum. Der weiße Tropfen soll außerdem mit dem männlichen Samen, der rote Tropfen mit dem (Menstruations-)Blut in Verbindung stehen, aber de facto haben Männer und Frauen gleichermaßen an beiden Anteil. Der dritte, der sogenannte »Tropfen, der in diesem Leben unzerstörbar ist«, befindet sich in der Mitte des Herzchakras. Dieser Tropfen ist sozusagen die Essenz dieses individuellen Lebens. Er ist das »Kontinuum«, das alle Eindrücke und Erkenntnisse dieses besonderen Lebens speichert. Und *innerhalb* dieses »Tropfens, der in diesem Leben unzerstörbar ist«, befindet sich der vierte Tropfen, »der Tropfen, der ewig oder für immer unzerstörbar ist«. Dies ist der unzerstörbare Tropfen, der immer bestehen bleibt. Das heißt, er ist unzerstörbar durch dieses Leben, unzerstörbar durch den Tod und den Sterbeprozeß, unzerstörbar durch den *bardo* oder Zwischenzustand zwischen Tod und Wiedergeburt und durch die Wiedergeburt. Dieser Tropfen bleibt selbst in der Erleuchtung erhalten, ja, er ist der höchst subtile Wind, der als »Fassung« oder Grundlage des erleuchteten Seins dient. Wie ich oben erwähnt habe, sollen sogar die Buddhas diesen ewig unzerstörbaren Tropfen besitzen.

Bisher haben wir also die Auflösung aller groben Winde und der zu ihnen gehörenden groben Bewußtseinsformen gesehen. Damit ist das erste subtile Bewußtsein – jenes der »weißen Erscheinung« – aufgetreten und »reitet« auf einem entsprechend subtilen Wind oder einer subtilen Energie. Die aktuelle Ursache dieses Bewußtseins der weißen Erscheinung ist nach dieser Lehre der Abstieg des weißen Tropfens oder *bodhicitta* vom Scheitel in das Herzchakra. Gewöhnlich, so heißt es, wird der weiße Tropfen im Scheitelchakra durch einschnürende Knoten und Winde der Unwissenheit und des grobmateriellen Verhaftet-Seins und der Raffgier festgehalten. Doch auf dieser Stufe des Sterbeprozesses hat das grobe Bewußtsein sich aufgelöst, und daher lockern sich auch die Knoten um das Scheitelchakra, und der weiße Tropfen steigt zum unzerstörbaren Tropfen im Herzchakra hinab. Wenn er ihn erreicht hat, tritt spontan das Bewußtsein der weißen Erscheinung auf.

Wenn diese tibetischen Erklärungen der betreffenden Phänomene übrigens etwas weit hergeholt klingen, sollten wir bedenken, daß es eine riesige Menge kontemplativer Indizien gibt, die für die Existenz der verschiedenen Erfahrungen während des Sterbeprozesses sprechen. Die Erfahrungen sind wirklich und offenbar weitgehend unbestritten, aber es bleibt reichlich Spielraum für eine Auseinandersetzung mit den Ursachen, die ihnen in der tibetischen Überlieferung zugeschrieben werden. Darauf komme ich gleich noch zurück. Hier möchte ich die tibetische Fassung lediglich als Ausgangspunkt beschreiben.

Wir sollten auch bedenken, daß traditionelle Kulturen wie die tibetische im Unterschied zu unserer westlichen Kultur ständig mit dem Tod leben. Die Menschen sterben zu Hause, umgeben von ihren Angehörigen und Freunden. Die aktuellen Stufen des Sterbeprozesses sind daher tausend-, ja, millionenfach beobachtet worden. Dazu kommt, daß die Tibeter ein sehr tiefes Verständnis der spirituellen Dimension und ihrer Entwicklung haben, und daher besitzen sie einen unerhört reichen Schatz an Wissen und Weisheit über den Sterbeprozeß und seine Beziehung zur spirituellen Dimension, zur spirituellen Entwicklung, zu Karma und Wiedergeburt usw. Es liegt auf der Hand, daß es dumm wäre, wenn ein Forscher die von dieser Überlieferung angesammelten massenhaften Daten vom Tisch fegen würde.

Berichten wir jedoch weiter über die Stufen des Sterbeprozesses. Auf Stufe fünf lösen sich das subtile Bewußtsein und sein Wind auf, und ein noch subtileres Bewußtsein, »wachsendes Rot« genannt, tritt auf. Wachsendes Rot ist auch eine Erfahrung eines hell glänzenden Lichts, doch in diesem Fall ist es, wie wenn ein klarer Herbsttag von hellem Sonnenlicht durchflutet wird. Vom technischen Standpunkt geschieht dies, weil die groben, lebenserhaltenden Winde sich aufgelöst haben, und so werden alle Knoten und Einschnürungen um den Nabel, die den roten Tropfen, *bodhicitta*, am Nabel festhielten, gelöst oder gelockert, und der rote Tropfen steigt zum unzerstörbaren Tropfen im Herzen auf. Wenn er ihn erreicht, tritt spontan das Bewußtsein des wachsenden Rots auf.

Stufe sieben ist die Auflösung des subtilen Bewußtseins des wachsenden Rots und das Erscheinen eines noch subtileren Bewußtseins

und Windes, welches »das mentale Bewußtsein des schwarzen Beinahe-Erlangens« genannt wird. Auf dieser Stufe schwindet jegliches Bewußtsein, und jede Manifestation löst sich auf. Außerdem
kommen alle spezifischen Bewußtseinsformen und Energien, die in
diesem Leben entfaltet wurden, zum Stillstand. Diese Erfahrung, so
heißt es, ist die einer völlig schwarzen Nacht ohne Sterne oder Licht.
Es wird »Beinahe-Erlangen« genannt, weil es die letzte Stufe sozusagen »beinahe« erreicht hat: die klare, helle Leere. Mit anderen
Worten, diese Stufe kann als die höchste der subtilen oder die niedrigste der kausalen betrachtet werden, oder als die unmanifestierte
Dimension des Geistes. Technisch gesehen tritt die »Schwärze« auf,
weil der weiße Tropfen von oben und der rote von unten jetzt den
unzerstörbaren Tropfen umgeben und damit jede Bewußtheit ab-
schneiden.

Auf der nächsten und letzten Stufe jedoch – Stufe acht – bewegt der
weiße Tropfen sich weiter abwärts und der rote weiter aufwärts, und
damit befreien oder öffnen sie den unzerstörbaren Tropfen. Dann,
so heißt es, erfolgt eine Periode außerordentlicher Helligkeit und
klarer Bewußtheit, die man wie einen ungemein klaren, hellen und
leuchtenden Himmel erlebt, makellos, ohne Wolken oder irgend-
welche Hindernisse. Dies ist das klare Licht.

Das Bewußtsein des klaren Lichts, so wird gelehrt, ist aber kein
subtiles, sondern ein noch subtileres Bewußtsein, und es beruht auf
einem entsprechenden höchst subtilen Wind oder einer höchst subtilen Energie. Dieses höchst subtile oder »kausale« Bewußtsein und
seine Energie sind in der Tat Bewußtsein und Energie des ewig
unzerstörbaren Tropfens. Dies ist der Kausalkörper oder das höchste spirituelle Bewußtsein, die höchste spirituelle Energie, *Dharmakaya*. An diesem Punkt scheidet der ewig unzerstörbare Tropfen den
lebenszeitlich unzerstörbaren Tropfen aus. Alles Bewußtsein hört
auf, und die Seele, der ewig unzerstörbare Tropfen, tritt in die Bardo-Erfahrung oder die Zwischenzustände ein, die schließlich zur
Wiedergeburt führen. Der weiße Tropfen steigt weiter abwärts und
erscheint als ein Samentropfen auf dem Sexualorgan, und der rote
Tropfen steigt weiter aufwärts und erscheint als ein Blutstropfen an
den Nasenflügeln. Der Tod ist schließlich eingetreten, und über den

Leichnam kann jetzt verfügt werden. Tut man dies vor diesem Zeitpunkt, macht man sich karmisch des Mordes schuldig, da der Körper noch lebt.

Stufen im Prozeß der Wiedergeburt

Was wir bisher gesehen haben, ist die progressive Auflösung der Großen Daseinskette bei einem Menschen, fortschreitend von unten nach oben. Materie oder Form lösten sich in den Körper (oder in Empfindung, dann Wahrnehmung, dann Impulse) auf, und der Körper löste sich in das mentale oder grobe Bewußtsein auf. Das grobe löste sich dann in das subtile Bewußtsein oder in die Seelensphären auf, und die Seele ging dann in die kausale oder spirituelle Essenz über. An diesem Punkt kehrt der Prozeß sich um, je nach dem Karma der Seele, also der von ihr mitgenommenen Ansammlung von Tugend und Weisheit. Daher wird die Bardo-Erfahrung in drei Grundbereiche oder Stufen eingeteilt: die Sphäre des Geistes, die Sphäre des mentalen Bewußtseins und die Sphäre des Körpers und der Materie. Die Seele wird, je nach ihrer Tugend und Weisheit, entweder die höheren Dimensionen erkennen und so in ihnen verbleiben, oder sie wird sie nicht erkennen, ja, sogar vor ihnen fliehen, und so wird sie schließlich die Große Daseinskette »abwärts« laufen, bis sie gezwungen wird, einen grobstofflichen, physischen Körper anzunehmen und auf diese Weise wiedergeboren zu werden.

An diesem Punkt des wirklichen oder endgültigen Todes, den wir die achte Stufe des gesamten Sterbeprozesses genannt haben, tritt die Seele oder der ewig unzerstörbare Tropfen in den sogenannten *chikhai bardo* ein, der nichts anderes ist als *Dharmakaya*, der Geist selbst. Wie es im Tibetischen Totenbuch heißt: »In diesem Augenblick dämmert allen empfindenden Wesen erstmals der Bardo des Klaren Lichts der Wirklichkeit, das unfehlbare Bewußtsein des Dharmakaya.«

Dies ist der Punkt, wo Meditation und spirituelle Arbeit ungemein wichtig werden. Die meisten Menschen sind laut dem Tibetischen

Totenbuch nicht in der Lage, diese Stufe zu erkennen. Christlich ausgedrückt, kennen sie Gott nicht, und daher erkennen sie ihn auch nicht, wenn sie ihm von Angesicht zu Angesicht gegenüberstehen. Sie sind in diesem Augenblick sogar eins mit Gott; sie befinden sich gänzlich und vollkommen in höchster Identität mit der Gottheit. Aber wenn sie diese Identität nicht erkennen, wenn sie nicht kontemplativ geschult sind, um diesen Zustand der göttlichen Einheit zu erkennen, werden sie davor fliehen, angetrieben von ihrem niedrigeren Begehren und ihren karmischen Anlagen. Wie W.Y. Evans-Wentz, der erste Übersetzer des Tibetischen Totenbuchs, es formuliert hat: »Weil sie nicht vertraut sind mit einem solchen Zustand, der ein ekstatischer, ichloser Zustand des [kausalen] Bewußtseins ist, fehlt dem Durchschnittsmenschen die Kraft, sich darin zurechtzufinden. Karmische Neigungen verdunkeln das Bewußtseinsprinzip mit Gedanken der Persönlichkeit, des individuellen Seins, der Zweiheit, und sein Gleichgewicht verlierend, fällt das Bewußtseinsprinzip vom Klaren Licht ab.«

So zieht sich die Seele von der Gottheit, von Dharmakaya, vom Kausalbereich zurück. Ja, es heißt, daß die Seele vor der Verwirklichung der göttlichen Einheit geradezu zu flüchten versucht und sozusagen »in Ohnmacht fällt«, bis sie in der nächstniedrigen Sphäre erwacht, im sogenannten *chonyid bardo*, der subtilen Dimension, *Sambhogakaya*, der archetypischen Dimension. Diese Erfahrung ist von vielfältigen übersinnlichen und subtilen Visionen gekennzeichnet, Visionen von Göttern und Göttinnen, *dakas* und *dakinis*, und alle sind von blendenden, beinahe schmerzhaft hellen Lichtern, Erleuchtungen und Farben begleitet. Doch wiederum sind die meisten Menschen diesen Zustand nicht gewohnt und haben keine Ahnung vom transzendentalen Licht und von göttlicher Erleuchtung, und daher fliehen sie vor diesen Phänomenen und werden von den niedrigeren oder unreinen Lichtern angezogen, die ebenfalls auftreten.

So zieht die Seele sich wieder innerlich zusammen, sucht von diesen göttlichen Visionen fortzukommen, fällt neuerlich in Ohnmacht und wacht im sogenannten *sidpa bardo* auf, in der grob-reflektierenden Sphäre. Hier empfängt die Seele schließlich eine Vision ihrer künftigen Eltern im Akt der Begattung, und im guten alten Freudschen Stil empfindet sie, wenn sie ein Junge wird, ein Verlangen nach der Mutter und einen Haß auf den Vater, und wenn es ein Mädchen wird, empfindet sie Haß gegen die Mutter und eine Hinneigung zum Vater. (Meines Wissens ist dies die erste eingehende Erklärung des Ödipus/Elektra-Komplexes, rund tausend Jahre vor Freud, wie Jung selbst bemerkte.)

Auf dieser Stufe, so heißt es, greift die Seele aus Eifersucht und Neid in ihrer Vorstellung ein, um Vater und Mutter zu trennen, um sich zwischen sie zu stellen, jedoch mit dem Ergebnis, daß sie wirklich zwischen sie gerät, das heißt, sie wird von ihnen wiedergeboren. Jetzt hat sie Verlangen, Abneigung, Bindung, Haß und einen grobstofflichen Körper. Mit anderen Worten, sie ist ein Mensch geworden. Sie steht wieder auf der niedrigsten Stufe der Großen Daseinskette, und ihr Wachstum und ihre Entwicklung werden darin bestehen, die Stufen zurückzuklettern, die sie eben verweigert hat und vor denen sie geflohen ist. Ihre Evolution ist sozusagen eine Umkehr ihres »Falles«. Wie weit sie in der Großen Daseinskette zurückgelangt, wird darüber entscheiden, wie sie sich im Sterbeprozeß und in den Bardozuständen verhält, wenn wiederum die Zeit gekommen ist, ihren physischen Körper abzulegen.

Deutung der subjektiven Todes- und Wiedergeburtserfahrung

Die kontemplativen Indizien sprechen entschieden dafür, daß die Daten, die aktuellen Erfahrungen, die den Sterbeprozeß begleiten – wie die »weiße Erscheinung«, das »wachsende Rot«, das »schwarze Beinahe-Erlangen«, oder welche Bezeichnungen wir auch verwenden mögen –, wirklich existieren. Ein weiteres Indiz für ihre Realität ist in der Tatsache zu sehen, daß sie ontologische Bezüge in den höheren Dimensionen der Großen Daseinskette haben. Die eben erwähnten drei Erfahrungen beziehen sich zum Beispiel auf die respektiven Strukturen oder Bewußtseinsebenen, die ich die übersinnliche, die subtile und die kausale genannt habe. Sie beziehen sich sogar höchst präzise auf diese Ebenen, trotz der unterschiedlichen und legitimen Erklärungen, die man ihnen auch geben könnte. Meiner Ansicht nach sind die Ebenen daher wirklich, sie nehmen einen aktuellen und bestimmten ontologischen Rang ein, und deshalb sind auch die Erfahrungen auf diesen Ebenen selbst wirklich. Das heißt jedoch nicht, daß sie für individuelle Menschen nicht ganz unterschiedlich sein können.

So würde ein Buddhist die Erfahrung der »weißen Erscheinung« wahrscheinlich als eine Art Leere- oder *sunyata*-Erfahrung erleben, während ein christlicher Mystiker sie in Gestalt einer heiligen Präsenz, möglicherweise des Christus selbst oder eines großen Lichtwesens sehen würde. Und das ist genau so, wie es sein sollte. Denn solange der »lebenszeitlich unzerstörbare Tropfen« – die in diesem Leben angesammelten Eindrücke und Glaubensinhalte – sich auf Stufe sieben, wie wir sie genannt haben, nicht auflöst, wird er auf alle Erfahrungen abfärben und sie formen. Ein Buddhist wird daher eine buddhistische Erfahrung machen, ein Christ eine christliche, ein Hindu eine hinduistische, und ein Atheist wird vermutlich in äußerste Verwirrung geraten. All dies ist so, wie man es erwarten würde. Erst auf Stufe acht, in der Leere des klaren Lichts oder der reinen Gottheit, legt man die persönlichen Deutungen und subtilen Glaubensüberzeugungen ab und empfängt eine unmittelbare Erkenntnis der reinen Wirklichkeit als klares Licht. Die tibetische Erklärung dieser Daten ist nicht die einzig mögliche; sie stellt jedoch eine von mehreren sehr bedeutenden Reflexionen oder Perspektiven des Prozesses des Sterbens, des Todes und der Wiedergeburt dar und gründet in einem tiefen Verständnis der Großen Daseinskette, sowohl des »Aufstiegs« (Meditation und Tod) wie des »Abstiegs« (Bardo und Wiedergeburt).

Nahtoderfahrung und die Stufen des Sterbeprozesses

Das am häufigsten vorkommende Phänomen in westlichen Berichten über Nahtoderfahrungen (NTEs) ist der Durchgang durch einen Tunnel und danach der Anblick eines strahlenden Lichts, oder die Begegnung mit einem großen Lichtwesen von unerhörter Weisheit, Intelligenz und Seligkeit. Der religiöse Glaube des Individuums spielt hier keine Rolle; Atheisten machen diese Erfahrung ebensooft wie echte Gläubige. Diese Tatsache legt an sich schon die Vorstellung nahe, daß man im Sterbeprozeß wirklich mit den subtileren Dimensionen des Daseins Kontakt aufnimmt.

Vom Standpunkt des von uns referierten tibetischen Modells, könnte das in den NTEs beschriebene »Licht«, je nach seiner Intensität oder Klarheit, die Ebene der Butterlampe, der weißen Erscheinung oder des wachsenden Rots sein. Der springende Punkt ist der, daß auf dieser Stufe im Todesprozeß der grobe Intellekt und Körper oder die groben Winde und Energien sich aufgelöst haben und daher die subtileren Dimensionen des Bewußtseins und der Energie hervortreten, die durch strahlende Leuchtkraft, Bewußtseinsklarheit und Weisheit gekennzeichnet sind. So nimmt es nicht wunder, daß Menschen auf der ganzen Welt, unabhängig von ihrem Glauben, über eine Lichterfahrung an diesem Punkt berichten. Viele Menschen mit NTE-Erlebnissen glauben, daß das Licht, das sie gesehen haben, der absolute Geist sei. Wenn das tibetische Modell jedoch stimmt, dann ist das, was diese Menschen in ihrer NTE gesehen haben, allerdings nicht die höchste Ebene. Jenseits der weißen Erscheinung oder des wachsenden Rots gibt es das schwarze Beinahe-Erlangen, und danach kommen die Bardo-Zustände.

Die Erfahrung des subtilen Lichts ist sehr angenehm, ja, wunderbar beseligend. Aber wir müssen bedenken, daß sämtliche Erfahrungen bis zu diesem Punkt vom »lebenszeitlich unzerstörbaren Tropfen« geformt wurden, und daher sehen Christen, wie schon bemerkt, vielleicht Christus, Buddhisten Buddha usw. All dies ist sinnvoll, weil die Erfahrungen dieser Sphären von den Erfahrungen des gegenwärtigen Lebens geprägt sind. Aber dann, auf Stufe acht, läßt man den »lebenszeitlich unzerstörbaren Tropfen« samt aller persönlichen Erinnerungen, Eindrücke und Einzelheiten dieses Lebens hinter sich, und der »ewig unzerstörbare Tropfen« tritt aus dem Körper aus und geht in den Bardo ein. Und darauf beginnt die Bewährungsprobe des Bardos – ein wahrer Alptraum, wenn man mit diesen Zuständen durch Meditation nicht sehr vertraut ist.

Die Sterbeerfahrung und die NTE sind in einem gewissen Sinn tatsächlich ein großes Vergnügen. Weltweit wird berichtet, daß der Prozeß selig, friedlich, außerordentlich sei, wenn man den Schrecken des Todes einmal überwunden hat. Doch wenn der »Aufstieg« vollendet ist, beginnt der »Abstieg« oder Bardo – und hier ist der Haken. Denn an diesem Punkt treten einem die eigenen karmischen Anlagen, alle Bindungen, Begehren und Ängste unmittelbar vor Augen, sozusagen wie in einem Traum, in dem alles, was man denkt, unverzüglich als Wirklichkeit erscheint.

Daher hört man nichts über diese »Abwärtsseite« des Todesprozesses von den Menschen mit NTE. Sie haben nur die frühen Stadien des gesamten Prozesses ausprobiert. Trotzdem ist ihr Zeugnis ein gewichtiges Indiz dafür, daß dieser Prozeß tatsächlich stattfindet. Alles stimmt mit bemerkenswerter und unverkennbarer Präzision überein. Ihr Zeugnis läßt sich überdies nicht mit der Behauptung abtun, daß sie alle den tibetischen Buddhismus studiert hätten. Die meisten von ihnen hatten noch nie davon gehört. Doch im wesentlichen haben sie ähnliche Erfahrungen gemacht wie die Tibeter, weil diese Erfahrungen die universale, kulturüberschreitende Realität der Großen Daseinskette spiegeln. Jetzt scheint es so zu sein, daß es einfach keine andere Lesart der wahrhaft umfangreichen Daten gibt, die über diesen Gegenstand gesammelt wurden.

Meditation als Einübung des Todes

Welchen Platz hat die Meditation in all dem? Jede Form der Meditation ist im Grunde ein Weg, das Ich zu transzendieren oder dem Ich zu sterben. In diesem Sinn ahmt sie den Tod nach, das heißt, den Tod des Ichs. Wenn man in *irgendeinem* Meditationssystem einigermaßen weit fortgeschritten ist, kommt man an einen Punkt, wo man das Bewußtsein und den Körper so ausgiebig »bezeugt« hat, daß man über Bewußtsein und Körper hinausgeht, diese transzendiert. So »stirbt« man dem Ich und erwacht als feinstoffliche Seele oder sogar Geist. Dies wird tatsächlich als ein Tod erlebt. Im Zen-Buddhismus nennt man ihn den Großen Tod. Er kann eine eher leichte Erfahrung sein, ein relativ friedliches Überschreiten des Subjekt-Objekt-Dualismus, oder – weil er eine Art von echtem Tod ist – kann er auch schrecklich sein. Doch ob subtil oder dramatisch, schnell oder langsam, das Gefühl, ein getrenntes Selbst zu sein, stirbt oder löst sich auf, und man findet eine ursprünglichere und höhere Identität im universalen Geist oder als dieser Geist.

Meditation kann aber auch eine Einübung des wirklichen Todes sein. In den Zen-Lehren heißt es: »Wenn du stirbst, bevor du stirbst, wirst du nicht sterben, wenn du stirbst.« Manche Meditationssysteme, insbesondere die der Sikh-Tradition (die Radhasoami-Heiligen) und des Tantrismus (im Hinduismus und Buddhismus), enthalten sehr präzise Meditationen, die die verschiedenen Stufen des Sterbeprozesses genau nachahmen oder herbeiführen, wie das Anhalten des Atems, das Erkalten des Körpers, die Verlangsamung und manchmal der Stillstand des Herzschlags und dergleichen. Der tatsächliche physische Tod ist dann keine große Überraschung, und man kann die Zwischenstufen des Bewußtseins, die nach dem Tod auftreten – die Bardos –, viel leichter nutzen, um zu erleuchteter Erkenntnis zu gelangen. Der Sinn dieser Meditation liegt darin, daß sie einen befähigt, den Geist zu erkennen, so daß man, wenn Körper, mentales Bewußtsein und Seele im aktuellen Sterbeprozeß vergehen, den Geist oder *Dharmakaya* erkennen kann und in diesem verharrt, statt vor ihm zu fliehen und wieder in Samsara, der Illusion einer getrennten Seele, eines getrennten Intellekts und Körpers, zu landen; oder in der Lage zu sein, sofern man die Wahl trifft, noch einmal in einen Körper einzugehen, dies bewußt zu tun, nämlich als ein Bodhisattva.

Diese Meditationen, die den Tod nachahmen, bedrohen nicht wirklich das Leben. Der Körper stirbt nicht in Wirklichkeit und macht die konkreten Stadien des Todes nicht durch. Es ist vielmehr so, wie wenn man den Atem anhält, um zu erleben, wie das ist. Man hört nicht für immer zu atmen auf. Aber einige Zustände, die durch diese Meditationen hervorgerufen werden können, sind Imitationen des Eigentlichen, die es allerdings in sich haben. So kann etwa der Herzschlag, wie auch der Atem, tatsächlich für eine längere Periode zum Stillstand kommen. Auf diese Weise ist es zum Beispiel möglich, festzustellen, daß die »Winde« in den Mittelkanal eingetreten sind und dort bleiben. Man »imitiert« den Tod, jedoch so, daß man tatsächlich, wenngleich befristet, dieselben Winde zur Auflösung bringt, die im Tode aufgelöst werden. Dies ist eine sehr konkrete und wirkliche Imitation.

In welchem Bezug zur Meditation stehen die verschiedenen im Tantra beschriebenen Winde oder Energien nun genau? Die zentrale Vorstellung im gesamten Tantra, ob hinduistisch, buddhistisch, gnostisch oder Sikh, ist die, daß jeder Bewußtseinszustand – mit anderen Worten: jede Ebene der Großen Daseinskette – außerdem eine eigene, nährende Energie, *prana* oder Wind besitzt. (Die tibetische Variante dieser Lehre haben wir bereits untersucht.) Wenn man daher lernen kann, diese Winde oder Energien zu beherrschen, kann man die auf ihnen »reitenden« Bewußtseinsformen transzendieren. Das ist das allgemeine Prinzip von *pranayama*, Atem- oder »Wind«-Kontrolle. Doch da das Bewußtsein den Wind reitet, sammeln sich auch die Winde dort, wohin man das Bewußtsein lenkt. Wenn also ein Meditierender sich sehr stark auf das Scheitelchakra konzentriert, dann wird der Wind oder die Energie die Neigung zeigen, sich dort zu sammeln und sich sodann aufzulösen.

Dies bedeutet, daß das Bewußtsein, auf welcher Ebene auch immer, die mit ihm verbundenen Winde bis zu einem gewissen Grad beherrschen kann. Durch Bewußtseinstraining und Konzentration kann man daher lernen, Winde oder Energien an bestimmten Orten zu sammeln und sie dann dort aufzulösen. Und diese Auflösung ist genau derselbe Prozeß, der im Tod stattfindet. Man erfährt also auf eine sehr konkrete Weise, was geschieht, wenn all die verschiedenen Winde sich im Tod auflösen, angefangen bei den groben Winden und weiter, wenn die subtilen Winde sich auflösen, so daß die höchst subtilen Winde oder der kausale Wind und das Bewußtsein des klaren Lichts, das ihn reitet, übrigbleiben. Indem man diese Erfahrungen des Sterbeprozesses aus freiem Willen herbeiführt, weiß man bei Eintritt des Todes genau Bescheid, was die Auflösung der Winde bewirken wird.

Diese Form der Übung verleiht auch die Fähigkeit, jeden Zustand zu verlängern, insbesondere die subtileren Zustände, wie diejenigen der weißen Erscheinung, des wachsenden Rots, des schwarzen Beinahe-Erlangens und des klaren Lichts, weil man sie mehr oder weniger gemeistert hat. Dann, wenn der Todesprozeß wirklich an seinem Endpunkt – Stufe acht – angelangt ist, beim Eintritt in den *chikhai bardo*, den *Dharmakaya*, kann man dort verbleiben, wenn man sich dafür entscheidet. Dieser Zustand des klaren Lichts ist sehr klar und einsichtig und leicht zu erkennen, weil man ihn viele Male in der Meditation und im Bewußtsein des Guru erlebt hat. So geht man darin ein und wird auf diese Weise von der Notwendigkeit der Wiedergeburt befreit. Man kann sich jedoch dafür entscheiden, in einem physischen Körper wiedergeboren zu werden, um anderen zu helfen, dieselbe Erkenntnis und Freiheit zu gewinnen.

Eine übliche Technik, mit der man an einer bestimmten Körperstelle Winde sammeln und auflösen kann, ist die Konzentration auf den »roten Tropfen« im Nabelzentrum (die Quelle des sogenannten *tummo*, des »Feuers«). Man konzentriert sich einfach auf diesen Gegenstand, indem man sich einen feurig roten Tropfen von der Größe einer kleinen Erbse vorstellt, bis man imstande ist, sich in ununterbrochener Aufmerksamkeit dreißig oder vierzig Minuten darauf zu konzentrieren. Dann werden die Körperenergien an dieser Stelle so stark konzentriert, daß der Atem verebbt und ganz leise wird, bis er fast nicht mehr wahrnehmbar ist. Alle Winde oder Energien des Körpers werden von ihrer normalen Funktion abgezogen und dort gesammelt. Dies ist sehr ähnlich, wie wenn die Winde sich auflösen oder zurückgezogen werden, wie es im Tod wirklich geschieht. Wenn man fortfährt, sich meditativ zu konzentrieren, wird man der Reihe nach alle Zeichen des Sterbeprozesses erleben, auch die trugbildartige Erscheinung, die Rauch-Erscheinung, die Leuchtkäfer-Erscheinung und die Butterlampen-Erscheinung.

Wenn die Winde oder Energien des Körpers an diesem Punkt beginnen, sich im Herzen zu sammeln und zu vergehen wie im wirklichen Tod, wird man die Ebenen des subtilen Bewußtseins, die Bewußtseinsform der weißen Erscheinung, dann des wachsenden Rots und danach des schwarzen Beinahe-Erlangens erfahren. Dann werden durch die Kraft von Meditation und spirituellen Segnungen alle Winde oder Energien sich schließlich in den unzerstörbaren Tropfen im Herzen auflösen, und man wird die Leere des klaren Lichts erleben, die letzte spirituelle Dimension und Realisation. Kurzum, diese Form der Meditation ist eine vollkommene Nachahmung des Sterbeprozesses. Und wieder geht es nur darum, daß man meditative Weisheit und Tugend entwickelt, indem man sich mit dem klaren Licht vertraut macht, so daß man beim wirklichen Tod im klaren Licht bleiben und so die endgültige Befreiung erlangen kann.

Was lebt weiter? Die Lehren des tibetischen Buddhismus

SOGYAL RINPOCHE

Jeder von uns hegt im Innersten den Wunsch zu leben und weiter-
zuleben. Vielleicht ist dies ein Zeichen dafür, daß wir alle im Grunde eine Ahnung haben, daß das Leben nach dem Tod weitergeht.
Wenn das Leben oder das Bewußtsein den Tod nicht überdauerte,
hätte das Leben keinen Sinn, und es gäbe letztlich keine Gerechtigkeit. Trotzdem glauben viele Menschen, daß das Leben nach dem
Tod nicht weitergeht. Doch wie wir so oft im Leben feststellen, hat
das, was wir glauben, oft wenig oder gar nichts mit der Wirklichkeit
zu tun.

Manche gebrauchen das Argument, daß sie kein vergangenes Leben
gehabt haben können, da sie sich an keines erinnern. Ihr mangelndes
Gedächtnis beweist jedoch nicht unbedingt, daß sie nicht schon
einmal gelebt haben. So kann man zum Beispiel in diesem Leben
einmal durch eine Erfahrung von ungeheurem Schmerz hindurchgegangen sein. Wenn man mittendrin steht, erscheinen alle Einzelheiten sehr unmittelbar und wirklich; aber nun, da alles so lange
vorbei ist, erinnert man sich nicht nur kaum daran, sondern man hat
sogar das Gefühl, als sei dies alles jemand anderem passiert. Und
dennoch ist man dieselbe Person. Ebenso weist das Bewußtsein
verschiedene Übergänge und Gedächtnislücken auf, ob man sich
daran erinnert oder nicht. Obwohl man seine Identität verliert, wenn
man stirbt, ist man immer noch dieselbe Person. Wenn Du Deinen
Paß verlierst, heißt das nicht, daß Du aufhörst zu existieren!

Wenn es ein Weiterleben nach dem Tod gibt, dann lautet die eigentliche Frage: Was lebt weiter? Oder welche Art von Bewußtsein lebt
weiter? Das Wichtigste, worum es hier geht, die Wesenserkenntnis
des Bewußtseins, wurde im Westen noch nicht wissenschaftlich
erforscht. Die meisten Forscher beschränkten sich darauf, die Pro-

jektionen des Bewußtseins zu betrachten statt das projizierende Bewußtsein. Denn das, was leidet, und das, was glücklich ist, ist das Bewußtsein. Das, was stirbt, ist das Bewußtsein, und das, was weiterlebt, ist das Bewußtsein. Deshalb steht im Zentrum der gesamten buddhistischen Lehre die Erkenntnis der wahren Natur unseres Bewußtseins.

Das Tibetische Totenbuch ist im Westen inzwischen recht bekannt geworden, aber ohne ein Verständnis dessen, was hinter diesen Lehren steht, kann es einigermaßen verwirrend sein. Es bildet nur einen Teil des vollständigen Lehrzyklus des hervorragenden Lehrmeisters Padmasambhava, der von den Tibetern als ein »zweiter Buddha« betrachtet wird, denn er brachte den Buddhismus nach Tibet und in den Himalaya. Diese besonderen Lehren zeigen, wie das verwirrte Bewußtsein durch die Erkenntnis seines Wesens »in die ursprüngliche Natur des Buddha-Bewußtseins befreit« werden kann.

Der echte Titel des von W.Y. Evans-Wentz, dem Herausgeber der ersten englischen Ausgabe, so bezeichneten *Tibetanischen Totenbuchs* lautet *Die Große Befreiung durch Hören im Bardo*. Das tibetische Wort *bardo* bedeutet einfach Übergang oder Zwischenraum zwischen zwei Wirklichkeiten. Padmasambhava drückte das ganze Spektrum von Leben und Tod im Kontext von sechs Bardos, drei des Lebens und drei des Todes, aus. Für jeden Bardo gibt es eine Reihe von Lehren und darauf bezogene Meditationsübungen. In diesen Zwischenräumen besteht auf besondere Weise die Möglichkeit, daß das Wesen des Bewußtseins sich offenbart.

Tatsächlich ist es so, daß wir auf Schritt und Tritt Bardo-Erfahrungen machen. Die Lehren des tibetischen Buddhismus' zielen darauf ab, uns zu zeigen, wie wir diese Gelegenheiten des Erwachens, die sich im Leben und Tod ständig bieten, wahrnehmen können.

Die von Padmasambhava dargelegten drei Bardos des Lebens sind die folgenden:

1. das gewöhnliche Bewußtsein vom Augenblick unserer Geburt bis zum Tod, also dieses Leben,
2. der Schlaf- und Traumzustand,
3. der meditative oder höhere Bewußtseinszustand.

Die drei Bardos des Todes lauten:

1. der Augenblick des Todes, das heißt, die Zeit zwischen dem Einsetzen des Sterbeprozesses und seiner Vollendung im Tod,

2. *Dharmata* – »die Wesensessenz der Dinge, wie sie sind«, wenn das Wesen des Bewußtseins sich in Form von Visionen manifestiert,

3. das Werden; von der Zeit an, wenn das Bewußtsein den Körper verläßt, bis zur nächsten Wiedergeburt.

Die Botschaft, die im Tibetischen Totenbuch immer wieder anklingt, ist die Notwendigkeit, sich jetzt, in diesem Leben, auf den Tod vorzubereiten. Die buddhistische Schulung legt besonderen Wert auf zwei Faktoren: die Wesenserkenntnis des Bewußtseins auf einer absoluten Ebene und die Notwendigkeit, die Wirkung des Karmas auf einer relativen Ebene zu beobachten und richtig zu bewerten.

Aus buddhistischer Sicht hat das Bewußtsein zwei Aspekte: das »gewöhnliche Bewußtsein«, tibetisch *sem*, und das »fundamentale Bewußtsein« oder die Bewußtseinsklarheit, *rigpa* genannt. Das gewöhnliche Bewußtsein, *sem*, beinhaltet unser Selbstgefühl, von dem wir möchten, daß es fortdauert. Weil wir selbst fortdauern möchten, wünschen wir uns fälschlich, daß das gewöhnliche Bewußtsein weiterleben möge, weil dieses das einzige Zeichen unserer Existenz ist, das wir besitzen. In Wirklichkeit gibt es jedoch noch einen anderen Aspekt unseres Selbst, den wir nicht erkannt haben und der jenseits des gewöhnlichen Bewußtseins liegt. Dieser ist unser wahres Wesen, und er lebt nach dem Tod des Körpers und des gewöhnlichen Bewußtseins weiter. In der buddhistischen Lehre, Meditation und Praxis geht es nur darum, unser wahres Wesen zu erkennen, das Geburt und Tod transzendiert. Wer diese Lehren und Übungen meistert und das Wesen des Bewußtseins erkennt, ist vorbereitet, wenn der Übergang stattfindet. Dann kann man, wenn der Tod kommt, dieses Leben mit mehr Zuversicht loslassen, da man weiß, daß man in Wirklichkeit gar nichts verliert, sondern nur gewinnt.

In allen Religionen findet sich die Vorstellung, daß jeder Mensch eine angeborene Wesensqualität des Guten besitzt. Die Buddhisten nennen dieses wesenhafte Gute »Buddha-Natur« und sind der Meinung, daß der ganze Prozeß unserer Evolution darauf abzielt, dieses grundlegende Gute aufzudecken oder zu befreien. Wann immer wir eine positive Tat vollbringen, führt sie uns näher an dieses Ziel heran, während unsere negativen Taten es behindern und verdunkeln. Der Grund, warum wir in diesem Leben leiden, ist der, daß wir unserem wahren Wesen untreu sind. Doch gleichzeitig ist das Leiden auch eine Lehre, die auf diese Tatsache hinweist. Manchmal sieht es so aus, als würden uns in unserem Leben gerade deshalb Leiden auferlegt, damit wir das wesenhaft Gute in uns befreien, denn sonst wäre die Evolution ohne Sinn und Zweck. Das heißt, wenn es keinen Zweck für unser Leiden gäbe, wären wir gezwungen, das Leben als sinnlos oder als einen Scherz zu betrachten.

Das Wichtigste der Reinkarnationslehre ist das Prinzip des Karmas. Karma und Wiedergeburt sind nicht einfach Theorien eines vorbestimmten Schicksals, sondern unsere Zukunft liegt in Wirklichkeit in unserer eigenen Hand und in unseren Taten. Wie der Buddha sagte: »Wenn du dein vergangenes Leben wissen willst, schau deine gegenwärtige Lage an. Wenn du dein künftiges Leben wissen willst, schau deine gegenwärtigen Taten an.« Mit anderen Worten: Die Art und Weise, wie wir unser gegenwärtiges Leben gestalten, ist der Schlüssel für die Zukunft. Das Wort *karma* bedeutet »Tat«. Jede unserer Taten wirkt und trägt ihre Folgen bereits in sich. Wir können die natürliche Evolution des Karmas jedoch nicht wahrnehmen, weil es nicht sofort Ergebnisse zeitigt. Statt dessen sagen wir einfach, wenn uns etwas Gutes zustößt, daß wir »Glück« haben, und wenn wir in Schwierigkeiten sind, nennen wir es »Unglück«.

Im Osten, wo der überwiegende Teil der Weltbevölkerung lebt, gelten Karma und Wiedergeburt als Realitäten. Doch die spirituellen Überlieferungen des Ostens lehren nicht, daß unser Heil nur in der Wiedergeburt liegt. Viel wichtiger ist, wie ein Mensch sein Verständnis von Karma und Wiedergeburt als Grundlage für eine positive Lebensführung nützt. Ein guter Buddhist *lebt* das Karma, statt nur daran zu *glauben*.

Im Buddhismus erklären wir die Verwirrung des Bewußtseins durch das, was tibetisch *digpa* und *dribpa* genannt wird. Sowohl *digpa* als auch *dribpa* wurzeln in der durch unseren Eigensinn und

unsere Unwissenheit verursachten Unbewußtheit. *Digpa* bedeutet
»negative Taten« oder »krankhafte Verbrechen« und ist die annä-
herndste buddhistische Entsprechung des westlichen Begriffs von
Sünde. *Dribpa*, Verdunkelung oder Befleckung, entsteht, wenn wir
eine negative Tat begehen, wie eine Rauchwolke aus Feuer entsteht.
Diese Verdunkelungen des Bewußtseins schaffen weitere Unbewußtheit und Unachtsamkeit. Indem wir unbewußter werden, werden wir zugleich anfälliger für negative Taten mit dem Ergebnis,
daß wir aus Unachtsamkeit und Bewußtlosigkeit wieder negatives
Karma oder *digpa* schaffen, welches seinerseits mehr Verdunkelungen erzeugt und auf diese Weise einen Teufelskreis, Samsara, her-
vorbringt. Kurz gesagt: Karma wirkt sich auf unser Bewußtsein aus,
und dieses wiederum hat Auswirkung auf unser Handeln und unser
Leben.

Wie der große tibetische Meister Longchenpa sagte, gibt es nur
einen Weg, diesen Kreislauf zu beenden, nämlich ihn zu durchbrechen. Genau an der Bruchstelle ist der Anfang und das Ende. Wenn
wir die wahre Natur des Bewußtseins nur in diesem Augenblick
erkennen könnten, wären wir imstande, der Verwirrung hier und
jetzt ein Ende zu setzen. In diesem Augenblick können wir es, indem wir bei uns selbst und unserem eigenen Bewußtsein beginnen.
Der erste Schritt, wenn wir den Kreislauf von Samsara durchbrechen wollen, besteht darin, daß wir achtsamer und friedlicher werden. Wenn du achtsam bist, wird die Verdunkelung wirksam abneh-
men. Mit Achtsamkeit versuchst du, negative Taten zu vermeiden,
und gleichzeitig entwickelst du Achtsamkeit durch die Disziplinie-
rung des Bewußtseins in der Meditation – etwa durch Übungen, wie
das einfache Beobachten des Atems und die Entwicklung von Konzentration, indem du dir eine einfache Tat vornimmst. Wenn man
Achtsamkeit erworben hat, wird sie von selbst das Bewußtsein klären und die Verdunkelung bannen.

Ein weiteres wichtiges Element in der buddhistischen Schulung und
Vorbereitung auf den Tod besteht darin, daß man daran arbeitet, den
Tod mit Hilfe von Kontemplation und Meditation gefühlsmäßig
anzunehmen und gleichzeitig zu lernen, wie man die Krisen, Umbrüche und Veränderungen des Lebens nützen kann. Die Verände-

rungen oder »kleinen Tode«, die in unserem Leben so häufig vorkommen, sind ein lebendes Bindeglied zum wirklichen Tod und spornen uns an loszulassen. Sie geben uns die Möglichkeit, in dem von ihnen geöffneten Zwischenraum den himmelartigen, leeren, offenen Raum der wahren Natur unseres Bewußtseins zu sehen. Im Übergang und in der Ungewißheit der Veränderung liegt daher die Chance des Erwachens.

In der tibetischen Überlieferung erreicht die vollständige Schulung in Meditation und Läuterung ihren Höhepunkt, wenn der Schüler von seinem Lehrer unmittelbar in das wahre Wesen des Bewußtseins eingeführt wird. Diese unmittelbare Erkenntnis wird dann durch Übung integriert und gefestigt, und dadurch gewinnt der Schüler Zuversicht und Geschicklichkeit in der Befreiung aller Gedanken und Emotionen. Wenn wir diese Lehren gemeistert haben, sind wir im Tod in der Lage, in der Erkenntnis unseres wahren Wesens zu verbleiben. Unser letztes Ziel im Lauf zahlreicher Leben ist es, unser zugrundeliegendes Bewußtsein zu erkennen. Es offenbart sich nur allmählich; wenn es vollständig realisiert wird, dann ist das die Erleuchtung.

Wichtiger als der wissenschaftliche Beweis des Weiterlebens nach dem Tod ist für das Individuum die Frage, was das Weiterleben eigentlich bedeutet. Aus einer tiefen Erkenntnis entsteht eine persönliche Überzeugung, und diese Überzeugung ist durchaus eine wissenschaftliche Entdeckung. Wenn wir die Kontinuität und den Sinn des Lebens sowie die Auswirkung unserer Taten wirklich begreifen, dann wird es sinnvoll sein, ein gutes Leben zu führen. Wenn wir wirklich auf unser Tun achten, liegt die Zukunft in unserer Hand. Wenn du dir also helfen willst, dich auf den Tod vorzubereiten, dann fängst du am besten damit an, daß du darauf achtest, was du jetzt tust.

Die Hauptbetonung in der Praxis der buddhistischen Überlieferung ist das Loslassen der Gefühlsbindungen, der Konditionierung und der Gewohnheiten, die die verdunkelte Bewußtseinsebene ausmachen. Der Buddhismus lehrt, daß unsere in diesem Leben gesammelten Erinnerungen mit unserem Tod vollkommen absterben und daß wir, wenn wir wiedergeboren werden, ein neues Gedächtnis erhalten. Doch auf einer tieferen Ebene als das bewußte Gedächtnis wird das Karma als der Grundcharakter oder die Grundveranlagung eines Menschen, die sich auf sein ganzes Sein auswirkt, eingeschrieben.

Ob wir uns an unsere vergangenen Leben erinnern oder nicht, unser wahres Wesen existiert und lebt weiter. Im Augenblick des Todes können wir die Schale des gewöhnlichen Bewußtseins durchbrechen und Befreiung erlangen. Gelingt das nicht, dann deshalb, weil wir nicht loslassen können, sondern an unseren Gewohnheiten festhalten, die dann zum Kern unseres neuen Lebens werden. Unsere künftige Geburt wird von unseren alten Lebensweisen bestimmt. Vielleicht sind wir nicht in der Lage, uns ganz zu überantworten, und es sind vielleicht noch karmische Überreste vorhanden. In dem Maße, wie wir uns überantworten können, wird unser Karma frei oder geläutert und zieht dadurch eine bessere Wiedergeburt nach sich.

Wir erwähnten vorher die drei Bardos des Lebens: das gewöhnliche Bewußtsein von der Geburt bis zum Tod, Schlaf und Traum sowie den meditativen Zustand. Alle drei sind, wenn sie recht genutzt werden, Chancen für die Wesenserkenntnis des Bewußtseins. Indem wir sensibler werden für die Zwischenräume oder Übergänge in diesen drei Zuständen, sind wir besser vorbereitet auf den Zwischenraum, der mit noch größerer Gewalt beim Tod eintritt.

Durch Meditation gelangen wir zu einem besseren Verständnis des Bewußtseins und machen uns mit seinem wahren Wesen vertraut. Der Traumzustand kann uns ebenfalls dabei helfen, den erwachten Zustand besser zu verstehen und eine distanziertere und humorvollere Haltung dem Leben gegenüber zu entwickeln. Wer spirituell geübt ist, kann mit dem Schlaf arbeiten, weil die Erhaltung der Bewußtheit während des Schlafes ein Weg ist, den Tod einzuüben. In ähnlicher Weise ist der Traumzustand die Entsprechung des Bardo-Zustands nach dem Tod. Der Schlaf- und der Traumzustand können vom Meditierenden auch als Spiegel verwendet werden, der ihm anzeigt, ob es mit seiner Übung vorangeht.

Untertags erleben wir verschiedene Bewußtseinsebenen. Die gröbste davon ist der Wachzustand; der Traumzustand ist schon weniger

176

grob, und der Tiefschlaf ist die subtilste. Ebenso stellt, auf Leben und Tod bezogen, unser gewöhnliches Leben die gröbste Bewußtseinsebene dar, der Zwischenzustand zwischen Tod und Wiedergeburt ist subtiler, und der Tod selbst ist die subtilste.

Das Bewußtsein hat viele Ebenen. Der tibetische Buddhismus lehrt, daß es im Augenblick des Todes darum geht, ob man imstande ist, an dem Aspekt des Bewußtseins festzuhalten, der weiterlebt, und ob man den loslassen kann, der stirbt – wie wenn man auf das richtige Pferd setzt. Was im Tod abstirbt, ist die Lebensgier, die die reine Energie unseres Bewußtseins schwächt und ihren natürlichen Raum verdunkelt. Wenn diese Gewohnheit der Lebensgier im Augenblick des Todes abstirbt und wir loslassen, dann bietet die Möglichkeit des Erwachens sich am deutlichsten, als würden Wolken verdunsten und den klaren Himmel freigeben. Für den Buddhisten ist die Ewigkeit der Raum, in dem sogar die Diskontinuität ein Teil der grundlegenden Kontinuität ist.

Wenn beim Tod alle grobstofflichen Aspekte unseres Körpers sterben, dann fallen auch unser Ich, das Gedächtnis und viele äußeren Bewußtseinsebenen ab und vergehen. Dann sterben wir in unser Wesen, in unsere wahre Natur, und von dort aus werden wir wiedergeboren. Die Wesenserkenntnis des Bewußtseins gibt uns den Mut, im Tod all die kleineren Aspekte unseres Selbst loszulassen.

Obwohl das Grundbewußtsein, *rigpa*, immer anwesend ist, verbirgt es sich gewöhnlich hinter dem wolkenartigen Schirm unseres denkenden Bewußtseins. Doch gelegentlich erwachen wir, angeregt durch Meditation oder besondere Lebenssituationen, zu einer tiefen Erkenntnis der Grundessenz des Bewußtseins. Im Augenblick des Todes, wenn das gewöhnliche Bewußtsein völlig abstirbt, erfahren wir die vollkommene Erleuchtung. Dies ist die Geburt von *rigpa* in seiner ganzen Fülle. Obwohl wir alle diese Erfahrung machen, wenn wir sterben, geht es darum, *wie* wir sterben, je nachdem, ob wir geübt haben oder nicht. Wenn wir spirituell Geübte sind, dann ist der Augenblick des Todes die spirituelle Gipfelerfahrung: Weil wir geübt haben, erleben wir das Wesen des Bewußtsein als etwas Vertrautes. Wir können uns damit verbinden und erlangen dadurch die Erleuchtung.

Das Tibetische Totenbuch beschreibt zahlreiche Gelegenheiten der Befreiung in den drei Bardos des Todes. Es ist dazu da, einem Sterbenden vorgelesen zu werden, der in dieser Überlieferung geübt und vertraut mit ihr ist, um ihn zur Erkenntnis zu erwecken und an jedem kritischen Punkt das Wesen des Bewußtseins einzuführen.

Nach dieser Lehre soll ein Mensch beim Eintritt in den Bardo im Augenblick des Todes, wenn allen Anzeichen nach der Tod unvermeidlich ist, seine ganze Stärke sammeln und, statt sich Sorgen zu machen oder zu viel nachzudenken, seine Aufmerksamkeit auf das Wesen der spirituellen Übung richten. Der Bewußtseinszustand des Menschen im Augenblick des Todes ist von entscheidender Bedeutung, und es ist wesentlich, daß er nicht verwirrt oder gestört wird. Eine friedliche und liebevolle Atmosphäre, die Möglichkeit, diesen letzten Lebensabschnitt sinnvoll zu gestalten, die Gelegenheit zur Vergebung und zur Klärung aller unerledigten Dinge und vor allem das Loslassen von Gefühlsbindungen tragen dazu bei, daß der Mensch fähig wird, sich im Augenblick des Todes wirklich zu überantworten.

Einem sterbenden Menschen beizustehen heißt, ihm zu einem Verständnis seiner wahren Bewußtseinsnatur zu verhelfen. Wenn geübte Menschen auf den Tod zugehen, verleiht ihre Übung ihnen Unabhängigkeit, obwohl ein liebender Beistand ihnen natürlich eine Hilfe sein kann. Doch wenn wir solchen helfen wollen, die keine spirituelle Erfahrung in ihrem Leben haben, die sie jetzt unterstützen könnte, dann sind es unsere eigene Liebe und unsere eigene spirituelle Zuversicht und Stärke, die auch in ihnen Zuversicht wecken und ihr spirituelles Wesen zum Vorschein bringen. Liebe kann Menschen helfen, sich mit dem Tod abzufinden. Je mehr sie ihn annehmen, desto mehr können sie verstehen.

Es ist außerdem sehr wichtig für Sterbende, den Augenblick des Todes bewußt zu erleben. Wenn ihnen dies nicht gelingt, wird ihr Bewußtsein unterbrochen, und sie werden sich nicht erinnern können, weil sie in eine andere Seinsdimension eingetreten sind, in eine Sphäre, in der ihr früheres Bewußtsein keine Möglichkeit hat, sich seiner Vergangenheit zu erinnern oder sich vertraut zu fühlen. Deshalb haben die meisten von uns Angst vor dem, was nach dem Tod geschieht. Da wir keine Bewußtseinsarbeit geleistet haben, haben wir keine Ahnung, was wir erleben werden.

Der Sterbeprozeß beginnt mit den »Stufen der Auflösung«. Diese Auflösung ist der umgekehrte Vorgang der Empfängnis und Formung eines neuen Kindes. Nach den Lehren des tibetischen Buddhismus' wird im Augenblick der Empfängnis, wenn Sperma und Ei sich vereinen, das Bewußtsein des werdenden Kindes eingesogen, und die Elemente der väterlichen und mütterlichen Essenz stellen die Grundbestandteile des Körpers. Die Essenz des Vaters steigt dann in den Bereich des Kopfes auf, während diejenige der Mutter absteigt und unterhalb des Nabels, im Schoßbereich, zu liegen kommt.

Der Todesprozeß beginnt also mit der Auflösung der Körperelemente, gleichzeitig mit der Auflösung der psychischen Komponenten oder »Aggregate« des Ichs: Gestalt, Gefühl, Wahrnehmung, Intellekt und Bewußtsein. Die Stufen dieser Auflösung sind jeweils von erkennbaren äußeren, körperlichen Merkmalen sowie von inneren Erfahrungen gekennzeichnet. So löst das Erdelement sich in Wasser auf, Wasser in Feuer und Feuer in Luft. Wenn die Luft sich auflöst, atmet der Mensch noch aus, aber er atmet kaum mehr ein. Schließlich hört sogar das Ausatmen auf. Sodann löst die »innere Luft« oder Lebenskraft sich im »Mittelkanal« auf, worauf die Essenz des Vaters hinabsteigt und eine Vision von Weisheit hervorruft, wie wenn man durch ein Fenster schaut und den Herbstmond erblickt, während die Essenz der Mutter aufsteigt und eine Vision wie von einem roten Sonnenuntergang erzeugt. Treffen sich diese Essenzen im Herzen und verschmelzen miteinander, wird das Bewußtsein ohnmächtig und fällt in einen dunklen, leeren Raum. Das Bewußtsein stirbt jedoch nur für einen Augenblick, und wenn die Person erwacht, erfährt sie die reine Leuchtkraft der Bewußtseinsnatur, die subtilste Ebene des Bewußtseins, die mit einem makellosen Morgenhimmel im Herbst verglichen werden kann.

Entscheidend aus der tibetischen Perspektive ist, wie gut wir auf den Augenblick des Todes vorbereitet sind und wie wir daher auf diese Erfahrungen reagieren. Ein Mensch, dessen Energien aufgrund seines Karmas sehr verschlossen sind oder der keine große spirituelle

Übung hat, kann nach der Ohnmacht eine ganze Weile im Zustand der Dunkelheit verharren. Die Leuchtkraft, die Erfahrung des erleuchteten Bewußtseins, erscheint dann nur für ein oder zwei Sekunden. Im Gegensatz dazu ist das Bewußtsein eines Geübten nur ganz kurz ohnmächtig und wacht danach zur Vision des erleuchteten Bewußtseins auf.

Wenn die Bewußtseinsnatur und ihre Energie der ungeheuren Leuchtkraft heraufdämmern, können sehr weit Fortgeschrittene sie einfach als ihre eigene Bewußtseinsnatur erkennen. Sie verbinden sie dann mit ihrem eigenen erleuchteten Zustand, erreichen dadurch die volle Bewußtheit, verschmelzen mit ihr und erlangen damit die Befreiung. Für andere ist der Punkt, wenn der äußere Atem aufhört, aber der innere Atem weitergeht, die Zeit, zu der ein Sterbehelfer beginnen sollte, aus dem Tibetischen Totenbuch vorzulesen. Oder wenn die Person in der Meditationspraxis *phowa*, einer Methode der direkten Bewußtseinsübertragung in den erleuchteten Zustand, geübt ist, dann soll man ihr in dieser Übung Hilfestellung geben.

Im Augenblick des Todes zerfällt jede Konditionierung – alles, was den erleuchteten Geist verdunkelt hat –, und das Bewußtsein tritt in den Dharmata-Bardo ein, wo das »Sosein« oder das wahre Wesen der Wirklichkeit sich unverhüllt zeigt. Wenn es einem nicht gelingt, diese erste Vision des Leuchtens zu erkennen, löst sie sich auf und verschwindet. Dann, wenn das Bewußtsein beginnt, sich von seinen Projektionen und Blockierungen zu befreien, wird reine Energie freigesetzt und explodiert als Visionen von Farbe, Klang und Licht, die in der Überlieferung des Tibetischen Totenbuchs als die zweiundvierzig Friedvollen und die achtundfünfzig Zornigen Gottheiten beschrieben werden.

Diese Energie hat die Qualität der feinstofflichen Elemente: Erde, Wasser, Feuer, Luft und Raum. Das Bewußtsein erlebt alle verschiedenen Aspekte des psychischen Apparats – Zorn, Begierde, Unwissenheit usw. –, welche die blockierten Energien unseres innersten Wesens sind. Indem diese entfesselt und geöffnet werden, treten sie in ihrer eigenen »Weisheitsgestalt«, mit ungeheurem Leuchten und Strahlen auf. Alles hängt davon ab, ob wir in der Lage sind, diese Visionen als Projektionen unseres eigenen Bewußtseins zu erkennen, die nichts anderes sind als unsere innere Weisheit. Wenn wir zu dem heraufdämmernden strahlenden Licht der Weisheit Zuflucht nehmen können, wenn diese Energien freigesetzt werden, haben wir eine weitere Möglichkeit der Befreiung.

Dies ist jedoch schwierig für eine Person, die keine Erfahrung in der Übung hat und nicht das Vertrauen und die Festigkeit besitzt, die von der Erkenntnis der wahren Natur des Bewußtseins kommt. Wir neigen dazu, uns in unsere alten Gewohnheiten zu flüchten, statt einfach loszulassen. So sind wir zum Beispiel anfälliger für Zorn statt für sein reines, befreites Gegenteil. Das kommt daher, daß unsere Grundveranlagung zur Lebensgier, die während des Lebens aufgebaut wird, eine Reihe von Instinkten weckt, wie Aggression, Gier, eigensinnige Torheit, Leidenschaft, Eifersucht, Hochmut und Selbstberauschung. Diese Energien manifestieren sich als ein sanftes, anheimelndes Licht, das weniger herausfordert und überwältigt als das Licht der Weisheit. Wenn unsere Reaktion instinkthaft ist, dann schreiten wir demgemäß zu einer Wiedergeburt fort, die von der verwirrten und geschwächten Energie bestimmt wird, mit der wir uns identifizieren.

Für die meisten Menschen des Westens sind die Formen der Vision, die im Tibetischen Totenbuch aufgeführt werden, ganz fremd und ungewohnt. Jeder wird, da alle aus denselben psychischen Bestandteilen und Elementen bestehen, Visionen der einen oder anderen Form erleben. Westliche Menschen werden sie aber vermutlich in Formen erleben, die ihnen entsprechend ihrer kulturellen Prägung vertraut sind. Wichtig an diesen Visionen ist nicht, welche besondere Gestalt sie annehmen, sondern wie ein Mensch sich zu ihnen *verhält*. Ihre Gestalt ist lediglich ein Bezugspunkt für den Übenden, der in der Lage ist, sich auf die Energie, die Leuchtkraft und die Qualität der Vision einzuschwingen.

Wenn es einer Person nicht gelingt, Befreiung zu erlangen, indem sie diese Phänomene als ihre eigenen Projektionen erkennt, lösen die Visionen sich auf. An diesem Punkt verläßt das Bewußtsein den Körper und setzt seine Reise in den Bardo des Werdens fort. Jetzt besitzt es einen »Mentalkörper« mit einer Reihe von Merkmalen: Er ist sehr hell und glänzend; das Bewußtsein ist neunmal klarer als im irdischen Leben, und er besitzt Clairvoyance und andere wunderbare Kräfte. Dieser Körper gleicht demjenigen der früheren Existenz, ist jedoch vollkommen und in der Blüte seiner Kraft. Er vermag sich ungehindert überallhin zu bewegen und kann reisen mittels bloßen Denkens, obgleich sein einziges Licht ein schwacher Schimmer ist, der den Raum unmittelbar vor ihm erleuchtet.

Das Bewußtsein des Verstorbenen geht durch verschiedene Erfahrungen im Bardo des Werdens. Zum Beispiel wiederholt es alle Erfahrungen, die es je im Leben gemacht hat. Es kehrt sogar an Orte zurück, wo es nur einmal ausgespuckt hat; es erleidet alle Arten von Schrecknissen und hat präkognitive Visionen, wo es wiedergeboren werden soll. Zuerst, wenn es noch nicht begriffen hat, daß es tot ist, versucht das Bewußtsein des Verstorbenen, sich mit seiner Familie zu unterhalten, und ist furchtbar traurig, wenn es keine Antwort bekommt. Aber wenn es sieht, wie seine Angehörigen weinen, über seine Besitztümer verfügen, ihm bei Tisch kein Gedeck mehr auflegen, begreift es endlich, daß es tot ist. Außerdem stellt es fest, daß es viele andere Reisende, denen es in der Bardo-Welt begegnet, sehen und mit ihnen kommunizieren kann.

Viele Eigenschaften des Mentalkörpers – erhöhte Bewußtseinsklarheit, Beweglichkeit, paranormale Wahrnehmung, erhöhte Empfänglichkeit für subtile Einflüsse, die Fähigkeit, sich zu konzentrieren und nach Anweisung zu meditieren sowie die gespannte Aufmerksamkeit aufgrund der intensiven Angst im Bardo – machen es sogar zugänglicher für Hilfe von den Lebenden. Diese Hilfe kann die Form spiritueller Übungen annehmen, von Wohltätigkeit im Namen des Verstorbenen oder auch von guten Gedanken, die man dem Verstorbenen sendet. Eine solche Hilfe, so wird gelehrt, ist besonders wirksam während der ersten einundzwanzig Tage nach dem Tod. Die gesamte Bardo-Erfahrung im Zusammenhang mit dem Tod soll durchschnittlich neunundvierzig Tage dauern, wobei die ersten einundzwanzig mehr mit dem eben gelebten Leben zu tun haben und der Rest mehr mit dem künftigen Leben.

Weil das Bewußtsein in der Bardo-Erfahrung so extrem leicht und beweglich ist, haben alle auftauchenden Gedanken, ob gut oder schlecht, große Macht. So kann eine negative Reaktion – beispielsweise Zorn, wenn man beobachtet, daß die Rituale für den Verstorbenen nachlässig ausgeführt werden oder daß habgierige Angehörige sich über dessen Besitz streiten – sehr potent und gefährlich sein. Das Tibetische Totenbuch mahnt das Bewußtsein des Verstorbenen daher eindringlich, sich vor unreinen Gedanken, wie Gefühlen der Aggression, Furcht und Bindung an frühere Besitztümer, zu hüten. Gleichzeitig versucht der Text, die Verbindung des Verstorbenen mit jeder spirituellen Erfahrung zu erwecken, die er je gehabt haben könnte, und gibt wiederum Anweisungen, diese Gelegenheit zu nützen, um das Wesen des Bewußtseins zu erkennen und befreit zu werden. »Laß dich nicht ablenken«, mahnt der Text. »Dies ist die Scheidelinie, wo die Buddhas sich von den empfindenden Wesen trennen. Von diesem Augenblick heißt es:

> Im Nu – sind sie getrennt,
> Im Nu – vollkommene Erleuchtung.«

Der Text gibt sodann Anleitungen, wie man die Zeichen der nächsten Wiedergeburt erkennen (und dadurch eine ungünstige vermeiden) kann und wie man eine Geburt in der menschlichen Welt wählt, wo man der Lehre wieder begegnet.

Wir haben hier einen kurzen Blick auf die buddhistische Anschauung dessen geworfen, was jenseits des biologischen Todes weiterlebt, und haben den Durchgang des Bewußtseins durch Leben und Tod nachgezeichnet. Aus dieser Erörterung geht hervor, daß in den Lehren des tibetischen Buddhismus' größter Wert darauf gelegt wird, das Wesen des Bewußtseins zu erkennen – eine Erkenntnis, die als das höchste Ziel des Lebens und als wesentliche Vorbereitung für das Sterben, frei von Trauer im Augenblick des Todes, betrachtet wird. Das, worum es in den buddhistischen Lehren eigentlich geht, wird in gewissem Sinn vom großen tibetischen Yogi Milarepa zusammengefaßt: »mich nicht schämen zu müssen, wenn ich sterbe«. Ein gewöhnlicher Mensch, der die tibetische Anschauung von der Kontinuität des Bewußtseins durch mehrere Lebensläufe geteilt hat, würde gewiß nie im Leben verzweifeln, noch so weit sinken, daß er Selbstmord begehen könnte.

Wie das Bewußtsein nach dem Tod weiterlebt, hängt unmittelbar von jenem Zustand ab, in dem es sich in diesem Augenblick befindet. Um für die Zukunft vorzusorgen, müssen wir uns um die Gegenwart kümmern, um unser jetziges Bewußtsein. Gewöhnlich machen wir uns zu große Sorgen über das Nachleben, doch wie wir gesehen haben, ist nur das Bewußtsein, das wir jetzt haben, die Grundlage unserer Evolution und unsere Vorbereitung auf den Tod. Wir sollten die Frage »Was lebt weiter?« also damit beantworten, daß wir uns bemühen, in diesem Leben ein tieferes Bewußtsein und Verständnis unseres Selbst zu erlangen. Ein Verständnis des zugrundeliegenden Bewußtseins, an dem wir alle teilhaben, auch jetzt, kann eine liebevollere Haltung und eine positivere, verantwortlichere Einstellung zum Leben in uns wecken und durch eine aufgeklärtere Weltbetrachtung den Frieden und die Harmonie fördern, die wir uns alle so sehnlich wünschen.

Schamanische Initiation, imaginale Welten und das Licht nach dem Tod

KENNETH RING

>»Die gewaltigste Idee, die der menschliche Geist seit seiner Evolution zur Kulturfähigkeit zum Leitmotiv seiner Werke und Handlungen machte und die wohl von keinem Gedanken, keiner Spekulation und Theorie in allen verflossenen Epochen übertroffen werden konnte, ist der Glaube, das Wissen, ja die Erfahrung, daß unsere physische Sinnenwelt eine Welt der Schatten, der Illusion und der Täuschung ist und daß unser Körper, jenes dreidimensionale Werkzeug, einem Etwas als Hülle und Wohnung dient, das – weit größer und allumfassender als er – die Matrix des wirklichen Lebens bildet.«
>
> *Holger Kalweit*

Jeder, der mit dem Phänomen der Nahtoderfahrungen (NTEs) vertraut ist, muß sich über das Leben nach dem Tod zwangsläufig Gedanken machen. Es hilft nichts, daß wir NTE-Forscher praktisch übereinstimmend bekräftigen, daß diese Erfahrungen die Existenz eines Weiterlebens nicht beweisen können. Trotz unserer vorsichtigen Bedenken, ganz zu schweigen von der kalten Dusche regelrechter Leugnung seitens der Skeptiker, übt die Verheißung, die von den NTEs ausgeht, weiterhin eine machtvolle Anziehung aus. Alle, auch die Kritiker, machen sich klar, daß viele moderne Menschen nicht nur deshalb von NTEs fasziniert sind, weil diese suggerieren, der Tod sei von unwahrscheinlichem Glanz und einer Freude jenseits aller Erwartungen. Nein, es ist vielmehr die unmißverständliche Folgerung, daß diese Art von Erfahrung *weitergehe*, daß es wirklich ein Leben nach dem Tod gäbe und daß es obendrein wunderbar sein werde.

Im Grunde ist dies sicher die Ursache dafür, daß die NTE, als sie durch die Arbeit von Elisabeth Kübler-Ross und Raymond Moody bekannt geworden war, die Phantasie der Öffentlichkeit in der ganzen westlichen Welt bewegt hat und warum diese Thematik noch heute auf breites Interesse stößt. Es ist klar, daß die Berichte über NTEs ein ungemein attraktives Bild von der Pforte zum Haus des Todes präsentieren und den Menschen die Hoffnung geben, daß auch sie für immer in den glänzenden und liebevollen Räumen wohnen werden, umgeben von denen, die sie lieben und verehren. So berechtigt solche Hoffnungen sein mögen, es ist nicht zu leugnen, daß Bücher und Boulevardzeitungen, in denen Leute vorgestellt werden, die ihre Begegnungen mit dem Tod schildern, sich aus diesem Grund so gut verkaufen.

Natürlich hegen wir im Westen unserer Tradition gemäß solche Hoffnungen, oder zumindest haben wir es lange getan, bis der Aufstieg der Wissenschaft und der entsprechende Verfall der Religiosität sie zu unhaltbaren Anachronismen stempelten. Offensichtlich paßt die Vorstellung vom Leben nach dem Tod nicht mehr in unsere postmoderne, säkulare Weltanschauung. Und dennoch stellen wir fest, daß eigentümlicherweise gerade aus dem Schoß der medizinischen Wissenschaft mit ihrer Macht, scheinbar aufgegebene Menschen ins Leben zurückzuholen, diese Hoffnungen mit dem Auftreten von NTEs als Gegenstand seriöser wissenschaftlicher Forschung wieder aufleben. Kein Wunder, daß die Menschen verstört und gleichzeitig gebannt sind von diesem Phänomen, das Gedanken an das Leben nach dem Tod wiedererweckt, von denen wir annahmen, sie seien endgültig ad acta gelegt.

Die NTE ist also nicht nur eine ungeheuer fesselnde Erfahrung, sondern möglicherweise auch eine äußerst *subversive*, die unsere hart erarbeitete säkulare und wissenschaftliche Weltanschauung zu unterminieren droht. Daher hat man es in manchen Ecken so eilig, diesem Phänomen entweder durch Erklärungen den Boden zu entziehen oder es zu verunglimpfen. So oder so bräuchten wir es dann nicht ernstzunehmen und könnten zu unserer mehr oder weniger materialistischen Weltanschauung zurückkehren. In anderen Ecken herrscht natürlich gerade die *entgegengesetzte* Tendenz, nämlich sich zur NTE zu bekennen und ganz wörtlich zu nehmen, was daraus für ein Leben nach dem Tod gefolgert werden kann.

Meine eigene Auffassung von dieser Angelegenheit ist jedoch die Befürwortung eines dritten Wegs. Nehmen wir einen Augenblick an, daß wir weder auf der Seite des Skeptikers noch des unbedingten Anhängers stehen. Statt dessen wollen wir NTEs in einem Kontext untersuchen, der weder von uns verlangt, daß wir sie akzeptieren, noch daß wir sie ablehnen, sondern nur klar ins Auge fassen, worin sie bestehen. Um dies zu tun, müssen wir die NTE in einem Licht betrachten, das zunächst von allen Konnotationen eines Lebens nach dem Tod absieht. In diesem Unternehmen sind wir gut beraten, wenn wir uns von der Fackel des Schamanen leiten lassen.

Die Auffassung des Schamanen von der NTE

In traditionellen Stammesgesellschaften ist der Schamane das, was wir einen »Seelenarzt« nennen könnten. Ein männlicher oder weiblicher Schamane kommt zu dieser Berufung entweder aufgrund ungewöhnlicher persönlicher Merkmale oder weil er oder sie eine Prüfung irgendwelcher Art überlebt hat. So weisen viele Schamanen in ihrer Jugend übersinnliche Gaben oder einen Krankheitsverlauf, etwa Epilepsie, auf. Von Anfang an neigen sie dazu, seltsam, exzentrisch oder in irgendeiner Weise anders zu sein als die anderen. Es kommt auch nicht selten vor, daß sie eine lebensbedrohende Krankheit überlebt haben, die sie tiefgreifend verwandelt hat. Schwarzer Elch, der Medizinmann der Lakota-Indianer, ist ein berühmtes Beispiel eines Schamanen, der diesen Weg gegangen ist.[1]

Auf jeden Fall machen Schamanen, entweder durch eine unvorhergesehene persönliche Erfahrung oder durch eine bewußte schamanische Ausbildung, normalerweise eine Initiation durch, die ihre Rolle in der Gesellschaft rituell bestätigt. Gewöhnlich beginnt eine solche Initiation damit, daß der angehende Schamane aus seiner Gemeinschaft ausgesondert und in die Hände seiner schamanischen Lehrer übergeben wird. Dann muß der Initiand im Lauf seiner Ausbildung verschiedene körperliche und psychische Proben bestehen. Manchmal geht es in diesen Riten bekanntlich um überwältigende

Erfahrungen, in denen der Kandidat gleichsam zerstückelt und wieder zusammengesetzt wird und dadurch die äußerste Prüfung des Todes und der Wiedergeburt erleidet. Dies ist ein notwendiger Bestandteil jeder echten Initiation und die Erfahrungsgrundlage für das neue Identitätsgefühl als Schamane. Vom Standpunkt des Kandidaten ist seine weitere *physische* Existenz keineswegs gesichert, wie die folgende Passage zeigt:

»Hier sprechen wir allerdings von einem Ego-Tod, der haarscharf am echten Tod vorbeigeht, nicht nur von einer mythopoetischen Imagination des Todes in Form von Allegorien und Archetypen. Die schamanische Todeserfahrung ist eine gefährliche Gratwanderung zwischen Diesseits und Jenseits, keine halluzinative Pseudo-Todesvision.«[2]

Dem Individuum werden heilige Mysterien kundgetan, während es lernt, die Bereiche der Unterwelt zu betreten, und seine besonderen schamanischen Fähigkeiten erwirbt, Tiere der Kraft, heilige Gesänge, geheime Sprachen und so fort. Nach Vollendung seiner Initiation kehrt es nach einer Periode der Wiederanpassung und Eingewöhnung zu seiner Gemeinschaft zurück. Nun ist es bereit, ein Heiler zu werden, ein Psychopompos, ein »Meister der Ekstase«, mit Mircea Eliades Worten, ein Mystiker und Seher. Kurz gesagt: Der Schamane ist ein Mensch (Mann oder Frau), der es jetzt versteht, in *zwei Welten* zu leben, in der Welt der Seele und der Welt des Körpers. Und obgleich er für das Wohlergehen seines Stammes unverzichtbar ist, sondert er sich manchmal von ihm ab, gerade wegen seines außergewöhnlichen Wissens und seiner manchmal bestürzenden Präsenz.

Damit wir sehen können, wie diese initiatorischen Stränge im Gewebe eines konkreten schamanischen Rituals miteinander verknüpft sind, wollen wir einen Blick auf die Prozedur werfen, der um die Jahrhundertwende die Arunta folgten, australische Ureinwohner, die Generationen von Anthropologen durch das Werk von Baldwin Spencer und F. Gillen bekannt geworden sind.[3]

»Bei den Arunta Australiens sucht der werdende Medizinmann eine Höhle auf, die von Iruntarinia, den Geistern der Vorfahren, die in Alcheringa, der Traumzeit, lebten, bewohnt ist. Er legt sich vor den Höhleneingang und schläft, bis einer der Geistvorfahren erscheint und ihm eine Lanze von hinten in den Nacken und bis durch die Zunge sticht, so daß sie zum Mund wieder herauskommt. Die Zunge bleibt das ganze Leben hindurch perforiert und ist schlechthin Ausdruck der Medizinmannwürde. Wie das Loch tatsächlich entsteht, ist unklar, auf jeden Fall ist es groß genug, um einen kleinen Finger hindurchzustecken. Eine zweite Lanze dringt nun seitlich durch den Kopf, von Ohr zu Ohr.

Dann bringt man den Toten in die Höhle, wo ihm die Alcheringa-Vorfahren die Organe herausoperieren und ihm dafür neue einsetzen; wacht er wieder auf, ist er verrückt geworden, doch hält diese Phase nicht sehr lange an. Von diesem Zeitpunkt an, wenn die Vorfahren ihn wieder zu seinem Stamm zurückgebracht haben, besitzt er die Gabe, Geister zu sehen...

In Alcheringa, der heiligen Traumzeit, existieren die materiellen Begrenzungen und physischen Beschränktheiten, wie sie den heutigen Menschen kennzeichnen, nicht. In diese primordiale Zeit kehrt der Novize zurück, wenn er in Beziehung zu den Iruntarinia tritt. Er kostet vom sakralen Wesen des Seins, von einer zeitlosen Zeit, die lebendig für jeden ist, der sich ihr zu öffnen weiß. Das Zusammensein mit den Gestalten dieser Epoche kommt dem Tod oder einer Selbstzerstörung gleich, so gewaltig ist ihre alles transzendierende Kraft.

Zurückgekehrt in die diesseitige Welt, ist der Novize geistesgestört und muß sich mühsam aufs neue in seine menschliche Umgebung eingewöhnen. Unmittelbar aus dem heiligen Raum geschleudert, bringt er die Kategorien unseres Lebens durcheinander, und erst allmählich setzt er das Mosaik der Ungereimtheiten zusammen. Von einer zeitlosen Welt des ewigen Jetzt, der magischen Gegenwart des Raum-Zeitkontinuums, tritt er in unsere Welt ein, in der Raum, Zeit und Materie getrennt voneinander erscheinen. Er ist verunsichert und verhält sich sozial und geistig ungewöhnlich... Auf jeden Fall wurde so ein Medizinmann geboren, die heilige Traumzeit hat einen Menschen zum Heiler gemacht.«[4]

Während seiner Initiation – und natürlich noch viele Male danach – geht der Schamane auf eine Reise, wobei er in eine transzendentale Welt jenseits von Raum und Zeit eintritt und verwandelt und durchdrungen von einem neuen Wissen in die physische Welt zurückkehrt. Wie Schamanismus- und Religionsforscher bereits festgestellt haben[5], überschneiden solche Schamanenreisen sich phänomenologisch oft wesentlich mit NTEs. Ich meine sogar, daß niemand, der die Literatur über den Schamanismus und über NTEs kennt, sich der Einsicht entziehen kann, daß es zwischen diesen beiden Kategorien der Erfahrung zahlreiche Berührungspunkte gibt.[6]

Was daraus folgt, ist klar: Durch seine Todesnähe ist der Mensch mit NTE-Erfahrung unversehens und unabsichtlich in eine Schamanenreise initiiert worden. Nach dieser Anschauung sind solche Menschen also moderne Schamanen, und die NTE kann als eine klassische Form der schamanischen Initiation aufgefaßt werden.[7]

Zusammenfassend läßt sich sagen, daß die NTE-Erfahrung in ihrer Form und Dynamik im wesentlichen eine *schamanische Erfahrung* ist, gleichgültig, ob der/die Betreffende dies erkennt oder nicht.

Doch nachdem wir auf die Gemeinsamkeiten zwischen diesen beiden Typen von Erfahrung hingewiesen haben, ist es nötig, ihre Unterschiede festzustellen. Während die NTE bewirkt, daß das Individuum in das Mysterium des Todes eingeführt wird, wurde der Schamane aufgrund seiner Schulung mit Kalweits Worten »ein *Meister des Todes*«. Das heißt, er ist jemand, der im Unterschied zum Menschen mit NTE die Welt des Todes willentlich betreten und wieder verlassen und uns daher eine Art Landkarte des postmortalen Geländes liefern kann, auf dessen Konturen der Mensch mit NTE nur einen kurzen Blick werfen kann. Wegen dieser äußersten Errungenschaft wird den Schamanen, wo immer sie anerkannt sind, der höchste Rang unter den Menschen zuteil:

»Der Schamane als Auserwählter, der es schon zu Lebzeiten fertigbringt, die Grenze zur Transzendenz zu durchbrechen, bewegt sich als Botschafter zwischen zwei Welten, der Welt der lebenden Menschen und der Welt der Toten oder nicht-materiellen Existenzen. Er schwingt sich auf zum Heroen, der die überirdischen Gefahren meistert, und wird zum Helden, den die Volksüberlieferung feiert und der in Mythen und Epen Verewigung findet. In der Tat überschreitet der Schamane die profane Daseinsordnung, er tritt heraus aus der Banalität in eine ätherische, feinstoffliche Sphäre, *die dem normalen Menschen entweder nur im Tod selbst oder durch zufällige Krankheit, Unfall, Traum, Schock oder starke Emotion zugänglich ist.* Das bewußte und kontrollierte Eindringen in diesen verschlossenen Bereich gehört zu den gewaltigsten Leistungen des Menschen, und nicht umsonst genießt der Schamane dafür weltweit Anerkennung und Verehrung.«[8]

Es ist also der Schamane, nicht der Mensch mit NTE, dessen Fackel das Reich jenseits des Todes am aufschlußreichsten erhellt. Um einen Blick hinein zu tun, müssen wir nicht nur dem Licht dieser Fackel weiterhin folgen, sondern wir müssen lernen, mit den Augen des Schamanen, der wahren »jenseitigen« Schau, zu sehen.

Imaginale Schau

Wenn wir uns an diese schamanische Perspektive halten, begreifen wir, daß die Erfahrungsebene, die Leute mit NTE während ihrer Nahtodkrise betreten, dieselbe ist, die dem Schamanen im Laufe seiner Ausbildung zugänglich wird. Deshalb ist dieser Bereich genaugenommen nicht einer, der uns nach dem Tod erwarten wird. Er ist jetzt da und steht im Prinzip schon *im Leben* jedem Menschen offen, der den »Eintrittscode« gelernt hat.

Und dies ist die zweite wichtige Lektion, die wir von dieser schamanischen Perspektive lernen können: wie man willentlich in diese Welt eintritt. Der Schlüssel dazu läßt sich überraschend einfach mit Worten ausdrücken, ist jedoch in der Praxis sicher nicht immer leicht zu handhaben. Alles kommt auf die *Imagination* an, aber was ich unter diesem Terminus verstehe, ist nicht das Übliche. Nehmen wir uns einen Augenblick Zeit und betrachten wir diese bekannte Idee, die Imagination oder Vorstellungskraft, ein wenig genauer. Dann können wir sehen, daß sie wirklich der Schlüssel zum Tor des sogenannten Jenseits ist.

Im Westen neigten wir dazu, mit der rühmlichen Ausnahme gewisser Verfechter der Imagination, wie der englische Dichter Samuel Taylor Coleridge, diesen Terminus in einem abwertenden Sinn zu gebrauchen, als eine »Einbildung« oder, mit einem Wort, als eine Art von *Phantasie*. Damit unterstellt man für gewöhnlich, daß das Reich der Imagination nicht wirklich sei, wie etwa in der bekannten Wendung: »Das bildest du dir nur ein.« Zum Teil ist diese Anschauung das unmittelbare Erbe eines veralteten Cartesianischen Dualismus', der uns nötigt, zwischen den begrifflichen

Kategorien Geist und Materie zu wählen, und der mit dem Aufstieg der Wissenschaft dem Begriff der Materie die ontologische Priorität verliehen hat.

Aber vielleicht gibt es noch einen *dritten Bereich*, die Imagination an sich, die nicht etwas Unwirkliches ist, sondern ein *objektives Eigendasein* als das kumulative Produkt des imaginativen Denkens hat. Dies ist ein Gesichtspunkt, der in den vergangenen fünfzehn Jahren von vielen Forschern auf dem Gebiet der Religionswissenschaften, der Mythologie, Psychologie, der schamanischen Studien, der Ufologie und NTE-Forschung vertreten wurde.[9] Ein großer Teil dieser Arbeit gründet sich auf die nunmehr klassische Unterscheidung zwischen dem *Imaginären* und dem *Imaginalen*, die der große französische Islamforscher Henri Courbin 1972 erstmals getroffen hat. Diese Unterscheidung ist nicht nur wichtig, sie ist nach meinem Verständnis absolut grundlegend für den Versuch, das Wesen der NTE und das »Leben«, das uns nach dem Tod erwartet, zu erhellen. Um Courbins Argument folgen zu können, müssen wir mit seinem Konzept des Imaginalen beginnen.

Erstens: Wenn wir es mit Dingen des imaginalen Bereichs zu tun haben, reden wir *nicht* über Phantasie oder Vorstellung, wie diese Bezeichnungen heute im allgemeinen verwendet werden. Insbesondere geht es uns hier nicht um fiktive Dinge oder »Einbildungen« durch schöpferische Erfindung. Das Imaginale bezieht sich vielmehr auf einen *dritten Bereich*, zu dem weder die Sinneswahrnehmung noch das normale Erkenntnisvermögen, einschließlich der Phantasie, einen Zugang hat. Normalerweise verborgen, kann es in bestimmten, heute sagen wir »veränderten« Bewußtseinszuständen wahrgenommen werden, die unsere gewöhnlichen Begriffe und Erkenntnissysteme außer kraft setzen. Wenn dies in ausreichendem Maß geschieht, offenbart sich der imaginale Bereich gleich dem Nachthimmel, der nur wahrgenommen werden kann, wenn die Sonne abwesend ist.

Die wichtigste Eigenschaft des imaginalen Bereichs ist jedoch die, daß er ontologisch wirklich ist. Wie Corbin sagt, der tief in die mystische und insbesondere die visionäre Erfahrung eingedrungen ist:

»Es muß zur Kenntnis genommen werden, daß die Welt, in die diese [Seher] eindrangen, vollkommen *wirklich* ist. Ihre Wirklichkeit ist unwiderlegbarer und stimmiger als die der empirischen Welt, in der die *Wirklichkeit* durch die Sinne wahrgenommen wird. Wenn sie zurückkehren, ist den Schauenden dieser Welt völlig bewußt, daß sie ›an einem anderen Ort‹ gewesen sind; sie sind nicht einfach schizophren. Diese Welt ist hinter dem Akt der Sinneswahrnehmung verborgen und muß unter ihrer scheinbar objektiven Gewißheit gesucht werden. Aus diesem Grund können wir sie definitiv nicht als *imaginär* im gängigen Sinn des Wortes bezeichnen, d.h. als unwirklich oder nichtexistent… [Die imaginale] Welt… ist ontologisch so wirklich wie die Welt der Sinne und des Intellekts… Wir müssen darauf achten, sie nicht mit der Imagination zu verwechseln, die der sogenannte moderne Mensch mit ›Phantasie‹ gleichsetzt.«[10]

Der imaginale Bereich ist nicht nur ontologisch wirklich, sondern er ist auch eine Welt, die Gestalt, Dimension und, was für uns besonders wichtig ist, *Personen* kennt. Corbin läßt dies durchblicken, wenn er schreibt:

»[Dies ist] eine Welt, die Ausdehnung und Dimension, Gestalten und Farben besitzt. Doch diese Merkmale können nicht von den Sinnen in derselben Weise wahrgenommen werden, als wären sie Eigenschaften physischer Körper. Nein, diese Dimensionen, Gestalten und Farben sind Gegenstand der imaginativen Wahrnehmung oder der ›psychophysischen Sinne‹.«[11]

Zusammenfassend ist die Imagination im Sinne Corbins tatsächlich, wie Coleridge behauptete, eine schöpferische Kraft und sollte als eine eigene Art von »Wahrnehmungsorgan« verstanden werden – als das, was die Alchemisten *imaginatio vera* nannten, die wahre Imagination oder Vorstellungskraft. Die von ihr enthüllte Welt ist, wie William Blake wußte, eine übersinnliche Wirklichkeit, die unmittelbar wahrgenommen werden kann.

Nun beginnen wir allmählich, mit dem Auge eines Schamanen, mit der *imaginalen* Schau, zu sehen. Aber bevor wir verstehen können, was wir sehen, müssen wir zuerst den nächsten und entscheidenden Schritt in der Logik dieser imaginalen Reise bedenken und prüfen.

Was sieht man denn genau, wenn man mit dem Auge der Imagination schaut? Corbin meint, daß wir *unseren eigenen spirituellen Zustand* sehen, transformiert und nach außen projiziert in eine scheinbar objektive äußere Vision. Mit anderen Worten: was wir anschauen, und womit wir schauen, ist unsere Seele.

Wahrhaftig, Seele und Imagination sind in dieser Art von Formulierung unlösbar miteinander verbunden. Alle Gelehrten, die im Sinne Corbins die Imagination zu betrachten gelernt haben, fanden sich faktisch bei Heraklit wieder, als sie den Primat der Seele einräumen und mit Aristoteles zugeben mußten, daß die natürliche Sprache der Seele das Bild ist. Robert Avens zum Beispiel schloß seinen glänzenden Essay über die Imagination mit der Aussage, daß die Seele Imagination *ist* und daß sie letzten Endes unser absolutes ontologisches Urgestein sei: »Nur die Seele (der imaginale Bereich) läßt sich auf nichts anderes zurückführen und bildet daher unsere wahre, ontologische Wirklichkeit.«[12]

Corbins Argument führt uns an die Schwelle des Todes, wenn er fortfährt und sagt, daß die Imagination letztlich ein rein spirituelles Vermögen sei, unabhängig vom physischen Körper und dementsprechend

»fähig zu existieren, wenn der letztere vergangen ist… Auch die Seele ist unabhängig, was ihr *imaginatives Vermögen* und ihre *imaginative Tätigkeit* anbelangt. Überdies kann sie, wenn sie von dieser Welt getrennt wird, sich weiterhin der aktiven Imagination bedienen… Nach dieser Trennung werden alle Kräfte der Seele gesammelt und auf die einzige Fähigkeit der aktiven Imagination ausgerichtet.«[13]

Das Licht nach dem Tod

Im Tod werden wir also in die Imagination *entlassen*; der schöpferische Ausdruck unserer Seele ist nicht länger an unseren physischen Körper gefesselt. Und was wir sehen, als wäre es etwas Äußeres, ist das Bild unserer eigenen Seele.

Was wir sehen, ist Licht. Dieses Licht, der Seele eigener Glanz, ist unvergleichlich strahlend, herrlich, ursprünglich und absolut. Es ist zugleich das Symbol und der Höhepunkt der NTE, wie wir wissen, und es ist der universal anerkannte Ausdruck unseres göttlichen Wesenskerns, der sich in der spirituellen Erfahrung manifestiert. Das Licht ist die reine Seelenessenz, unbefleckt durch den menschlichen Charakter, obwohl die Art und Weise, wie das Licht sich zeigt (seine Färbung, Helligkeit usw.), in der Tat den eigenen Seelenzustand zu spiegeln scheint – das »wahre innere Ich«, wie die NTE-Leute sagen.

Dieses Urlicht wird dann durch das Prisma der Seele in eine Welt der Bilder – eine imaginale Welt – gebrochen.[14]

»Das Umfeld des Lebens zwischen dem Leben ist eine Spiegelung der Gedankenformen und Erwartungshaltungen jedes Menschen. Das Tibetische Totenbuch spricht wiederholt davon, daß der Bewohner des *bardo* aus den Inhalten seines Bewußtseins seine eigene Umgebung schafft. Rudolf Steiner behauptete, daß Gedanken und geistige Bilder unseres Inneren nach dem Tod als unsere äußere Welt erscheinen. ›Nach dem Tode‹, sagte er, ›erscheinen alle unsere Gedanken und geistigen Vorstellungen als eine gewaltige Landschaft vor der Seele.‹«[15]

Und hier entfaltet sich die bekannte Reihenfolge höchst realer Bilder, welche die »Reise ins Jenseits« kollektiv definiert. Dies sind die ersten Stufen, die von NTE-Personen so oft in stimmiger und überzeugender Weise beschrieben wurden. Diese Berichte, die zumindest in ihren groben Zügen (je nach Ort mit kulturbedingten Varianten) bemerkenswert übereinstimmen, könnte man naiverweise für eine Art einheitlicher, postmortaler Geographie halten. Doch aus einem imaginalen Verständnis hat diese offenbare Übereinstimmung weniger mit einer topologischen Einheitlichkeit eines Nachtod-Bereichs zu tun als mit der Universalität der menschlichen Seele. Wenn diese Perspektive stimmt, dann liegt auf der Hand, daß wir nach dem Tod nicht »irgendwohin« gehen, sondern wir treten vielmehr in einen Bewußtseinszustand ein, in dem unsere Wirklichkeit aus *Bildern* besteht und in dem diese Wirklichkeit, die nicht gänzlich festgelegt ist, auf die Gedanken, Erwartungen und Wünsche unserer Seele reagiert.

Um dies aus anderer Sicht zu betrachten, wollen wir zu unserem früheren Kontext des Schamanismus' zurückkehren, denn es ist wiederum der Schamane, der hier den größten Tiefblick hat. Vergleichen wir zum Beispiel die folgende Passage von Holger Kalweit, unserem wichtigsten Interpreten der schamanischen Vision, mit dem, was wir bereits von Corbin gehört haben:

> »Die Jenseitsgeographie, die [hier] entworfen wird, ist nicht zu verstehen als naive Beschreibung anderer Landschaften…, sondern als Versuch, das überlebende Bewußtsein darauf aufmerksam zu machen, daß nur *es selbst* die jenseitige Welt konstituiert… *Ein Todesreich an sich gibt es nicht.* Vielmehr besteht das Jenseits aus all jenen Eigenschaften, die unser Bewußtsein besitzt, wenn es vom Leib unabhängig existiert.«[16]

Der Schamane, dem die moderne Forschung eine außerordentliche imaginative Begabung bescheinigt hat und dessen Ausbildung diese Talente noch fördert, ist ein Mensch, der gelernt hat, mit den Augen der Seele zu schauen. So hat er bei lebendigem Leib den Raum betreten, dem die meisten gewöhnlichen Menschen erst dann gegenüberstehen, wenn es zum Sterben kommt. Das geschieht deshalb, weil die Imagination des Schamanen – seine *imaginatio vera* – vollkommen erweckt wurde.

Natürlich muß die Seelenreise nach dem Tod schließlich von der Linie abweichen, die wir aus den NTE-Erzählungen so gut kennen. Die Geschichte beginnt, wie wir gesehen haben, mit dem reinen Licht des absoluten, göttlichen Glanzes der Seele, folgt den Zügen seiner universellen Gestalt und muß notgedrungen in die Besonderheiten der jeder Seele vollkommen entsprechenden, hoch individualisierten imaginalen Welt übergehen. Angesichts solcher imaginalen Vielfalt müssen wir unsere Aufmerksamkeit auf andere Dinge lenken.

Kehren wir nun in *diese* Welt zurück, denn obgleich wir unserer Seele »drüben« begegnen, *bilden* wir sie in dieser Welt. Die »Seele bilden« – eine Prägung des englischen Dichters John Keats –, im Unterschied zum Schauen der Wesensessenz der Seele nach dem Tod, ist ja doch das, was das Leben von uns verlangt.

Wenn wir über diese Aufgabe nachdenken, tun wir gut daran, uns klarzumachen, daß das, was der Schamane aufgrund der Feuerproben seiner Schulung erreicht hat, auch wir durch andere Mittel erlernen können.

Die Frage des Weiterlebens und die Folgen

Paracelsus schrieb: »Jeder kann seine Imagination auf eine Weise schulen und regulieren, daß er mit Geistern in Berührung kommen und von ihnen unterwiesen werden kann.«

Wenn wir zur Kenntnis genommen haben, daß die Erzählungen von Todesnähe deshalb so ansprechend sind, weil sie ein Weiterleben in Herrlichkeit verheißen, kann ich mich der Feststellung nicht enthalten, daß diese Verlockung der NTE auch eine gefährliche Ablenkung sein kann. Die enorme öffentliche Verbreitung dieser Berichte und die von ihnen erweckte Hoffnung auf ein künftiges Leben können viele Menschen leicht dazu verführen, eine Haltung bequemer Selbstgefälligkeit einzunehmen. Das Licht scheint mit seinem Glanz, der bedingungslos alle annimmt, allen zu leuchten, und jeder Mensch scheint in die Ewigkeit in einer Atmosphäre allgegenwärtiger, reiner Liebe einzugehen, die die Seele in ihrer begnadeten immanenten Göttlichkeit offenbart. So ähnlich wollen die Berichte über das, was uns beim Tod erwartet, uns glauben machen. Ich persönlich glaube es auch, aber ich denke, wir dürfen nicht zulassen, daß das Licht der NTE uns blind macht für den Rest der imaginalen Reise, der uns noch bevorsteht. Nur das Licht hervorzuheben oder anzunehmen, daß es an sich nach dem Tod alles gutmacht, egal wie wir gelebt haben, ist in meinen Augen eine naive Deutung dessen, was aus der NTE-Forschung gefolgert werden kann.

Sogar Blake, vielleicht der hervorragendste Dichter der NTE und gewiß der immer noch überragende Seher der visionären Imagination[17], hielt es für möglich, aus der »goldenen Spur« in den wahren Tod zu stürzen. Desgleichen erinnern wir uns auch an Platons Ausspruch, daß der ganze Zweck der Philosophie in der »Einübung in den Tod« bestehe – nämlich als Mittel zur Schulung der Seele, deren höchster Wert sich erst nach dem Tod ganz erweist.

Dies sind die Stimmen aus der Geschichte, die sich über den geräuschvollen Lärm der heutigen NTE-Enthusiasten wie auch ihrer Kritiker erheben und uns mahnen, daß wir im gegenwärtigen Augenblick das Drehbuch unseres imaginalen postmortalen Dramas schreiben und daß wir selbst das Schicksal unserer Seele gestalten. Vielleicht spiegelt das Licht wirklich unser wahres Wesen und löst unsere persönlichen Schuldgefühle auf, aber niemals kann es uns von der Verantwortung für unser Leben lossprechen. Nicht nur, was wir unserem Wesen nach sind, sondern wie wir tatsächlich gelebt haben, wird – vielleicht schmerzhaft – nach dem Tod in Erscheinung treten. Denn dann wird das, was subjektiv war, imaginal objektiv: Was wir sehen, ist eine Vergegenwärtigung dessen, was wir in der Tiefe unserer Psyche gewesen sind.

Das klingt vielleicht wie eine Predigt über die Vorzüge eines moralischen Lebenswandels, aber ich möchte mit diesen Bemerkungen etwas ganz anderes zum Ausdruck bringen. Alles, was ich hier gesagt habe, weist auf das Primat der Seele als Vehikel des *imaginativen Lebens* hin. Seele und Imagination sind nicht zu trennen. Die »Seele aufbauen« heißt, die Imagination pflegen. Wie Terence McKenna, Blakes Nachfahre im Raumzeitalter und ein glühender Befürworter und Praktiker des modernen Schamanismus', bemerkt hat, ist »die Imagination alles… Von da her kommen wir, und dorthin gehen wir«[18]. In die Imagination eingehen, bevor wir sterben, heißt demnach, sowohl unseren Ursprung als unsere Bestimmung kennen. Das heißt auch, die Kunst des Schamanen und die Philosophie Platons zu praktizieren, damit wir noch zu Lebzeiten mit der imaginalen Vision zu schauen vermögen.

Für mich liegt die wahre Verheißung der NTE nicht darin, was sie über das Leben nach dem Tod andeutet, sondern was sie darüber aussagt, wie man *jetzt* leben soll und wie man zur göttlichen Imagination jetzt erwachen kann, indem man dem leidenschaftlichen Verlangen der Seele, ihre grenzenlosen Tiefen *vor* dem Tod zu erfahren, Folge leistet. Wer könnte uns dies besser ins Gedächtnis rufen als der große indische Dichter Kabir?

»Freund, hoffe auf den Gast, solang du lebst.
Springe in die Erfahrung, solang du lebst!
Besinne dich … besinne dich … solang du lebst.
Was du ›Erlösung‹ nennst, geschieht schon vor dem Tod.

Wenn du die Fesseln nicht zerreißt, solang du lebst,
denkst du, die Geister im Jenseits
werden es an deiner Stelle tun?
Daß die Seele in die Verzückung eingeht,
nur weil dein Leib verwest –
all dies ist eitler Wahn.

Was du jetzt findest, findest du auch dort.
Wenn du jetzt nichts findest,
dann wirst du lediglich Wohnung nehmen
in der Stadt des Todes.

Wenn du mit dem Göttlichen dich liebend jetzt vereinst,
wirst du im nächsten Leben
das Antlitz erfüllten Verlangens haben.
Daher stürz' dich in die Wahrheit, such' den Lehrer,
Glaube an den Großen Klang!

Also spricht Kabir: Wenn man auf der Suche ist nach dem Gast,
ist es die Glut der Sehnsucht, die alles wirkt.
Sieh mich an, und du erblickst einen Sklaven dieser Glut.«[19]

Teil IV
Transzendenz und Tod

Die Autoren dieses letzten Abschnitts teilen das Interesse an der Frage, wie wir unsere gewohnheitsmäßig negative Einstellung zum Tod und zu einem Leben nach dem Tod, den von diesen Gedanken gewöhnlich ausgelösten Pessimismus, die Verzweiflung und Angst überwinden und zu einer positiveren Haltung finden können. Hier werden Themen zur Sprache kommen wie Sterben mit Würde, die psychologischen Wurzeln unserer Angst vor dem Tod sowie die Frage, ob der Glaube an ein Weiterleben nach dem Tod sich auf die persönlichen Todesmythen auswirkt und ob der Glaube an ein Weiterleben gerechtfertigt ist, obwohl er nach wissenschaftlichen Normen nicht bewiesen werden kann.

In seinem Beitrag »Was lebt weiter?« legt *Stephen Levine* Erkenntnisse dar, die er aus den langen Jahren seiner Arbeit mit Sterbenden gewonnen hat. In einem bewegenden persönlichen Bericht über seine Arbeit mit einer Patientin namens Robin erzählt er, wie er während einer Meditationssitzung eine »Übertragung« ihres Sterbeprozesses erlebte, bei der die aktuellen Symptome von Robins Sterben in seinem eigenen Körper auftraten, unter anderem das Gefühl, daß er durch einen übermächtigen Druck auf der Brust aus seinem Körper »ausgestoßen« wurde und dadurch Einblick bekam, wie es ist, wenn man stirbt. »Diese Erfahrung [aus dem Körper ausgestoßen zu werden] war sehr befriedigend«, schreibt Levine. »Ich war nicht mehr rund um mein Leben zusammengezogen, sondern spürte, wie ich mich über meinen Körper hinweg ausdehnte. Ich dachte: ›Ja, das ist recht so, alles läuft ausgezeichnet‹.«

Dann analysiert Levine sein Erlebnis vom Standpunkt der buddhistischen Lehren über die »Achtsamkeit« und kommt zu folgendem Schluß: Wenn der Zustand nach dem Tod vom Bewußtsein projiziert wird, wie der Buddhismus lehrt, dann müssen wir im Augenblick des Todes – ebenso wie im gegenwärtigen Augenblick – »zur Kenntnis nehmen, was vor sich geht, wir müssen dafür offen bleiben, ohne uns daran zu klammern oder Widerstand zu leisten, und wir müssen es loslassen, damit wir über die Vorstellungen, Ziele und Ängste des Bewußtseins hinaussehen können.« Dann, meint er, werden wir imstande sein, »über das Relative und Bedingte hinweg auf die Wahrheit zuzugehen, mit dem Ewig-Leuchtenden zu verschmelzen.«

Wenn es so ist, daß der Glaube an ein Leben nach dem Tod sich so positiv auswirken kann, warum weisen manche Menschen alle Indizien, die für ein Weiterleben sprechen, zurück? In seinem Essay »Die Angst vor dem Leben nach dem Tod« untersucht *Michael Grosso* das Phänomen dieses Widerstands gegen die Indizien, vor allem auf seiten gebildeter Anhänger des modernen wissenschaftlichen Materialismus'. »Es ist, als gäbe es eine Verschwörung gegen solche Informationen«, schreibt Grosso, »ein Bedürfnis, sie zu verharmlosen, sie als irrelevant und nichtexistent hinzustellen.« Der Schlüssel zu diesem Bedürfnis, meint Grosso, könne gefunden werden, wenn man den Glauben von Stammesvölkern über die Geister der Verstorbenen betrachtet.

Grosso sagt: »Stammesvölker in allen Teilen der Erde glauben, daß die Geister der Verstorbenen imstande sind, allen möglichen Unfug unter den Lebenden zu stiften«, und »diese Urangst vor den Toten und die sie bedingende ungeheure Paranoia ist vermutlich noch immer ein Teil des Erbes unserer kollektiven Psyche.« Von diesem Standpunkt aus könne die Erfindung des wissenschaftlichen Materialismus' als ein mächtiger Fetisch zur Bannung der Angst vor feindlichen Geistern, wenigstens aus unserer bewußten Vernunft, betrachtet werden. Mit anderen Worten: durch die *Entseelung* der Natur und die Reduzierung von Vernunft, Seele und Bewußtsein auf höchst vergängliche Nebenprodukte biochemischer Reaktionen, versucht der wissenschaftliche Materialismus uns zu versichern, daß es in der Dunkelheit nichts gibt, »wovor wir uns fürchten müssen«.

Nach einer Erwägung anderer Motive für die Weigerung, an ein Leben nach dem Tod zu glauben, entwickelt Grosso ein neues Paradigma für die Debatte der Überlebensfrage, aufgrund einer Untersuchung des Themas aus der Perspektive der Evolution. Aus dieser Perspektive stehen die Menschen vielleicht erst am Anfang einer Entwicklung, die ihnen erlauben wird, den Tod zu überleben. »Vielleicht sind die Voraussetzungen für ein ›Fortleben‹ schon im Begriff, in Erscheinung zu treten«, meint er. Wenn dem so ist, dann würde die Unvollständigkeit des Beweismaterials zugunsten des Überlebens lediglich die unvollendete Evolution der Mechanismen des Weiterlebens spiegeln. Er stellt fest: »Noch wissen wir nicht, was aus Phänomenen wie medialer Entrückung, Nahtod-Visionen, außerkörperlichen Reisen, anomalen Wahrnehmungen von Zeit, Geistererscheinungen, Poltergeistern, Wundertaten von Heiligen und Avataren und dergleichen mehr, für die Evolution hervorgeht. Solche Phänomene sind vielleicht nur der Anfang einer ungeheuren Evolution der Spezies Bewußtsein.«

David Feinstein betrachtet unsere Einstellung zum Tod in seinem Aufsatz »Persönliche Todesmythen und ihre Evolution« aus einer etwas anderen Perspektive. Er definiert einen persönlichen Mythos als einen »tiefen, weitgehend unbewußten und in sich oft widersprüchlichen Komplex von Bildern, Emotionen und Begriffen, mit dessen Hilfe ein Individuum die Vergangenheit interpretiert, die Gegenwart begreift und Richtlinien für die Zukunft gewinnt«, und argumentiert, daß wir alle auf irgendeiner Ebene ständig mit Fragen zu tun haben, die unsere Auffassung von Leben und Tod betreffen. »Die Bewußtwerdung dieses Prozesses«, schreibt Feinstein, »kann letztlich zu einem lebendigeren und ermächtigten persönlichen Todesmythos führen.«

Zu diesem Zweck beschreibt Feinstein ein Programm in fünf Stufen, um den Entstehungsprozeß eines persönlichen Mythos' mit Hilfe persönlicher Rituale und dem Einsatz von Techniken auf der Grundlage von Bildvorstellungen und Kontemplation bewußter zu machen. Er schreibt, daß »auf eine innere Reise zu gehen, auf der man sich mit den eigenen Todesängsten konfrontiert und die archetypischen, den Tod transzendierenden Impulse freisetzt, auf verschiedene Weise nützlich sein kann«, und »Indem wir uns mit unserer Sterblichkeit ehrlich auseinandersetzen, verleihen wir unserem Leben eine neue Intensität.«

Die offene Auseinandersetzung mit dem Tod ist auch das Thema meines Essays »Reisen in das Land der Toten: Schamanismus und Samadhi«, in dem ich Parallelen zwischen den »Jenseitsreisen« der Schamanen, Yogis und Menschen mit Nahtoderfahrungen ziehe und sage, daß es heute an der Zeit ist, das mystische Wissen der jenseitigen Welt zu »demokratisieren«, also einer großen Anzahl von Menschen verfügbar zu machen, statt es wie in der Vergangenheit auf einen engen Kreis von Mystikspezialisten zu beschränken. Denn in der gegenwärtigen globalen Krise kann die Welt es sich nicht leisten, von Menschenmassen bevölkert zu sein, die getrieben sind von Todesangst. Das Ideal einer globalen Heilung erfordert, daß das ehemals geheime Wissen über postmortale Zustände und die mystische Erfahrung von Tod und Wiedergeburt allgemein zugänglich wird. Gleichzeitig verweist es auf das Bedürfnis nach einer neuen mystischen Tradition des Westens mit eigenen Initiationen und Durchgangsriten.

Was lebt weiter?

STEPHEN LEVINE

Vor vielen Jahren, als ich einmal im Hochland von Arizona den roten Sonnenuntergang beobachtete, wandte sich ein befreundeter Zen-Mönch an mich und sagte: »Wozu brauchen wir ein Leben nach dem Tod?«

Wir meinen, daß unsere Existenz vom Körper abhängig sei, aber es ist genau umgekehrt. Die Existenz des Körpers hängt von uns ab, nämlich von dem, was wir wirklich sind. Und wenn wir diesen Körper verlassen, verwandelt er sich sofort in Müll und wird zu einem Entsorgungsproblem.

Zahlreiche Sterbende, mit denen meine Frau Ondrea und ich in den vergangenen zwölf Jahren gearbeitet haben und die die Erfahrung machten, daß etwas von ihnen vom Körper unabhängig ist, sei es aufgrund von Nahtoderlebnissen (NTEs), außerkörperlichen Erfahrungen (AKEs) oder inneren meditativen Vorgängen, stellten fest, daß das Loslassen des Körpers ein natürlicher Bestandteil des Kontinuums der bewußten Erfahrung ist. Ich persönlich hatte nie ein NTE oder eine AKE, doch gelegentlich wurden mir gewisse »nichtkörperliche« Erfahrungen zuteil.

Im stillen Erleben tiefer innerer Abläufe kann man unmittelbar den Zustand des »Todlosen«, der Grenzenlosigkeit des Seins erfahren, in dem das Kontinuum dahingleitet, aus dem Gedanken eines getrennten Selbst hervorgehen und in das sie wieder verschwinden. Das Todlose ist das gemeinsame Herz, in dem alle scheinbar getrennte Erfahrung dahinströmt – das »Seiende« jenseits aller Dualismen wie Sein und Nichtsein. In diesem undefinierbaren, jedoch direkt erfahrbaren Zustand vergehen Geburt und Tod wie Schaum auf dem Wasser oder wie die Gedanken im Bewußtsein und hinterlassen eine stille Zuversicht, daß man nach dem Tod dieses vergänglichen Körpers, der bloß ein Schulungsort des Geistes ist, tatsächlich weiterlebt.

Ich gehe diese Arbeit mit dem Titel »Was lebt weiter?« mit einiger Freude und beträchtlicher Ignoranz an, denn um eine solche Frage beantworten zu können, müßte man natürlich die Wahrheit wissen. Doch um die eigentliche Wahrheit zu »wissen«, müssen wir vollständig sein. Sie kann nicht mit dem Verstand gewußt, sondern nur im Herzen erfahren werden. Sie hat ein Dasein jenseits der Sprache und des Verstandes. Die Antwort auf die Frage »Was lebt weiter?« ist in Wirklichkeit eine Antwort auf die Frage »Wer bin ich?« Obwohl Worte niemals die Wirklichkeit dessen ausdrücken können, was wir sind, können wir durch eine tiefgehende Erforschung unseres eigenen Bewußtseins Tod und Vergänglichkeit überschreiten und das allgegenwärtig Seiende entdecken, das vor der Geburt war, den Tod überdauert und auf diesen zurückblickt.

Die Antworten, die auf die universelle Frage »Was lebt weiter?« gegeben wurden, stellen beinahe Definitionen der verschiedenen Weltreligionen dar. In manchem Denken, etwa im christlichen, ist es die Seele, die nach dem Tod fortlebt, eine individuelle Wesenheit, die von Gott geschaffen, aber letztlich von ihm getrennt ist, weil ihre Essenz sich auf irgendeine Weise von ihm unterscheidet. In anderen Schulen des Denkens, die nichts als getrennt von unserem wahren Wesen betrachten, wie etwa die buddhistische, mag die Antwort auf die stete Entfaltung des Prozesses (des Kontinuums) verweisen: Nachdem diese Kerze (der Körper) verlöscht ist, überdauert die Flamme, die sie entfachte, entzündet einen neuen Docht und brennt weiter. An einem anderen Ort im Osten könnte ein orangegekleideter Mönch mit geschorenem Kopf die Frage »Was lebt weiter?« mit der Gegenfrage beantworten: »Wer stellt die Frage? Finde dies durch Selbsterforschung heraus, dann wirst du erfahren, was nach dem Tod weiterlebt.«

Die beste Antwort, die ich auf diese Frage gehört habe, kam von einem großen Meditationsmeister aus Laos, der im Alter von achtzig Jahren ein Meditationszentrum in den Vereinigten Staaten besuchte, wo ich gerade Einkehrtage hielt. Nachdem dieser betagte und geehrte Vertreter der Schule des Theravada-Buddhismus eine versammelte Gruppe von Meditierenden gefragt hatte: »Was lebt weiter, wenn ein erleuchtetes Wesen stirbt?«, antwortete ein Mann, der einmal Mönch in derselben Schule gewesen war: »Wenn ein erleuchtetes Wesen stirbt, bleibt nichts von ihm übrig.« Obwohl dies die Standardantwort seiner Sekte war, lächelte der Lehrer und erwiderte zu unserer großen Überraschung: »Nein, die Wahrheit bleibt übrig!«

Aus meiner eigenen Erfahrung scheint mir, daß die Antwort auf diese Frage nicht über den Intellekt zu finden ist, sondern nur unmittelbar als ein Aspekt unseres Seins erfahren werden kann, der uns durch tiefe, unmittelbare Forschung zugänglich ist. Daher heißt es: »Was wir suchen, ist das, was sucht.« Doch das, was sieht, kann selbst nicht gesehen werden; es kann nur jenseits des Verstandesbewußtseins, im Mittelpunkt des Selbst, betreten werden.

In meiner Arbeit mit Sterbenden hatte ich manchmal die Gelegenheit, Patienten bis an die Schwelle des Todes zu begleiten. Obwohl ich diese Schwelle nicht mit ihnen überqueren konnte, vermochte ich dennoch einen Blick durch das Tor hinaus in Bereiche zu werfen, die sich drüben entfalteten. Im Lauf meiner langjährigen Arbeit mit Menschen, denen der Tod bevorsteht, erlebte ich manchmal eine »Bewußtseinsverschmelzung« – mangels eines besseren Ausdrucks – mit denjenigen, zu denen ich eine starke Herzensbindung hatte.

Die außergewöhnlichste Erfahrung machte ich wohl mit einer Patientin namens Robin, mit der ich schon viele Monate gearbeitet hatte. Robin litt an einem extrem schmerzhaften Knochenkrebs und hatte lange und hart daran gearbeitet, barmherzig und in einer erweckten Art mit sich selbst umzugehen. Ihr Sterben war eine Lehre für uns alle. Nachdem ich fast drei Wochen an ihrem Bett verbracht hatte, ermutigte sie mich mit einem Wink ihrer Augen, den Termin einer Einkehrzeit in einem etliche hundert Meilen entfernten Meditationszentrum wahrzunehmen. Ich nahm endgültigen Abschied von einer langen Beziehung wechselseitigen Wachstums und fuhr in das Meditationszentrum. Als ich ankam, rief ich Robin an, um mich zu erkundigen, wie es ihr ging, und hörte, daß ihr Sterbeprozeß seinen natürlichen Lauf nahm und daß alles in Ordnung war. Sooft ich sie aus der Einkehr anrief, war mir klar, daß sie kaum noch irgendeine Hilfe eines Menschen brauchte.

Als ich etwa eine Woche dort war, spürte ich während der ersten Meditationssitzung in der Gruppe um fünf Uhr früh einen Schmerz in der Brust. Ich fühlte, wie die Empfindung heißer und tiefer wurde, und nach einigen Minuten dachte ich, daß ich vielleicht eine Sterbehalluzination hatte. »Kein Wunder«, dachte ich mir, »in Anbetracht all der Menschen, deren Sterben ich miterlebt habe.« Ich wußte nicht, wo der Schmerz herkam, und ich konnte nichts anderes tun, als offen für ihn zu bleiben und zu sehen, was der nächste Augenblick bringen würde. Mir war, als ob eine Art Druck meine Lungen lahmlegte. Ich mußte mich auf jeden Atemzug konzentrieren, und es war, als müßte ich ganz bewußt, auf einer fast molekularen Ebene, Luft einsaugen, um nicht in Ohnmacht zu fallen. Das Atmen fiel mir immer schwerer, und der Schmerz in meiner Brust breitete sich aus. Ich spürte, wie mein Körper mit jedem Atemzug starrer wurde, aber solange ich dafür offenbleiben konnte, vermochte ich der Erfahrung Raum zu geben. So saß ich einfach da und ließ alles geschehen, ohne etwas einzuordnen oder auch nur den Versuch zu machen, es zu verstehen, sondern nur offenzubleiben.

Nachdem diese Erfahrung etwa zehn Minuten gedauert hatte, hörte ich plötzlich Robins Stimme, die sagte: »Wir sind uns so nahe gewesen, wir haben so viel miteinander durchgemacht, und ich habe nichts, was ich dir schenken könnte. Aber ich weiß, daß du wissen möchtest, wie das Sterben ist, und deshalb teile ich jetzt mein Sterben mit dir.«

Ich überlegte und dachte mir: »Das ist immerhin ein interessanter Gedanke. Ob wahr oder nicht, wie immer dem sei, es ist nur ein Gedanke. Wer weiß?«

Ich enthielt mich zunächst des Urteils, da ich nicht wußte, was sich wirklich abspielte. Aber ich hatte das Gefühl, als läge ich im Sterben, aus welchem Grund immer. Es machte mir ständig mehr Mühe zu atmen, und ich beobachtete, wie mein Körper zu zittern begann aus einem Gefühl drohender Gefahr. Ohne Zweifel war das ein Alarmsignal. Es geschah etwas mit mir, das der physische Körper als Bedrohung empfand. Ich spürte, wie Angst hochkam, während ich beobachtete, wie mein Körper sich festhalten wollte und sich quasi zusammenzog, als versuche er unwillkürlich, das »Feuer«, seine Lebenskraft, einzukapseln oder in sich zu bewahren und es nicht herauszulassen. Aber das Feuer brannte sich seinen Weg durch, trotz aller Anstrengung. Ich versuchte, nur zu atmen und an nichts anderes zu denken, weil ich spürte, daß ich ohnmächtig werden würde, wenn meine Aufmerksamkeit abschweifte. In meinem Körper war nur der Schmerz und das verhaltene Zischen meines Atems, den ich einzog und unter Druck von mir gab.

Nach etwa fünfundzwanzig Minuten war mir, als ob ich durch den Druck in meinen Lungen aus meinem Körper ausgestoßen würde. Ich beobachtete weiter, wie der Körper sich festzuhalten versuchte, noch mehr »alert« als zuvor, während das Verstandesbewußtsein nach einem Ausweg aus der Situation suchte. Aber es war kein Raum für Kontrolle. Ich spürte, daß ich meinen Körper einfach gewähren lassen mußte, weil jede Kontrolle ihn zum Platzen bringen würde. Ich fühlte mich wie eine zugeschraubte Tube Zahnpasta, die gedrückt wird. Schließlich sagte das Bewußtsein jedoch: »Drin bleiben? Warum eigentlich?« Es kam keine Antwort, und plötzlich überkam mich ein großer Friede. Meine Prioritäten hatten sich jäh verändert. Das Loslassen des Körpers schien jetzt vollkommen richtig zu sein. Es gab keinen Grund, Widerstand zu leisten oder festzuhalten. Es war, als erinnerte ich mich an etwas, das ich vor langer Zeit, vielleicht seit meiner Geburt, vergessen hatte. Dann schien der Druck in meiner Brust völlig natürlich, und er tat genau das, was er tun mußte, um mich auszustoßen. Recht so! Der Tod war keine Bedrohung mehr, sondern er wurde einfach zu einer weiteren Schaumblase im Fluß des Wandels und in der freudigen Erwartung des nächsten Augenblicks. Ich dachte wieder: »Ja, warum soll ich denn im Körper bleiben? Wie konnte ich nur so dumm sein, an diesem Ding festzuhalten? Alles ist vollkommen.« Ich fühlte mich von dem Wissen durchdrungen, daß alles so war, wie es sein sollte, und die Gewißheit dieser Erkenntnis verwandelte den Schmerz und Druck, der mich aus meinem Körper ausstieß, in einen Verbündeten, statt einen Feind.

Diese Erfahrung war sehr befriedigend. Ich fühlte noch immer Schmerz, aber auch eine ungeheure Ausweitung. Ich war nicht mehr rund um mein Leben zusammengezogen, sondern spürte, wie ich mich über meinen Körper hinweg ausdehnte. Ich dachte: »Ja, das ist recht so, alles läuft ausgezeichnet.« Und wieder hörte ich Robins Stimme, und diesmal sagte sie: »Es ist Zeit aufzuhören, Robin zu sein und der sterbende Christus zu werden.« Dann identifizierte ich mich nicht mehr mit »jemandem«, der im Sterben liegt – mit »meinem« Sterben oder »ihrem« Sterben – und erlebte nur den Prozeß in seiner vollkommenen Entfaltung. Ich hatte kein Verhältnis mehr zu mir als Körper, sondern eher als ein Bewußtseinsprozeß auf seiner nächsten vollkommenen Stufe, seines Heraussterbens aus seinem irdischen Gefäß. Und ich wußte, daß Sterben nur der andere Teil des Lebens war. Schweigen.

Als die Glocke ertönte, um die Meditationszeit zu beenden, fragte ich mich in Gedanken: »Was war das alles? Eine interessante Halluzination, gewiß – aber war es noch mehr?« Dann stand ich auf und ging zum Frühstück, während meine Brust noch immer schmerzte. Aber als ich gerade anfing zu essen, wurde ich zum Telefon gerufen. Robins Bruder war dran und teilte mir mit, daß Robin eben gestorben sei.

Vor einiger Zeit erhielten wir einen Brief von einer Frau aus New York City, in dem sie uns mitteilte, daß sie die Absicht habe, ihre Mutter zu besuchen, die im Brooklyn Convalescent Hospital im Sterben lag. Sie sagte, daß sie sich ans Bett ihrer Mutter setzen und ihr aus dem Tibetischen Totenbuch vorlesen wolle. Ich rief die Frau noch am selben Tag an und gab ihr zu bedenken, daß sie die Situation vielleicht falsch beurteilte. Ich bat sie zu überlegen, wie eine fünfundachtzigjährige Jüdin, die ziemliche Schmerzen und Angst hat und in einer fremden Umgebung im Sterben liegt, wohl ragieren würde, wenn sie gezwungen sei, hilflos dazuliegen und sich anzuhören, daß sie bald mit überwältigenden Lichtern und donnerndem Gebrüll fremder Götter und Dämonen konfrontiert sein würde, unter Begleitumständen, wie sie ihr im Leben nie begegnet seien. Der Tod ist an sich schon erschreckend genug. Ihn auf so ungewohnte Weise anzukündigen, würde ihre Mutter vermutlich noch mehr in Angst und Sorge versetzen. Das Tibetische Totenbuch ist für tibetische Mönche bestimmt, nicht für alte jüdische Damen, die in Brooklyn sterben.

Da Tibeter und westliche Menschen kulturell unterschiedlich geprägt sind, warum sollten wir dann von einem westlichen Bewußtsein erwarten, daß es das tibetische Kulturmilieu projizieren würde, nachdem es den Körper losgelassen hat? Wir rieten der Frau, ihrer Mutter alte jiddische Liebeslieder vorzusingen.

Das Tibetische Totenbuch (auch als »Bardo Thödol« bekannt) ist ein von tibetischen Mönchen für andere tibetische Mönche und fromme Laien verfaßter Text, der ihnen helfen soll, ihre lebenslange spirituelle Praxis in den Augenblick des Übergangs einzubringen, den wir »Tod« nennen. Er soll ihnen das Ungewohnte vertraut machen und die Visualisierungstechniken unterstützen, die der Sterbende vielleicht schon seit Jahren geübt hat. Das Tibetische Totenbuch ist vielleicht das bekannteste Beispiel einer literarischen Gattung, die es fast in jeder Kultur auf der ganzen Welt gibt, nämlich jener »postmortalen Führer«, die den Sterbenden behilflich sind, einen weisen Kurs durch die Bewußtseinszustände nach dem Tod zu steuern. Das Buch ist Teil einer langen spirituellen Praxis, die den spirituell Übenden anleitet, auch unter den bizarrsten Umständen das Ziel nicht aus den Augen zu verlieren. Es gibt dem Sterbenden den Rat, alle visionären Phänomene, die er in dem Nachtod-Zustand wahrnimmt, unverzüglich als Projektionen des eigenen Bewußtseins zu erkennen und zu bestätigen, denn der Beobachter und das Beobachtete sind ein und dasselbe. Daher versucht der Text, die Übenden davon zu befreien, sich an alte Wünsche und Gefühle der Trennung zu klammern, die Angst und Selbstschutz verursachen, und ermutigt sie, mit ihrem ursprünglichen Wesen zu verschmelzen, indem sie das Unechte loslassen und sich mit dem Wirklichen verbinden.

Zu diesem Zweck personifiziert das Tibetische Totenbuch Bewußtseinszustände als himmlische Wesen, als engelhafte und dämonische Wesenheiten, die an ihren Gewändern und Farben, an ihrem Schmuck und ihrer Kostümierung zu erkennen sind. So wird die personifizierte Barmherzigkeit zur leuchtenden Gestalt des Bodhisattva Avalokiteshvara; Angst wird zu einem sechsarmigen, bluttriefenden Kriegsdämon; und die unterscheidende Weisheit – die Fähigkeit, unsere Bindungen, die uns festhalten, zu durchbrechen –

211

wird zu dem schwertschwingenden Bodhisattva Manjushri. Solche Personifizierungen sind ein Mittel, die magnetische Kraft starker Emotionen zu brechen. Aber wir im Westen sind mit solchen überladenen Bildern nicht von Kind auf vertraut, und daher stellen sie für uns kaum dasselbe dar wie für einen tibetischen Mönch. Vielleicht lassen die betreffenden Bewußtseinszustände sich für die westliche Mentalität besser als reine Liebe, Furcht, Eifersucht, Neid oder als unbewußte Neigungen beschreiben – jene Energien, die immer Festhalten und Verwirrung verursacht und Angst und Selbstzweifel verstärkt haben.

Die buddhistische Praxis der »Achtsamkeit« und der »reinen Aufmerksamkeit« – das Wahrnehmen innerer Zustände von einem Augenblick zum andern, die Wahrnehmung von Gefühlen und Gedanken, während sie sich ereignen – erreicht etwa dasselbe Ziel wie die tibetischen Personifizierungen und tut dies für die westliche Mentalität vielleicht in direkterer Weise. Wenn wir für die inneren Zustände offen sind, uns nicht in ihnen verschließen oder uns mit ihnen identifizieren, können wir über sie hinausgelangen.

Wenn das Bewußtsein, nachdem es den Körper verlassen hat, weiterhin seine eigene Welt schafft, und wenn wir nach dem Tod tatsächlich mit allem konfrontiert werden, woran wir im Leben gebunden waren – von einem Bewußtsein projiziert, dessen Konzentration durch das Wegfallen von körperlichen Reizen erheblich gestärkt wurde –, dann wird uns die Barmherzigkeit vielleicht nicht in der Gestalt von Avalokiteshvara erscheinen, sondern als Mutter Teresa oder als ein Freund, der uns einmal geholfen hat. Statt sich als zornige Gottheit zu präsentieren, könnte Zorn durch einen Feind dargestellt werden, den wir uns zu Lebzeiten geschaffen haben. In ähnlicher Weise kann Weisheit uns als ein spiritueller Lehrer erscheinen, den wir kannten. Eifersucht oder Neid kann die Gestalt einer wilden, grünäugigen Geliebten annehmen, die wir vor Jahren sitzengelassen haben, während Angst zu einer großen Schlange werden kann, die uns zu verschlingen droht. Ob sie in tibetischem Gewand oder in den vertrauteren Bildern unserer eigenen kulturellen Prägung erscheinen, wir empfinden dennoch Anziehung oder Abneigung gegenüber diesen Bildern, die unsere Imagination projiziert.

Und wenn der Nachtod-Zustand vom Bewußtsein projiziert wird, dann ist die Arbeit für den tibetischen Mönch dieselbe wie für uns. Wir alle müssen zur Kenntnis nehmen, was vor sich geht, wir müssen dafür offen bleiben, ohne uns daran zu klammern oder Widerstand zu leisten, und wir müssen es loslassen, damit wir über die Vorstellungen, Ziele und Ängste des Bewußtseins hinaussehen können. In diesem Augenblick oder im Augenblick des Todes ist die Arbeit für alle gleich: über das Relative und Bedingte hinweg auf die Wahrheit zuzugehen, mit dem Ewig-Leuchtenden zu verschmelzen.

Was nach dem Tod weiterbesteht, ist das Bild, das wir von uns haben. Wenn Dein Verhältnis zu Dir selbst während Deines Lebens ein körperliches war, warum bildest Du Dir dann ein, daß Deine Furcht vor dem Tod, Deine Angst vor der Auflösung dieses Körpers im Leben nach dem Tod aufhören sollte? Interessanterweise wird in den postmortalen »Navigationsanleitungen« verschiedener Texte aus äußerst unterschiedlichen Kulturen gesagt, daß man sogar nach dem Verlassen des Körpers von Todesangst motiviert ist. Wenn zum Beispiel ein Dämon oder ein Tiger sich nähert, versuchen die Seelen der Verstorbenen zu entfliehen, als sei der Körper noch immer schutzbedürftig. Aus welchem Grund sollten Verstorbene vor einem rotäugigen Dämon, der eine breite Axt schwingt, zurückweichen? Das geschieht deshalb, weil sie sich noch immer mit dem Körper identifizieren und ihn als das Wesentlichste ihrer Identität betrachten, auch wenn sie keinen Körper mehr haben. Diejenigen, die sich für einen Körper halten, haben viel zu beschützen, während diejenigen, die sich mit dem Geist identifizieren, von keinem Tiger und nicht einmal von einem rotäugigen Dämon angegriffen werden können. Das Sein kann nicht bedroht werden; nur das Selbstbild verursacht Angst und bringt etwas hervor, das geschützt werden muß.

Der Dichter Kabir sagt: »Was man jetzt vorfindet, das findet man auch dann vor.« Die Art und Weise, wie wir uns im gegenwärtigen Augenblick auf Bewußtseinszustände beziehen, gibt den besten Anhaltspunkt dafür, wie wir uns zu denselben Zuständen in der Zukunft verhalten werden. Diese Zukunft kann in der gewöhnlichen

Arbeitsroutine des morgigen Tages bestehen oder in einem Herausgleiten aus dem Körper, nachdem mit kreischenden Bremsen ein Auto zu Schrott gefahren wurde. In jedem Fall gehen unsere unbewußten Neigungen und das, was sich in unserem Bewußtsein angesammelt hat, von einem Augenblick zum andern über. Der Tod stellt diesem Fortdauern keine Schranke entgegen. In dem Maß, wie wir uns mit Bewußtseinszuständen identifizieren und sie als das betrachten, was wir jetzt sind, können wir von den Dingen erschreckt oder angezogen werden, die das Bewußtsein im nächsten Augenblick projiziert, wann immer dieser Augenblick kommen mag.

Die unbekannte Größe X, die beim sogenannten »Tod« vom Körper scheidet, wird von manchen Menschen »Seele« genannt, von anderen »das karmische Bündel« oder wieder von anderen »das Bewußtseinselement«. Es spielt keine Rolle, wie wir es nennen, solange wir es direkt erforschen und erkennen, ohne um die rechte Auslegung heilige Kriege zu führen, daß es offenbar eine Art des Weiterbestehens gibt, nicht einer »Person«, sondern der Energie, aus der diese »Personhaftigkeit« sich bewußtseinsmäßig zusammensetzte. Die spirituellen Überlieferungen des Ostens lehren, daß Bindungen sich so lange wiederverkörpern müssen, solange es noch welche gibt. In dem Maße, wie die Illusion eines getrennten Daseins als wirklich erscheint, kann sie auch in einer neuen physischen Gestalt wieder erscheinen, um sich weiterhin zu spiegeln.

Sogar diejenigen, die berichtet haben, daß sie sich während der NTEs dem »Licht« näherten, schienen selten erkannt zu haben, daß es ihr eigenes wahres Wesen, ihr essentielles Sein war, dem sie sich näherten. Sie wurden entweder davon erschreckt, oder sie beteten es an. Wenige sagen, daß sie versuchten, mit ihm zu verschmelzen und alles loszulassen, was getrennt war. Statt dessen hielten sie immer noch an vielem fest, was ihnen als »Individualität« so kostbar erschien. Der »Erfahrende« löst sich selten in die Erfahrung auf, ähnlich wie das Ich, das seinem eigenen Begräbnis beiwohnen möchte, oder wie der Dandy, der sein Leben vor einem Spiegel verbringt. Aber die Heilung, um deretwillen wir in eine Geburt eintraten, steht uns im Leben in jedem Augenblick zur Verfügung und ist uns gerade im Augenblick des Todes besonders zugänglich, denn dieser gibt uns eine tiefe Einsicht in die Illusion der Getrenntheit. Wenn wir voll und mit ganzem Herzen in das grenzenlose Sein eingehen, kehren wir einfach zu dem zurück, wer und was wir immer schon waren. Dann löst sich alles oberflächliche »Werden« der Vergangenheit in das Licht der zugrundeliegenden Wirklichkeit auf, die wir mit allem Seienden und mit allem, was künftig je sein wird, gemeinsam haben.

Frage: Ich habe in den Werken von Raymond Moody, Elisabeth Kübler-Ross und anderen so viel über die Nahtoderfahrungen von Leuten gelesen, die ihren Körper verlassen und einem Großen Lichtwesen begegnen. Treffen alle Menschen den Buddha oder Jesus oder wen auch immer sie nach dem Tod als »die Seele« personifizieren?

Antwort: Bitte denken Sie daran, daß alle sogenannten Nahtoderlebnisse nur die Anfangsstadien des Todes sind, die man vielleicht den »ersten Bardo« nach dem Tod nennen könnte. Die Erfahrung des leuchtenden Wesens während der ersten Stufen des Sterbens ist die Grundlage von Hunderten von Kosmologien und Schriften über die Erfahrungen nach dem Tod. Das Tibetische Totenbuch und zahlreiche andere Texte dieser Art deuten darauf hin, daß nach der Begegnung mit dem Urlicht, falls wir nicht in der Lage sind, uns ihm hinzugeben und eins mit ihm zu werden, dieses Licht in seine einzelnen Bestandteile zersplittert, als würde es durch ein Prisma gebrochen, und dann dürfen die verschiedenen Neigungen, die Dualismus und das Gefühl der Trennung erzeugen, wieder in Erscheinung treten. Die leuchtende Stille wird von alten Neigungen gestört, die das Bewußtsein beunruhigen, wie die spiegelglatte Oberfläche eines stillen Teichs von Unterwassergeschöpfen bewegt wird, die an die Oberfläche schwimmen. Dann kann man, wenn die eschatologischen Texte stimmen, einen Prozeß der Läuterung durchmachen, eine Begegnung mit dem eigenen Bewußtsein auf eine Weise, die Hingabe und die Verwandlung von Hindernissen in Verbündete ermöglicht. Ein solcher Prozeß, so heißt es, gibt uns die Gelegenheit, der eigenen Konditionierung und Prägung mit Weisheit und Liebe zu begegnen und in den Wesenskern einzugehen, der allen gemeinsam ist.

Vor mehreren Jahren verbrachte ich einige Zeit mit einem halbwüchsigen Jungen, der an einem Gehirntumor starb. Wir hatten noch nicht viel miteinander gesprochen, als er einmal die Frage stellte: »Wie wird es sein, wenn ich sterbe? Was meinen Sie, wie ist der Tod?« Ich sagte ihm, daß ich es nicht wüßte, daß es aber bestimmte Erfahrungen gibt, über die in den Schriften der Weisen berichtet wurde sowie in der modernen Forschung über diejenigen, die klinisch tot waren und dann wiederbelebt wurden. Raymond Moodys Buch *Leben nach dem Tod* war eben erschienen, und so erzählte ich dem Jungen einige Erfahrungen, die von jenen erwähnt wurden, die »gestorben waren« – wie sie zum Beispiel ihren Körper gleichsam von oben sahen und erkannt hatten, daß sie nicht mit ihrem Körper identisch waren. Ich teilte ihm einige Möglichkeiten mit, wie man für diesen Prozeß offenbleiben kann, und wir gingen das ganze Szenario durch. Gelegentlich entfuhr seinen Lippen ein »Ah!« – »Sie sagen, daß sie sich außerhalb ihres Körpers befinden«, sagte ich ihm, »und daß sie sich so schnell wie Gedanken bewegen können«.

Er zog seine Stirn kraus und fragte: »Könnte ich dann ein Gewitter und Blitze machen?« – »Das weiß ich nicht«, antwortete ich ihm, »aber ich ahne, wenn Du einmal diesen Körper, der Dich so geplagt hat, verlassen hast, dann sieht das alles möglicherweise ganz anders aus. Vielleicht gewinnst Du dann eine andere Einstellung, wie diese Plagen, die Dich jetzt so zornig machen, Dir in Wirklichkeit Mitgefühl und Reife verliehen haben. Dann bist Du vielleicht nicht mehr so zornig. Dann kommt es Dir vielleicht gar nicht mehr in den Sinn, daß Du ein Gewitter und Blitze hervorrufen willst.«

Er war sich dessen nicht so sicher. »Weißt Du«, fuhr ich fort, »ein paar Minuten, nachdem Du gestorben bist, wirst Du mehr über den Tod wissen als irgendeiner von den sogenannten Experten, wie ich einer bin. Manche Leute sagen, daß sie sich durch einen Korridor bewegen oder ein Hindernis überwinden, wie einen Fluß, und daß sie dann in die Gegenwart eines großen liebevollen Lichts kommen. Und da kann auch ein Wesen von großer Weisheit sein, das Dich geleitet – ein Wesen, das manche als Jesus und andere als Buddha erkannt haben.«

Es spielt keine Rolle, welche Gestalt die Personifizierung der

Weisheit annimmt. Wichtig ist nur die Beziehung, die man selbst zur Weisheit hat, zu dem als Gestalt verkleideten, leuchtenden Schweigen.

Wie eine Person es einmal ausdrückte: »Der Tod ist nur eine Veränderung des Lebensstils.« Er ist eine Gelegenheit, die Ursache des Leidens zu erkennen – unser Festhaltenwollen – und die Hingabe zu entdecken, die den Weg zu unserer Wesensganzheit erschließt. Der Tod rückt das Leben in eine andere Perspektive. Er ist ein großes Geschenk, und wenn wir es mit Gnade und Weisheit empfangen, läßt es zu, daß das festhaltende Bewußtsein sich auflöst, so daß nichts übrigbleibt als die Wahrheit, und wir zu dem Licht werden, welches das Licht unterhält.

Der große amerikanische Dichter Walt Whitman schrieb:

> Alles geht voran und hinaus,
> nichts stürzt ein,
> und Sterben ist anders,
> als irgendeiner dachte,
> und glücklicher.

Als Buddha im Sterben lag, wurde er von seinen Jüngern gefragt, was sie tun sollten, um ihre Übungen aufrechtzuerhalten, wenn er nicht mehr da sei. Er sagte: »Seid euch selbst ein Licht.« Im Lotus-Sutra empfiehlt er: »Also sollt ihr diese ganze flüchtige Welt betrachten: als einen Stern im Morgengrauen, eine Schaumblase im Fluß, einen Blitz in einer Sommerwolke, eine flackernde Lampe, als Trugbild und Traum.«

Bezüglich der Vorstellung, daß wir nach dem Tod wiedergeboren werden, um weiterzulernen, bis wir mit unserem wahren Wesen eins geworden sind, sagte ein buddhistischer Freund einmal zu mir: »Weißt du, es ist nicht schwer zu sterben, aber es ist schwer, gestorben zu bleiben!«

Die Angst vor dem Leben nach dem Tod

MICHAEL GROSSO

Über das Weiterleben nach dem Tod mit einem gebildeten Menschen zu reden, kann schwierig sein. »Geben wir zu«, sage ich etwa, »daß die Aussicht auf den Tod deprimierend, gelegentlich sogar erschreckend sein kann«. Mein Freund, der vielleicht ein kluger Akademiker oder ein liberaler Rechtsanwalt ist, nickt zustimmend.

»Nun bin ich zufällig«, fahre ich fort, »einigen Fakten nachgegangen, die für ein Leben nach dem Tod sprechen«.

»Fakten?« entgegnet mein Freund.

Dann berichte ich, daß es immerhin bedeutende Literatur gibt, die sich mit den Indizien – nicht unbedingt Beweisen – für ein Leben nach dem Tod auseinandersetzt. »Stell Dir vor, wenn es tatsächlich ein Leben nach dem Tod gäbe«, sage ich, »könnten wir das Abenteuer des Bewußtseins und der Evolution, das Streben nach mehr Erfahrung und Wissen fortsetzen. Wäre es die Mühe nicht wert, diesen seltsamen Tatsachen von Geisterscheinungen, medialen Phänomenen, außerkörperlichen Erfahrungen, Erinnerungen an frühere Leben und anderen Dingen nachzugehen, die auf die Möglichkeit eines Lebens nach dem Tod hindeuten?«

»Tja«, bemerkt mein Freund lustlos.

Der nächste Schritt ist, daß ich ihm fotokopierte Artikel und wichtige Bücher über den Gegenstand vorlege. »Lies das«, sage ich ihm, »und laß uns darüber reden«.

Der Personentyp, an den ich denke, wird schwache, wenn nicht irrationale Entschuldigungen vorbringen, warum er das Buch nicht lesen könne, das ich ihm in die Hand drücke. In einem Fall lief das Argument so: »Das sind doch nur Worte auf Papier; kein Grund, so etwas ernst zu nehmen.« Ein anderer Akademiker erklärte, er habe keine Zeit. »Willst du damit sagen, daß du nicht ein paar Stunden erübrigen kannst, um ein Buch zu lesen, das deine Grundeinstellung zum Leben und zum Tod verändern könnte?« fragte ich ihn.

Wie merkwürdig, daß intelligente Leute angesichts dieser Daten nicht nur Gleichgültigkeit, sondern Widerstand an den Tag legen. Es ist, als gäbe es eine Verschwörung gegen solche Informationen, ein Bedürfnis, sie zu verharmlosen, sie als irrelevant und nichtexistent hinzustellen. Dieser Widerstand ist ein aufschlußreiches Phänomen, und ich habe den Verdacht, daß eine tiefsitzende Furcht vor dem Irrationalen dahintersteckt – die Furcht vor dem »Schatten«, um mit C.G. Jung zu sprechen.

Dies ist natürlich nicht die Ansicht des typischen gebildeten Anhängers des wissenschaftlichen Materialismus'. Er wird von vornherein annehmen, daß Menschen, die an ein Leben nach dem Tod glauben, sich magischem Denken oder Wunschphantasien hingeben. Wie ich meine, läßt sich jedoch zeigen, daß manche Leute dieselbe Motivation haben, *nicht* an ein Leben nach dem Tod zu glauben, wie andere, die sehr wohl daran glauben. Sehen wir uns einige Gründe gegen diesen Glauben an.

Die menschliche Urangst vor den Toten

Sir James Frazer stellte fest, daß Eingeborenenstämme »mit einer solchen Gewißheit an die Unsterblichkeit glauben, daß der einzelne sich ebensowenig träumen lassen würde, sie in Zweifel zu ziehen, wie er an der Wirklichkeit seiner bewußten Existenz zweifelt.«[1] Frühe Völker glaubten spontan an ein Leben nach dem Tod. Wie kamen sie zu diesem zugegebenermaßen eher merkwürdigen Glauben? Die wissenschaftlichen Materialisten geben Wunschdenken als Erklärung dafür an. So sagte etwa Freud, daß der Glaube an Gott und die Unsterblichkeit aus einem infantilen Wunschdenken hervorgehe und das Symptom einer neurotischen Rebellion gegen die Tyrannei des harten Realitätsprinzips sei. In ähnlicher Weise erklärt Otto Rank, daß die Angst vor dem Tod uns die Vorstellung eines Doppelgängers eingebe – jenes Schattens unseres Ichs, das »drü-

219

ben« oder in der »jenseitigen« Welt als Geist weiterlebe. Nach Ranks Ansicht ist die Verdoppelung des Bildes unseres Ichs die Folge einer narzißtischen Leugnung der Idee, daß die Persönlichkeit ausgelöscht wird.

Stimmen diese psychologischen Erklärungen des Glaubens an ein Leben nach dem Tod mit den anthropologischen Indizien überein? Keineswegs. Ganz im Gegenteil deuten die Fakten darauf hin, daß die ersten Menschen nicht ihre Auslöschung, sondern vielmehr das Leben nach dem Tod fürchteten. Sie hatten keine Angst vor dem Tod, sondern vor den Toten.

Frazer sammelte Berichte von Missionaren und Anthropologen, die diese Urangst vor den Toten bezeugen. Stammesvölker in allen Teilen der Erde, in Melanesien, Polynesien, Neuguinea, Indien, Asien, Afrika sowie Nord- und Südamerika, glauben, daß die Geister der Verstorbenen imstande sind, allen möglichen Unfug unter den Lebenden zu stiften, wobei nahe Verwandte als die gefährlichsten Geister angesehen wurden.

Obwohl der Glaube herrscht, daß die Geister gelegentlich einen guten Rat erteilen können, betrachten die Eingeborenenvölker sie jedoch größtenteils mit Angst und Mißtrauen. Die Geister gelten als eine ständige, wenngleich unfaßbare Quelle des Unheils, die solche Menschen veranlaßt, sich vor ihnen zu ducken, ihre Gunst zu erbitten, sie zu täuschen oder die unsichtbaren Mächte zu beherrschen. Die Behauptung von Psychologen wie Rank, daß der Glaube an diese Mächte auf einem narzißtischen Wunschdenken beruhe, kann jedenfalls nicht überzeugen. Denn wenn das Unbewußte sich bloß eine Traumwelt erfände, um das narzißtische Ego zu beschwichtigen, warum bringt es dann keine erfreulichere Traumwelt hervor?

Auf der ganzen Welt glauben Stammesvölker, daß in der Zeit unmittelbar nach dem Tod die Geister über ihrer früheren irdischen Wohnstatt schweben und den größten Schaden anrichten. Bei den Tarahumara-Indianern in Mexiko sagte zum Beispiel »eine Mutter zu ihrem toten Kind: ›Geh weg! Komm nicht mehr zurück, denn du bist jetzt tot.‹ Und der Vater sagt zu dem toten Kind: ›Komm nicht mehr zurück und bitte mich nicht, deine Hand zu halten. Ich kenne dich nicht mehr.«« [2] Hier übersteigt die Furcht vor den Toten die normalerweise starken Bande der elterlichen Liebe.

Frazer zitiert Maßnahmen, welche die von verstorbenen Seelen drohenden Gefahren bannen sollen. So glauben Eingeborene oft, daß die Seele eines Menschen an seinen persönlichen Besitztümern haftet. Also besteht eine Maßnahme darin, das Haus und die persönlichen Besitztümer des Toten zu zerstören. Südamerikanische Indianer wie die Araukaner, Puelche und Patagonier gehen noch einen Schritt weiter und zerstören sein ganzes Dorf. Die ökonomische Auswirkung dieser Angst vor den Toten ist offensichtlich ruinös. Daher läßt sich nicht einfach sagen, daß der Glaube an ein Weiterleben »tröstlich« sei, da es viel tröstlicher wäre, *nicht* an ein Leben nach dem Tod zu glauben. Man hätte viel weniger Sorgen und könnte dazu übergehen, das Leben zu genießen.

Diese Urangst vor den Toten und die sie bedingende ungeheure Paranoia ist vermutlich noch immer ein Teil des Erbes unserer kollektiven Psyche. Die Tiefenpsychologie hat sattsam demonstriert, daß wir Menschen wandelnde Museen der Psyche sind. Jeder von uns trägt die psychische Archäologie der ganzen Spezies in sich. Die namenlosen Schrecken, die unsere Ahnen plagten, sind verdrängt, aber nicht ausgerottet.

Vom Standpunkt unserer psychischen Evolution war die Erfindung des wissenschaftlichen Materialismus' ein mächtiger Fetisch, der die Urangst vor feindlichen Geistern zumindest aus unserem verstandesmäßigen Bewußtsein verbannte. Das frühe Bewußtsein wird von einer abergläubischen Furcht vor dem *anderen* bedrängt. So läßt sich zum Beispiel in der uralten Angst vor dem »bösen Blick« die Neigung erkennen, unsere dunklen Impulse auf einen anderen Bewußtseinsträger zu projizieren. [3] Sartre hat uns eine moderne Analyse des »bösen Blicks« in seiner Abhandlung des Blicks gegeben. [4] Wir scheinen eine angeborene Angst vor dem anderen zu haben. Hinter dem physischen Auge steht ein unsichtbares Subjekt des Bewußtseins, das wie eine Medusa immer droht, uns zu versteinern und uns in ein bloßes Ding zu verwandeln.

Die Anziehungskraft des wissenschaftlichen Materialismus' ist verständlich. Er entseelt die Natur; er räumt auf mit Geist, Seele und

Bewußtsein, indem er sie zu bloßen Nebenprodukten biochemischer Reaktionen herabwürdigt, die mit dem Tod des Körpers der Vernichtung anheimfallen. Die Wissenschaft vertreibt unsere Furcht vor dem anderen. Es gibt nichts in der Dunkelheit, wovor wir uns fürchten müssen, versichert uns die Wissenschaft. Rein gar nichts. Es gibt da draußen keine Seelen, deren unheimliche Kräfte uns aus der Fassung bringen, uns verzaubern, uns verherrlichen oder über uns hinwegsehen können. Es gibt da draußen keine Geister, die Macht haben, uns Schaden zuzufügen. Und für den Fall, daß es sie gäbe, würde der Tod mit ihnen Schluß machen. Auslöschung ist der wirksamste Talisman gegen den bösen Blick, das heißt, gegen die Furcht vor dem unkontrollierbaren Bewußtsein des anderen.

Die heidnische Angst vor dem Leben nach dem Tod

Die heidnische Vorstellung vom Leben nach dem Tod wurzelte in der Urangst vor den Toten. Diese Angst vor den Toten verlagerte sich jedoch auf eine Angst vor einem unerfreulichen Leben nach dem Tod. Die alten Schriften bezeugen dies zur Genüge. Das berühmteste Beispiel dafür stammt aus der *Odyssee* des Homer (11. Gesang, Vers 488). Als Odysseus in den Hades hinabsteigt, spricht Achilles zu ihm: »Lieber wäre ich Knecht auf den Feldern und fronte dort einem anderen… als herrschen bei allen verstorbenen Toten.« Der Dichter Anakreon schrieb: »Der Tod ist zu schrecklich. Fürchterlich sind die Tiefen des Hades.« Die Griechen waren im Licht des Tages beheimatet; das Nächtliche versetzte sie in Trauer und Unruhe.

Wir können uns den Hades am besten als einen düsteren, veränderten Bewußtseinszustand, als einen langen Alptraum oder ein außerkörperliches Umherirren vorstellen. Der Hades war zweifellos der Schauplatz einer Art von Leben nach dem Tod, doch eines unerfreulichen »Lebens« des Ausgeliefertseins an dunkle, undurchschaubare Mächte, über die wir heute durch die Offenbarungen von Kunst, Drogen und Psychosen einiges wissen.

Mit der Philosophie Platons und den Eleusinischen Mysterien kam bei den alten Griechen eine positivere Anschauung vom Leben nach dem Tod auf, obgleich die schrecklichen Vorstellungen vom Hades das Gemüt des Volkes weiterhin beherrschten.

Der griechische Philosoph, der der Angst vor dem Leben nach dem Tod wirksam entgegentrat, war Epikur (341-270 v.Chr.). Er stützte sich auf den Materialismus Demokrits, wenn er für die Auflösung der Seele nach dem Tod argumentierte. Epikur kann uns in unserer gegenwärtigen Diskussion manches lehren, weil er wie der moderne Materialist motiviert war, *nicht* an ein Fortleben nach dem Tod zu glauben. Als Vertreter einer Philosophie, die sich in der antiken Welt größter Beliebtheit erfreute, wurde Epikur als ein Wohltäter der Menschheit betrachtet. Er war ein Heiler unter den antiken Philosophen und bekannte sich ausdrücklich zu einer therapeutischen Philosophie. Was heilte er denn? Die Angst vor dem Leben nach dem Tod.

Nach Lukrez erlöste Epikur die Menschheit von dem »Grauen vor Acheron [Fluß des Todes]... der das Leben des Menschen in seinen innersten Tiefen verstörte«. Der Materialismus und die Leugnung eines Fortlebens nach dem Tod in der Philosophie Epikurs befreite die Menschen von einer besonderen Art der Sorge – jener Sorge, die sich bei dem Gedanken einstellt, den »Abgründen« des menschlichen Lebens gegenübertreten zu müssen. Ich verstehe diese »Abgründe« als die dunkle Seite des Unbewußten, die von den Menschen der Antike intuitiv als das empfunden wurde, was uns im Leben nach dem Tod erwartet.

Das Denken Epikurs wirft ein Licht auf die Motive, die dem Aufstieg des klassischen Materialismus' zugrunde liegen. Zwei Hauptmotive lassen sich im Aufstieg dieser Weltanschauung ausmachen, die offenbar im Widerspruch zueinander stehen. Einerseits war der antike Materialismus eine Waffe, um jede Berührung mit der dunklen Seite des Lebens nach dem Tod zu vermeiden. Darin sehe ich Jungs »Schatten«, denn der Hades ist die bevorzugte Domäne der abgeschiedenen Seele und des Schattigen. Andererseits war der antike Materialismus ein Versuch, eine neue Religion zu begründen, und das bewerkstelligte er, indem er den Blick auf den sakralen und unvergänglichen Charakter der Materie richtete. In den Atomen Demokrits liegt beispielsweise das bestimmende Wesensmerkmal der Götter, nämlich ihre Unsterblichkeit.

Daß die Religiosität des klassischen Materialismus' von den Ursprüngen der griechischen Naturphilosophie stammt, liegt klar auf der Hand. Angefangen mit Thales, richteten die frühen griechischen Denker ihr Hauptaugenmerk auf die Entdeckung der *arché* – der Quelle, des Ursprungs oder Grundprinzips aller Dinge. Ob sie dieses Grundprinzip im Wasser erblickten (Thales), in der Luft (Anaximenes), im Feuer (Heraklit), im Grenzenlosen (Anaximander) oder in den Atomen (Demokrit), die Suche galt jeweils derselben *arché* von unsterblicher Kraft, wie die Götter sie einst besaßen. Die griechische Naturphilosophie, aus der die moderne Physik hervorging, verzichtete auf persönliche Unsterblichkeit in der Hoffnung, die zeitlosen Grundprinzipien der Natur dingfest zu machen.

Der wissenschaftliche Materialismus wurzelt also seinem Ursprung nach in der Suche nach dem Heiligen. Die *arché* der Physiker ist eine Sublimation des *theos*, des Göttlichen und Göttergleichen. Mit den *Ideen* Platons haben wir ein Prinzip, das zwischen der kosmischen *arché* der Physik und der *psyche* des Animismus' vermittelt. In der Moderne war es bekanntlich Einstein, der das kosmische Mysterium, die von der Wissenschaft erforschte sakrale Dimension der Welt, zu würdigen verstand.

Im großen und ganzen hat die moderne Wissenschaft jedoch eine Phobie gegen noch vorhandene Spuren des Sakralen, des Unheimlichen oder Numinosen. Der Fortschritt der exakten Naturwissenschaft wurde mit der Abschaffung jeglicher Andeutung der schattigen »Abgründe«, die Lukrez so erschreckten, identifiziert. Es war ein Sakrileg, die Einheit der Wissenschaft zu stören, indem man fremde Mächte wie »Bewußtsein« und »Seele« für gültig erklärte, denn dann würde man sich selbst der Angst des Lukrez' vor den Tiefen des Inneren aussetzen.

Die Angst vor dem Schrecken des Übersinnlichen und vor unheimlichen Mächten

Es kann nicht oft genug betont werden, daß unsere Ängste historisch bedingt sind. Durch die frohe Botschaft der Auferstehung erfuhr die Vorstellung des Lebens nach dem Tod im Christentum eine positive Wandlung. Doch dieser Wandel, obschon er dem abendländischen Denken eine Vorstellung von den höheren Möglichkeiten des Todes erschloß, rief gleichzeitig das Gespenst von Hölle, Schuld und Verdammnis auf den Plan. Es gibt gute historische Gründe, warum gebildete Menschen der westlichen Kultur den Glauben an ein Leben nach dem Tod mit tyrannischen Institutionen und grausamen Praktiken verbinden.

Die Religion hat die Entwicklung der westlichen Wissenschaft gehemmt, wie das Buch von Andrew Dickson White, *A History of the Warfare of Science with Theology in Christendom* in großer Ausführlichkeit darlegt.[5] Östliche Vorstellungen von Karma, Kastenwesen und Reinkarnation wecken ähnliche Vorbehalte. Wenn man dem Glauben an ein Weiterleben nach dem Tod anhängt, sticht man sozusagen in ein Wespennest von Hölle, Teufel, Hexenwesen, Hexenverfolgungen, Zauberinnen, Buhlteufeln, Kobolden, Dämonen und dergleichen Dingen mehr, die Gebildete als abergläubisches Zeug, als irrational und gesellschaftlich reaktionär betrachten.

Ein Universum, in dem das Leben nach dem Tod als Tatsache gälte, wäre voll von unbekannten und vielleicht erschreckenden Wesenheiten und Mächten. Berichte über dämonische Besessenheiten, Gespenstererscheinungen und andere unheimliche Phänomene könnte man nicht länger von der Hand weisen, wenn es Gründe gäbe, an ein Leben nach dem Tod zu glauben. Für mich gibt es keinen Zweifel daran, daß die Angst vor unheimlichen, übernatürlichen Kräften im Unbewußten vieler oberflächlich rationaler Menschen fröhliche Urstände feiert. Das Studium der Träume und des Verhaltens von Psychotikern hat gezeigt, wie nahe die »Schatten« des Unbewußten unserem normalen psychischen Leben sind. Die Möglichkeit eines Lebens nach dem Tod könnte in furchtsamen Rationalisten Ängste vor dem Unheimlichen wecken. Daher findet das materialistische Paradigma, der rationalistische Schutzschild gegen diese Angst, so großen Anklang.

Unter dem Bann des materialistischen Paradigmas wollen viele Gebildete die Möglichkeit eines rational begründbaren Glaubens an ein Weiterleben nach dem Tod nicht einmal in Betracht ziehen. Die Menschen setzen, emotional sowie intellektuell, auf den wissenschaftlichen Materialismus. Jegliche Andeutung einer psychischen Anomalie könnte wohl in jedem von uns die Angst eines Lukrez vor dem Acheron wecken. Vereinigungen wie das Committee for the Scientific Investigation of Claims of the Paranormal (Ausschuß für die wissenschaftliche Erforschung der angeblichen Existenz des Paranormalen) – das berüchtigte CSICOP – glauben an den Materialismus mit derselben Motivation, wie diejenigen, die auf die Bibel pochen, an das Königreich Gottes glauben.

Andere Gründe für die Angst
vor einem Leben nach dem Tod

Furcht vor dem Gericht, Schuld und karmische Vergeltung. Wenn wir Gründe hätten, an ein Leben nach dem Tod zu glauben, würden viele von uns vielleicht Angst vor Gott, vor der Hölle oder vor dem Jüngsten Gericht empfinden. Die Aussicht auf ein Weiterleben könnte Vorstellungen von Sünde, Schuld, Befleckung, Strafe, Läuterung und andere Dinge wecken, die wir unweigerlich als unerfreulich und beunruhigend ansehen. Wie manche Vertreter des »New Age« sind auch wissenschaftliche Rationalisten sehr darum besorgt, die Welt von diesen unangenehmen Vorstellungen, insbesondere von Schuld und Höllenstrafe, zu befreien. Daher wäre es zweckdienlich, nicht an ein Weiterleben zu glauben.

Platon sagt im *Phaidon*, daß ein schlechter Mensch den Tod als Auslöschung willkommen heißen würde, denn dann bräuchte er sich über die Folgen seiner Taten keine Sorgen zu machen. Wenn es keine Wiedergeburt gäbe, müßte er sich auch nicht um Selbstvervollkommnung von einem Leben zum nächsten bemühen. Denn nicht vielen von uns macht es Vergnügen, ewig gegen unsere Schwächen anzukämpfen. Daher ist auch moralische und spirituelle Trägheit ein triftiger Grund, nicht an ein Fortleben nach dem Tod zu glauben.

Furcht vor Erleuchtung. Nach dem Tibetischen Totenbuch sowie Berichten von Menschen, die Nahtoderlebnisse hatten, begegnen wir nach dem Tod einem blendenden, ehrfurchtgebietenden Licht. In der tibetischen Überlieferung gilt dieses Licht als zutiefst verwirrend und führt beim Durchschnittsmenschen letzten Endes zur Wiedergeburt, weil die meisten von uns nicht die spirituelle Reife besitzen, das Wesen dieses Lichts zu erkennen oder mit ihm zu verschmelzen und dadurch die Befreiung von den Sphären des bedingten Lebens zu erlangen.

Nehmen wir einmal an, die Reinkarnation wäre eine Tatsache. In diesem Fall könnte es sein, daß wir uns unbewußt an vergangene Begegnungen mit diesem Licht erinnern. Je weniger wir auf die Erleuchtung, auf die Verschmelzung mit dem Licht vorbereitet sind, desto mehr würden wir vor solchen Begegnungen zurückschrecken. Die spirituell Unvorbereiteten wären also motiviert, nicht an ein Leben nach dem Tod zu glauben. Sie würden die Auslöschung vorziehen, ebenso wie der traumlose Schlaf einem Alptraum vorzuziehen ist.

Furcht vor Hilflosigkeit in einer fremden Umgebung. Der Gedanke, an einem Ort weiterexistieren zu müssen, wo der gewohnte Status, das Erkenntnisvermögen und materieller Besitz ohne Belang sind, ist sehr unangenehm. In einer jenseitigen Welt wäre eine ganz andere Art innerer Fähigkeiten vonnöten.

Wenn Platon recht hat, nehmen wir in die nächste Welt nichts mit als unsere *paidea*, unsere Erziehung oder Bildung. Menschen, die Sorgen haben, was ihre spirituelle Bildung betrifft, fürchten vielleicht ein Leben nach dem Tod. Übertrieben rationale Typen würden ungern an einen Ort versetzt werden, wo sie sich nur mit Hilfe nichtrationaler Fähigkeiten zurechtfinden. Je mehr an Regeln gebunden eine Mentalität ist, desto weniger wird sie sich für die Aussicht auf eine Existenz nach dem Tod erwärmen können.

Pessimismus und die Furcht vor einem Leben nach dem Tod. Der Philosoph C.D. Broad bemerkte einmal, daß er eher ärgerlich als erstaunt wäre, wenn er sich nach dem Tod mit einem Bewußtsein wiederfände. Das Leben nach dem Tod ist voraussichtlich nicht besser als das Leben vor dem Tod, meint Broad. Ja, es kann sogar schlechter sein. Broad weiß, daß der Glaube an ein Weiterleben von einem Glauben an Gott logisch unabhängig ist. Auch wenn es keinen Gott gibt, könnte es trotzdem ein Weiterleben nach dem Tod geben. Wir könnten uns daher nach dem Tod in einer gottlosen Welt befinden, wo das Böse so viel Macht besitzt wie eh und je. Daher könnte ein Pessimist vor einem Weiterleben noch mehr Angst haben als vor der reinen Auslöschung. Denn die Auslöschung hat auch ihre Vorzüge: Wir hätten zumindest kein Bewußtsein und würden daher moralischen oder sinnlichen Schmerz nicht wahrnehmen.

Sinn geht über Beweise

Ein bemerkenswertes Phänomen ist das zunehmende Interesse für »vergangene Leben«. Immer mehr Menschen sprechen über ihre vergangenen Leben, doch in den meisten Fällen hat dieses Interesse nichts zu tun mit dem Versuch, authentische Erinnerungen an vergangene Leben *nachzuweisen*. Die Liebhaber vergangener Leben vertiefen sich nicht in die gelehrten Werke eines Dr. Ian Stevenson und suchen nicht nach einem wissenschaftlich-rationalen Fundament für ihren Glauben.

Es hat den Anschein, als sei etwas anderes im Gange, nämlich daß wir heute Zeugen sind, wie ein *Mythos* der Reinkarnation spontan Gestalt annimmt. Die Suche nach vergangenen Leben scheint eine gegenwärtige Sinnsuche zu sein, die mit der Suche nach abgesplitterten Fragmenten der Psyche, die integriert werden müssen, eng verbunden ist. Mit anderen Worten: die »vergangenen Leben«, die man gelebt zu haben meint, können in Wirklichkeit Teile des Selbst, gewissermaßen ein »Subselbst« sein, das man sich bewußt machen muß, um ganz zu werden. Daher würde eine Suche nach Beweisen, nach einer rationalen Analyse der Reinkarnation als Konzept in diesem Prozeß der Mythenbildung und des Seelenaufbaus nur stören.

Für diesen Personentyp liegt die Abneigung, die Indizien zu bedenken, nicht an der Furcht vor einem Leben nach dem Tod, sondern daran, daß sie automatisch von einem Fortleben ausgehen. Solche Menschen betrachten die wissenschaftliche und philosophische Erforschung des Lebens nach dem Tod als sekundär gegenüber der dringlicheren Aufgabe, ihr gegenwärtiges Leben sinnvoller und stimmiger zu gestalten. Von »Beweisen« zu reden, kann sogar als ein Ärgernis, als eine Bedrohung der inneren Stabilität empfunden werden. Von daher liegt der Schluß nahe, daß viele Menschen weniger die Gewißheit eines Lebens nach dem Tod wollen als die Gewißheit, daß ihr gegenwärtiges Leben und insbesondere ihre Leiden sinnvoll seien.

Ein neues Paradigma des Lebens nach dem Tod

Wir haben einige Motive für die Weigerung, an ein Leben nach dem Tod zu glauben, dargelegt. Aber sogar Gläubige können Motive haben, warum sie diese Frage nicht allzu kritisch beleuchten wollen. In beiden Fällen stoßen wir auf Widerstände gegen die Erforschung der Wahrheit über das Leben nach dem Tod.

Ich möchte jetzt einige konstruktive Bemerkungen über das Problem der Überlebensforschung machen. Betrachten wir die Frage des »Fortlebens« doch einmal aus der Sicht der Evolution. Die übliche Annahme ist die, daß wir nach dem Tod entweder weiterleben oder daß wir nicht weiterleben. Wenn wir jedoch an Evolution glauben – und es ist schwer, sich der allgemeinen evolutionären Sicht zu verschließen –, nehmen wir an, daß das Leben und das menschliche Bewußtsein innerhalb der Zeit entstanden sind. Daraus folgt, daß das Faktum eines Weiterlebens nach dem Tod ebenfalls entweder in der Vergangenheit entstanden ist oder erst gegenwärtig in Erscheinung tritt. Vielleicht sind die Voraussetzungen für ein »Fortleben« schon im Begriff, in Erscheinung zu treten.

Ein Vorteil dieser Hypothese wäre der, daß die Mehrdeutigkeit und Unvollständigkeit des Beweismaterials lediglich die unvollständige Evolution der Mechanismen des Lebens nach dem Tod spiegelt.

Fangen wir vielleicht erst an, »Organe« der Unsterblichkeit zu entwickeln? Noch wissen wir nicht, was aus Phänomenen wie medialer Entrückung, Nahtod-Visionen, außerkörperlichen Reisen, anomalen Wahrnehmungen von Zeit, Geistererscheinungen, Poltergeistern, Wundertaten von Heiligen und Avataren und dergleichen mehr, für die Evolution hervorgeht. Solche Phänomene sind vielleicht nur der Anfang einer ungeheuren Evolution der Spezies Bewußtsein. Wir können den Horizont unseres Denkens erweitern, indem wir uns daran erinnern, daß wir ein in Entwicklung begriffenes Universum bewohnen und daß wir selbst ein Kuriosum dieser Evolution sind. Wissenschaftshistoriker haben festgestellt, daß Anomalien selbst in der Evolution der Wissenschaft von entscheidender Bedeutung sind. Daher sollten wir auch die Möglichkeit ins Auge fassen, daß Anomalien des menschlichen Verhaltens für die Evolution der Spezies Mensch von entscheidender Bedeutung sein können.

Das menschliche Bewußtsein ist sich selbst ein Rätsel. Wir benötigen alle Indizienbeweise, die wir nur finden können, um uns ein Bild vom potentiellen Spektrum unseres Seins und unserer Funktion machen zu können. Der gewöhnliche »Konsens« unserer Wirklichkeitsbetrachtung ist ein menschliches Konstrukt aufgrund rein selektiver Daten, eine bloße Anordnung von Ideen, und durch die Linse unseres Begriffssystems betrachten wir die Welt und uns selbst. Wir können jedoch immer wieder neue Daten auswählen, unsere Ideen neu ordnen, die Linse unserer Begriffe neu einstellen, um die menschliche Wirklichkeit auf neue Weise zu sehen. Wenn wir das tun wollen, liefert die parapsychologische Forschung uns höchst aufschlußreiche Daten.

Angehende Architekten eines neuen Todesparadigmas können eine Sammlung auf den Tod bezogener psychischer Anomalien finden, angefangen von der telekinetischen Verrückung physischer Gegenstände im Augenblick des Todes bis zu transzendentalen Visionen auf dem Totenbett. Es gibt eine ganze Reihe rätselhafter Dinge im

Zusammenhang mit dem Tod, die von den meisten Wissenschaftlern unter den Teppich gekehrt werden. Der materialistischen Wissenschaft ist die Fremdheit des Todes unbehaglich, wie wir bereits festgestellt haben, und daher ist das Leben nach dem Tod sogar bei modernen Parapsychologen ein vernachlässigter Zweig der Forschung. Ich denke, wir brauchen eine neue Sicht, ein neues Paradigma des Lebens nach dem Tod. Vielleicht kann ich dies ein wenig verdeutlichen, wenn ich drei *Typen* der Überlebensforschung kurz vorstelle. Das neue Paradigma muß, wie ich meine, alle drei Sichtweisen kombinieren.

Zum ersten gibt es das *Spuren*modell der Überlebensforschung. In diesem Modell gewährleisten Reinkarnationserinnerungen, Geistererscheinungen, außerkörperliche Erfahrungen, die Aussagen von Medien, elektronische Stimmenphänomene, spiritistische Fotos usw., daß wir die Spur eines Verstorbenen aufnehmen können. Aus solchen Spuren entnehmen wir zum Beispiel, daß unser Onkel Octavius irgendwo und irgendwie noch ein bewußtes Subjekt der Erfahrung ist.

Aber es gibt Probleme mit dem Spurenmodell, etwa die Frage, woher die Spur denn komme. Stammt sie tatsächlich von der verstorbenen Person, oder kommt sie, wie manche Forscher meinten, von einem durch Psi-Kräfte vermittelten Phantom, erzeugt durch ein hinterlistiges, sich selbst betrügendes Unterbewußtsein? Das Spurenmodell ist faszinierend, konnte jedoch bisher keinen Beweis liefern. Sicherlich ist genug Material für weitere Forschungen vorhanden. Ich selbst habe mich mit etlichen geisterhaften Wesenheiten eingelassen und bringe ihrem rätselhaften Dasein Achtung entgegen.

Eine direkte Einstellung zur Überlebensforschung können wir *zustandsspezifisch* nennen. Das Nahtoderlebnis ist ein vollkommenes Beispiel dafür. Man macht eine bestimmte außergewöhnliche Erfahrung, die einem das Gefühl vermittelt, etwas zu wissen. (Wir wollen die Epistemologie des zustandsspezifischen »Wissens« im Augenblick ausklammern.) Das Wichtige dabei ist, daß die betreffende Person von der Wirklichkeit eines Fortlebens nach dem Tod *subjektiv* überzeugt ist. Solche Erfahrungen können uns, oft auf interessante Weise, gänzlich verändern. Wir können dieses Modell auch das »gnostische« nennen. Die Nachtod-Gnosis kann sich durch solche Erfahrungen an der Schwelle des Todes sowie durch andere transformative Erlebnisse, wie tiefe Meditation, ekstatische Liebesvereinigung, Begegnung mit UFOs, große Träume, psychoaktive Drogen, Trance-Tanz, kollektive Geistererscheinungen, »Channeling« usw., einstellen.

Aber das gnostische oder zustandsspezifische Modell ist für sich nicht ausreichend, sondern muß durch das Spurenmodell ergänzt werden. Um Täuschung und psychische Inflation zu vermeiden, muß unser zustandsspezifisches »Wissen« auf objektive Tatsachen gegründet sein. Aber auch beide zusammen, das Spuren- und das zustandsspezifische Modell, reichen nicht aus. Auch sie bedürfen der Ergänzung durch ein drittes, das ich als *Auferstehungs*modell bezeichne.

Nach diesem Modell besitzt der gewöhnliche, lebende menschliche Körper das Potential, sich in den höheren Typ eines spirituellen Körpers zu verwandeln. Die Hypothese lautet, daß unsere Körper mit vielen verborgenen Möglichkeiten der Transmutation ausgestattet sind. Die christliche Überlieferung betrachtet diese Transmutation natürlich in einem religiösen Sinn. Doch das Auferstehungsmodell ist, sofern es das Potential des Mutierens betont, auch ein Evolutionsmodell. Hier deutet die Religion auf die evolutionäre Wissenschaft voraus.

Was spricht für diese Auffassung? Für Christen ist es die Auferstehung Jesu. Jesus sagte sogar voraus, daß nach ihm andere kommen und noch größere Taten vollbringen würden. An seiner statt würde ein »Tröster« erscheinen – ein Heilender Geist. Und Jesus behielt recht, was die Ankunft außergewöhnlicher Menschen betrifft. Die Annalen der katholischen Kirche enthalten Dokumente von beeindruckendem Umfang über erstaunliche Entfaltungen des menschlichen Potentials. Die katholischen Dokumente über Wundertaten sind ein Zeugnis für das Auferstehungsmodell. Sie teilen uns etwas über die mögliche Evolution der menschlichen Spezies mit. Es gibt Dokumentationen über Levitation, Stigmatisierung, Heilungen, Materialisationen, Unverweslichkeit, Überleben ohne Nahrung sowie andere außerordentliche Phänomene.[6]

Warum sind diese Phänomene wichtig für die Erforschung des Lebens nach dem Tod? Erstens demonstrieren sie die Existenz von wirkenden Kräften, die den bekannten physikalischen Gesetzen nicht unterliegen. Sie weisen auf eine andere Physik hin, nämlich eine Physik des schöpferischen Geistes. Die Daten über Wunder sind Zeugnisse für teilweise oder auch flüchtige »Auferstehungen«, für eine Erhöhung der körperlichen Funktion des Menschen.

Wie setzt das neue Überlebensparadigma, das ich vorschlagen möchte, alle drei Modelle ein: das Spuren-, das zustandsspezifische und das Auferstehungsmodell? Alle drei haben etwas zu bieten, und alle sind zu ihrer gegenseitigen Ergänzung nötig.

Das Spurenmodell hat uns eine Menge rätselhafter Fakten hinterlassen, die hauptsächlich bewirkten, daß sie eine Ahnung neuer Möglichkeiten in uns geweckt haben.[7] Der Wert des Studiums dieser flüchtigen Spuren von Verstorbenen besteht darin, unser Bewußtsein für Möglichkeiten des Lebens zu öffnen, von denen wir uns nicht hätten träumen lassen, wenn wir mit den entsprechenden Daten nicht in Berührung gekommen wären. Sie verschaffen uns gegenüber Ungläubigen einen theoretischen Vorteil.

Aber Theorie genügt nicht. Als Menschen müssen wir unsere Wahrheiten fühlen ebenso wie denken können. Das zustandsspezifische Modell der Überlebensforschung ist ein Weg zur subjektiven Dimension der Wahrheit. (Manche Philosophen leugnen, daß es so etwas wie eine »subjektive Wahrheit« gäbe; aber dies setzt einen sehr eingeschränkten Wahrheitsbegriff voraus.)

Ich halte es dagegen für einen glücklichen Umstand, daß wir eine Erfahrung besitzen, die das Leben nach dem Tod für uns zu einem Gefühlserlebnis macht. Eine außerkörperliche Reise an der Schwelle des Todes, eine Entführung in fremdartige Dimensionen, die Vision einer Lichtgöttin oder eine Begegnung mit seltsamen Männern in Schwarz – solche Erfahrungen können uns vielleicht etwas über ein Leben nach dem Tod mitteilen. Die postmortale Lebensregion muß auf jeden Fall dieses Leben miteinschließen und sich an bestimmten Punkten mit ihm überschneiden. Bestimmte Arten von Erfahrung können in der Tat Fenster zur »anderen Welt« eines Fortlebens nach dem Tod sein.

Indem Menschen ihre Erfahrungen der anderen Welt mitteilen, tragen sie zur Bildung eines neuen Konsens bei, und dieser kann wiederum etwas über die Evolution aussagen. Denn wenn ein Bedürfnis sich gruppendynamisch verdichtet, wenn ein neues »morphogenetisches Feld« der Vorstellungsweisen sich konsolidiert, ist es möglich, daß manche Gewohnheiten oder Naturgesetze »zerbrechen« oder sich wandeln und damit neue Lebensformen schaffen. Wenn die Vertreter des zustandsspezifischen Modells einen Konsens darüber bilden, daß es ein Leben nach dem Tod gibt, kann die Natur sich einem Wandel unterziehen und eine neue Form des Lebens nach dem Tod hervorbringen.[8]

Das zustandsspezifische Modell hat jedoch nur eine subjektive Wahrheit zu bieten, während die Wahrheit viele Seiten besitzt. Die Formel des italienischen Philosophen Vico (1668-1744) für die historische oder evolutionäre Wahrheit, *Verum et factum convertuntur*, besagt: »Was wahr ist und was wir wahr machen, ist ein und dasselbe.«[9] Vicos Wahrheitsmodell ermöglicht uns, die Frage des Lebens nach dem Tod auf neue Weise zu betrachten. Wenn das Leben nach dem Tod *wahr sein soll*, dann müssen wir es, entsprechend diesem Modell, *wahr machen*. Dies ist ein uraltes Modell der Wahrheit – einer schöpferischen Wahrheit –, die sich von einer gesetzten, bloße Tatsachen spiegelnden Wahrheit unterscheidet. Für Vico ist Wahrheit immer das, was wir aus ihr machen.

Und hier hat das Auferstehungsmodell seinen Platz. In diesem Modell steht das »Leben nach dem Tod« oder das »nächste Leben« in Beziehung zu einem bestimmten höchsten, schöpferischen Potential, das im *gegenwärtigen Leben* latent vorhanden ist. Der Akzent liegt nicht auf der Unsterblichkeit der Seele, sondern auf der Auferstehung, der Verwandlung des Körpers. Letzteres ist eine praktische, experimentelle Theorie eines Lebens nach dem Tod. Hier wird das »Fortleben« zu einem Bestandteil des evolutionären Potentials des irdischen Lebens, und der einzige Weg zu wissen, daß es wahr ist, besteht darin, es wahr zu machen.

Aber wie? Ein Weg wäre, die grundsätzlichen Grenzen körperlicher Existenz zu überschreiten. Die Phänomene der Heiligen – Levitation, Hyperthermie, Materialisation, Bilokation und dergleichen –

überschreiten tatsächlich die grundsätzlichen Grenzen der Körperfunktionen und deuten damit mögliche Funktionsformen der zukünftigen Menschheit an.[10]

Nach diesem dritten Modell der Überlebensforschung wird die verkörperte Welt also zu einem neuen Studienfeld des Lebens nach dem Tod. Denn hier auf Erden sehen wir schon die ersten Zeichen eines »Fortlebens«. Die spektakulärsten Zeichen sind die psychophysischen Anomalien, die wir als »Wunder« bezeichnen. Wenn Joseph von Copertino levitiert oder Pater Pio Stigmata produziert, oder wenn Therese Neumann sich fünfunddreißig Jahre lang jeglicher Nahrungsaufnahme (sowie aller körperlichen Ausscheidungen) enthält[11], können wir beobachten, wie das materielle Dasein im Begriff ist, zu Formen zu transmutieren, die zunehmende Ähnlichkeit mit einem spirituellen »Fortleben« haben. Es zieht den Leib des Copertino buchstäblich zum Himmel empor. Die Materie wird allmählich durchlässig für das Streben des Geistes.

Doch das ist nur der erste Schritt innerhalb des Auferstehungsmodells – die Bildung der äußeren Gestalt. Daneben gibt es noch sehr viel mehr. Die Auferstehung der ganzen Person – eines Jesu zum Christus – ist unser Archetyp. Wie C.G. Jung sagte, ist Jesus der Archetyp der Individuation. Die Jungianische Offenbarung besagt, daß es kein Christentum gibt, sondern lediglich das einmalige und unwiederholbare Ringen jedes einzelnen, das Gottesbild zu verkörpern.

Dieser dritte Weg zur Überlebensforschung hat deshalb mit dem Werden des Individuums zu tun. Die konkrete »Auferstehung« und Wandlung jedes einzelnen auf Erden gehört zu diesem Experiment dazu. Jedes erlöste, befreite, gesteigerte Leben trägt zum Aufbau der neuen Erde und des neuen Himmels bei. Hier, in der Befreiung und Transformation des irdischen Daseins wird das »Fortleben« *erprobt*, jedoch im Sinne des italienischen Wortes *provare*, das »erfahren« bedeutet.

Um es so unverblümt wie möglich zu sagen: Der beste Weg, das Leben nach dem Tod zu »erproben« bzw. zu »beweisen«, ist der, das Paradies auf Erden zu verwirklichen. Das würde uns auch helfen, unsere Sehnsucht nach einem Weiterleben zu rechtfertigen.

Dem Pessimismus Broads kann abgeholfen werden, indem wir schon auf Erden einen Vorgeschmack des Paradieses bekommen.

Der erste Schritt zur Schaffung des Paradieses auf Erden wäre die ökologische Heilung des Planeten. Das Wort *Paradies* kommt aus dem Persischen und bedeutet »Garten«. Indem wir anfangen, den Planeten in einen Garten – ein Paradies – zu verwandeln, beginnen wir, das »Weiterleben« zu verwirklichen. Indem wir die Schönheit des Planeten wiederherstellen und die Herrlichkeit einzelner Lebensformen freisetzen, begeben wir uns in eine Richtung, in der wir den Dualismus von Himmel und Erde, Zeit und Ewigkeit, göttlich und menschlich überwinden können.

Wir sollten schon deshalb versuchen, ein Paradies auf Erden zu schaffen, um Abbitte zu leisten für all die Höllen, die wir bereits angerichtet haben. Seltsamerweise gibt unser teuflischer Genius, durch den wir unnötige Schmerzen und Häßlichkeit über die Erde gebracht haben, uns Grund zur Hoffnung auf einen Modus der Auferstehung. Denn dieselbe extreme Zerstörungskraft läßt sich im Prinzip auch dazu verwenden, das Paradies auf Erden zu schaffen. Um das Paradies wiederherzustellen, tut eine heilende Revolution not. Unsere Vorstellungen von Gott, Wahrheit, Wert, Arbeit, Macht und menschlichen Beziehungen müssen vollkommen umgestülpt werden.

Gibt es ein Fortleben nach dem Tod? Machen wir es wahr, indem wir das Paradies jetzt ins Werk setzen.

Persönliche Todesmythen und ihre Evolution

DAVID FEINSTEIN

»Wenn die Menschen begreifen würden, daß sie immer wieder zurückkehren, damit ihre Seele sich weiterentwickelt«, sagt mein Vater, der im Alter von achtzehn Jahren ein glühender Anhänger der Reinkarnationslehre von Madame Blavatsky wurde, »dann würden sie ihr Leben *ganz* anders leben.« Meine Mutter dagegen, die fast fünfzig Jahre dieses Argument mitanhörte und sich nicht überzeugen ließ, sieht den Tod als das schrecklich finstere Ende eines Lebens, dessen Sinn dunkel und dessen Dauer allzu kurz ist. Das Streitgespräch meiner Eltern spiegelt die anhaltende Kontroverse der Mythen jener Kultur, in der sie leben. In irgendeiner Form wird dieser Streit jedoch auch tief in der Psyche jeder Person ausgetragen, die dieses Buch liest.

In diesem Essay wollen wir untersuchen, wie jeder von uns mehr oder weniger unbewußt seinen eigenen persönlichen Mythos über das Wesen von Leben und Tod gestaltet hat und sich danach richtet. Die Bezeichnung *persönlicher Mythos* hat, so wie sie hier verwendet wird, eine präzise Bedeutung.[1] Sie bezieht sich auf einen tiefen, weitgehend unbewußten und in sich oft widersprüchlichen Komplex von Bildern, Emotionen und Begriffen, mit dessen Hilfe ein Individuum die Vergangenheit interpretiert, die Gegenwart begreift und Richtlinien für die Zukunft gewinnt. Mythen in diesem Sinne sind *keine* Unwahrheiten, sondern die Linse, durch welche die menschliche Psyche die Wirklichkeit wahrnimmt und gestaltet. Hier wollen wir uns im besonderen mit dem Spannungsverhältnis zwischen der Antwort, die dieser Mythos auf die Frage des Fortlebens nach dem Tod gibt, und den Werten und Willensentscheidungen, die unser Leben ausmachen, befassen.

Persönliche Mythen erklären die Welt, leiten die Entwicklung des Individuums, geben soziale Richtlinien vor und haben eine Antwort auf die spirituellen Sehnsüchte, analog zu der Art und Weise, wie kulturelle Mythen diese Funktionen für ganze Gesellschaften erfüllen. Persönliche Mythen leisten für das Individuum, was kulturelle Mythen für eine Gemeinschaft leisten. Mythenbildung, auf individueller sowie auf kollektiver Ebene, ist der fundamentale (wenngleich oft nicht wahrgenommene) psychische Mechanismus, mit dessen Hilfe Menschen die Wirklichkeit ordnen und ihren Kurs durch das Leben steuern. Mit seiner eindringlichen Symbolik und seiner erzählten Geschichte ist der Mythos die natürliche Sprache der Seele. Im Lauf der Entwicklung der menschlichen Spezies löste das mythische Denken – die Fähigkeit, große Fragen symbolisch zu beantworten – die genetische Mutation als das primäre Medium ab, mittels dessen das individuelle Bewußtsein und gesellschaftsbezogene Neuerungen sich entwickelten.

Ich wuchs in einer Welt auf, deren wissenschaftlich-säkularer Mythos sich in dem Streitgespräch über das Leben nach dem Tod auf die Seite meiner Mutter stellte. In der Schule lernte ich bald, daß ich riskierte, noch mehr als Außenseiter betrachtet zu werden, als es ohnehin schon der Fall war, wenn ich den Glauben meines Vaters erwähnte. Doch jetzt scheinen neue Indizien die Position meines Vaters zu stärken, wie dieses Buch dokumentiert. Berichte über Nahtoderlebnisse von zutiefst spirituellem Charakter, gefolgt von dauerhaften positiven Veränderungen der Anschauungen des Betreffenden, seines Selbstwertgefühls und Wohlbefindens, sind keine Seltenheit mehr. Ja, den Schätzungen nach haben fünf Prozent der amerikanischen Bevölkerung – das sind allein in den Vereinigten Staaten acht Millionen Menschen – solche Phänomene erlebt. Außerdem häufen sich immer besser dokumentierte Berichte von »Erinnerungen« an vergangene Leben und von klinischen Durchbrüchen nach solchen Erinnerungen.[2] Besonders eindrucksvoll sind die Erinnerungen von Kindern von nur zwei oder drei Jahren, die ihre vergangenen Leben schildern und imstande sind, verifizierbare Einzelheiten über Personen und Orte anzugeben, mit denen sie in ihrem gegenwärtigen Leben nicht in Berührung gekommen sein konnten.[3]

Es nimmt nicht wunder, daß die Vertreter der Wissenschaft solche Funde nicht gerade mit Begeisterung aufgenommen haben.[4] Herrschende Mythen und Paradigmen haben ein großes Beharrungsvermögen. Bezüglich der Rezeption neuer Indizien über das Leben nach dem Tod zitiert Roger Woolger eine Bemerkung des Pioniers der Quantenphysik, Max Planck: »Eine neue wissenschaftliche Wahrheit setzt sich nicht deshalb durch, weil sie ihre Gegner überzeugt und ihnen die Augen für die Wahrheit öffnet, sondern weil sie mit der Zeit aussterben und eine neue Generation heranwächst, die mit dieser Wahrheit schon vertraut ist.« Woolger vergleicht diejenigen, die den jetzt verfügbaren, tausendfältigen Berichten über vergangene Leben mit pauschalem Widerstand begegnen, mit Menschen, »die noch glauben, daß die Erde eine Scheibe sei, und sich weigern, an den Rand zu treten und nachzusehen, weil sie befürchten, daß sie abstürzen könnten«.[5]

Raymond Moody, ein Arzt, der die Nahtoderfahrung (NTE) eingehend erforscht hat, erzählt eine Geschichte, die anschaulich macht, auf welchen Widerstand Berichte über Phänomene stoßen, die sich in existierende Denkmodelle nicht einordnen lassen.

»Am Ende eines Vortrags von Dr. Michael Sabom erhob sich ein erboster Kardiologe und forderte den bekannten NTE-Forscher heraus. Dreißig Jahre lang sei er Arzt gewesen, erklärte er, und habe in dieser Zeit Hunderte von Menschen von der Schwelle des Todes zurückgeholt.
›Ich war jahrelang mittendrin‹, sagte er wütend, ›aber ich habe noch nie mit einem Patienten gesprochen, der eine solche Nahtod-Erfahrung hatte.‹ Bevor Sabom antworten konnte, stand ein Mann hinter dem Arzt auf. ›Ich bin einer von denen, die Sie gerettet haben, und ich sage Ihnen, daß Sie der Letzte wären, dem ich mein Nahtod-Erlebnis mitteilen würde.‹«[6]

Es wurden jedoch auch andere Erklärungen für jedes Grundphänomen, das in Nahtoderlebnissen berichtet wurde, vorgebracht. Die zahlreichen Berichte von überzeugenden Visionen, von einem Wohlgefühl und einem Verlust des kritischen Urteils wurden zum Beispiel der Hypoxie zugeschrieben, die durch eine Abnahme des Sauerstoffs im Gehirn entsteht.[7] Die Berichte über das Gefühl, daß man sich durch einen Tunnel bewegt und ein strahlendes Licht erblickt, das die Augen nicht blendet, wurde als direkte Folge von Phosphenen erklärt, die das Sehzentrum stimulieren. Manche Forscher meinten, daß Erlebnisse »intensiver Freude, tiefer Erkenntnis und Liebe möglicherweise von einer Überflutung mit Endorphinen ausgelöst werden, die von der Evolution zur Ausblendung von Schmerz vorgesehen ist, wenn die Botschaft des Schmerzes zu grauenvoll ist, als daß sie noch eine Funktion haben könnte«.[8]

In ähnlicher Weise haben andere eine Reizung der Schläfenlappen, eine Überbelastung mit Kohlendioxyd und andere biochemische Erklärungen angeführt, um die betreffenden Effekte zu begründen. Ronald Siegel meint:

»Diese Phänomene stammen aus ganz gewöhnlichen Gehirnstrukturen, ganz gewöhnlichen biologischen Erfahrungen und ganz gewöhnlichen Reaktionen des Nervensystems auf Reize. Das davon abgeleitete Erlebnis mag als Indiz gedeutet werden, daß die Menschen nach dem Tod weiterleben, aber wesentlich plausibler wäre die Erklärung, daß es sich um eine dissoziative halluzinatorische Gehirntätigkeit handelt.«[9]

Die wissenschaftliche Jury ist sich jedoch noch nicht einig über die Frage, welche Erklärung der NTEs am meisten einleuchtet, und das Fortleben nach dem Tod ist noch weit davon entfernt, nach strengen objektiven Maßstäben bewiesen oder widerlegt werden zu können. Wie man sich zur Überlebensdebatte stellt, bleibt daher noch dem einzelnen vorbehalten.

Ein Verständnis der Entstehung unserer persönlichen Mythen kann von größtem Nutzen sein, wenn wir dieser Frage nachgehen und ihre ganze persönliche und spirituelle Bedeutung erfassen wollen. Auf einer Ebene haben wir es ständig mit der Frage zu tun, wie wir zu Leben und Tod stehen. Die Bewußtwerdung dieses Prozesses kann letztlich zu einem lebendigeren und ermächtigenderen persönlichen Todesmythos führen.

Peg Elliott und ich haben andernorts ein System entwickelt, wie man sich bewußt auf diese innere Debatte einlassen kann.[10] Einerseits wird die Gewißheit, daß wir sterblich sind, von unserer instinktiven Urangst vor dem Tod genährt und von unserer materialistischen Weltanschauung unterstützt. Andererseits nährt unser Gefühl – oder zumindest unsere Hoffnung –, daß unser Wesenskern den physischen Tod überdauert, sich sowohl von unserer Unfähigkeit, unsere Vernichtung zu denken (Freud bemerkte, daß das bewußte Ich sich nicht vorstellen kann, *nicht* zu sein), sowie von allem, was uns über die Existenz eines Fortlebens beigebracht worden ist oder was wir davon erahnen. Obgleich es den Rahmen dieses Essays sprengen würde, die von uns verwendeten Rituale, die Menschen helfen können, ihre Todesmythen einzusetzen, eingehend zu beschreiben, möchte ich in der folgenden Übersicht über dieses Programm dennoch einige Anhaltspunkte geben, wie man sich auf die Mythen einstimmen kann, die man bereits in sich hat. Außerdem möchte ich einen Ausblick auf die Möglichkeit geben, diese Mythen zu hinterfragen, auszuwerten und zu verändern.

Das Programm umfaßt einen Prozeß in fünf Stufen. Jede Stufe hat einen besonderen Zweck und entspricht, wie wir meinen, einer natürlichen Phase in der Entwicklung persönlicher Mythen. In der Vorbereitungsphase des Programms sichten die Teilnehmer zuerst ihren Mythos, indem sie einen Bericht über ihre »Philosophie des Todes« im Stil des Bewußtseinsstroms verfassen. Dann überprüfen sie ihre Hauptanliegen bezüglich des Todes mit Hilfe einer geführten Bildmeditation und einer Phantasiereise in die Vergangenheit bis zu ihren frühesten Erinnerungen an den Tod, wobei sie ein »Todesschild« schaffen, um ihre Entdeckungen über ihr Verhältnis zum Tod zu symbolisieren und festzuhalten.

Danach steigen die Teilnehmer in die erste Stufe des Programms ein, die so organisiert ist, daß man an der eigenen systematischen Leugnung des Todes »rüttelt«. Diese Arbeit beruht auf der Annahme, daß einige Schwierigkeiten, die man mit dem Tod hat, mit verdrängten oder unbewußten Ängsten eng verbunden sind. Daher umfassen die persönlichen Rituale dieser Stufe das »Öffnen des Herzens gegenüber den tieferen Ängsten« (Besuch bei einem Menschen in lebensbedrohenden Umständen), »Die Gründe der Angst vor dem Tod« (eine Rückführung bis zu dem Lebensalter, wo persönliche Ängste vor dem Tod entstanden sind) und die »Schöpfung einer Todesfabel: ›Tod im Schatten der Angst‹«. Die Todesfabel stellt eine aufwühlende Szene dar, in der die Hauptperson weiß, daß sie stirbt. In dieser ersten Todesfabel hegt die Hauptperson, die sich in Alter, Geschlecht und sozialer Stellung von dem Teilnehmer unterscheiden kann, dieselben Ängste vor dem Tod, die der Betreffende in den vorhergegangenen Ritualen benannt hat. In eine andere Kultur verpflanzt und nicht an die Regeln der gewöhnlichen Logik gebunden, ist die Todesfabel ein metaphorisches Mittel zur Hinterfragung der Angst vor dem Tod, das sowohl das Besondere als das Allgemeine, das Bewußte wie das Unbewußte anspricht.

In der zweiten Phase des Programms suchen die Teilnehmer nach Gegenkräften für ihre Angst vor dem Tod und konzentrieren sich dabei auf das Verlangen der Psyche, Wege zu finden, um den Tod zu transzendieren. Das kann zum Beispiel der Versuch sein, die von Robert Jay Lifton so genannte »symbolische Unsterblichkeit« zu erlangen.[11] Lifton beschreibt fünf Weisen, wie man versuchen kann, den Tod zu transzendieren, indem man eine symbolische Unsterblichkeit setzt. Die erste ist die »biologische Unsterblichkeit«, in der man Trost im Bild einer unendlichen genetischen Kette findet, in der die eigenen Söhne und Töchter, deren Nachwuchs und so fort bis in die Ewigkeit eingegliedert sind. Eine andere Weise symbolischer Unsterblichkeit sind schöpferische Beiträge, die in der Welt oder durch andere Menschen weiterleben; die Einheit mit der Natur und die tröstliche Gewißheit, daß man nach dem körperlichen Hinscheiden wieder eins wird mit der natürlichen Welt; der Trost spezifischer Vorstellungen eines Lebens nach dem Tod sowie innere Erfahrungen, die »so intensiv und allumfassend sind, daß Zeit und Raum verschwinden und das Bewußtsein einer außergewöhnlichen psychischen Einheit, Intensität der Wahrnehmung und einer unfaßbaren Erleuchtung und Erkenntnis hervorgerufen wird«.

Persönliche Rituale auf dieser Stufe umfassen das »Transzendieren der Angst vor dem Tod, indem man sich mit dem Tod unmittelbar konfrontiert« (wobei die Teilnehmer ihre schlimmsten Ängste prüfen, die sie vorher benannt haben, diese als Bestandteile ihrer Todesfurcht analysieren und sich Maßnahmen ausdenken, wie sie ihnen mit Verständnis und einem Gefühl der Meisterung begegnen können), »Eine Sicht der ›symbolischen Unsterblichkeit‹ durch die sakrale Zeit« (wobei die Teilnehmer sich in einen veränderten Bewußtseinszustand begeben, der sie in die sakrale Zeit – nicht Uhrzeit, sondern Herzzeit – führt, während sie ihr persönliches System der symbolischen Unsterblichkeit untersuchen und vertiefen) und eine »Zweite Todesfabel: ›Der Tod im Licht der Transzendenz‹« (wobei die in der ersten Fabel beschriebene Hauptfigur sich derselben Mittel zur Überwindung der Angst vor dem Tod bedient, die der Teilnehmer im zweiten Ritual der sakralen Zeit erkundete).

Die dritte Stufe ist eine Gegenüberstellung der eigenen Angst vor dem Tod mit den Bildern der Todestranszendenz. Nachdem die Teilnehmer auf der ersten Stufe die rund um ihre instinktive Todesfurcht aufgebaute Mythologie hinterfragt und auf der zweiten Stufe die Mythen überprüft haben, die aus ihrem natürlichen Drang hervorgehen, einen Weg zur Transzendierung des Todes zu finden, stellen sie diese beiden mythischen Positionen einander gegenüber. Auf dieser Stufe geht es darum, daß man, wenn die Unterschiede zwischen beiden Seiten klar erkannt sind, einen Prozeß der tiefen Aussöhnung in die Wege leitet, wobei das Beste jedes Mythos' in die psychische Struktur integriert und zu einem neuen und wirksameren mythischen Bild erhoben wird. Wenn man sich auf beide Seiten des Konflikts einläßt, schafft man eine bessere Möglichkeit, zu Bildern der Integration zu kommen. Das Individuum gelangt zu der Erkenntnis, daß die Auseinandersetzung mit den tiefen Widersprüchen der Todesmythologie des eigenen Lebens, ohne sich in die Angst vor der Vernichtung zurückzuziehen oder in die Hoffnung auf Transzendenz zu flüchten, eine reichere Mythologie gewährleistet, denn diese schöpft aus den emotionalen und spirituellen Bezügen beider Seiten.

Auf der vierten Stufe, »Zu einem neuen Todesmythos«, wird die neue Synthese der Mythen weiter ausgeführt, erweitert und verankert. Die in der vorhergehenden Stufe vollzogene Synthese der mythischen Vision wird jetzt so verfeinert, daß man sich mit reifem Bewußtsein auf diese Vision einlassen kann. Wenngleich es manchmal nötig ist, der natürlichen Lösung mythischer Konflikte einfach ihren Lauf zu lassen, kann die bewußte Identifizierung mit einem behutsam kultivierten mythischen Bild diese Lösung sowohl gestalten als auch beschleunigen.

Das erste persönliche Ritual auf dieser Stufe heißt »Empfang des Todesgesangs«. Indem die Teilnehmer ein äußerstes Gefühl von

Frieden und Integration in sich hervorrufen, verbunden mit dem in der vorhergehenden Stufe des Programms erreichten Bild der Lösung, gehen sie in einen veränderten Bewußtseinszustand ein, in dem sie für einen Klang empfänglich werden, der dieses Gefühl symbolisiert. Dieser Todesgesang wird, in Anlehnung an die Praktiken verschiedener nordamerikanischer Indianerstämme, zu einem Mittel, die Teilnehmer zu tieferen Schichten der Bewußtheit zu führen, die sie im Hinblick auf ihren künftigen Tod entwickelt haben. Sie werden aufgefordert, ihren Todesgesang anzuwenden, wenn immer sie einer Bedrohung, einem Verlust oder einem Bedürfnis nach Heilung gegenüberstehen.

In dem nächsten Ritual, »Persönliche Todesfabel: Vision eines guten Todes« genannt, sind die Teilnehmer im Unterschied zu den früheren Todesfabeln selbst die Hauptfiguren, wenn sie die Vision ihres eigenen Todes gestalten. Von uns geschaffene Gedankenformen haben Macht, und die Gestaltung einer positiven Todesvision wirkt sich günstig auf die Erwartungshaltung der Teilnehmer und daher auch auf ihr Lebensgefühl aus. Im dritten Ritual dieser Stufe, »Eine neue Betrachtung der Einstellung zum Tod«, revidieren die Teilnehmer ihre Philosophie des Todes, die sie am Beginn des Programms niedergeschrieben haben, und führen aus, inwiefern diese sich vertieft oder gewandelt hat.

Die Aufgabe der Teilnehmer auf der fünften Stufe, »Den erneuerten Todesmythos im Leben umsetzen«, besteht darin, daß sie ihre Lebensweise so umgestalten, daß die Weisheit ihres neuen leitenden Mythos' sich darin verkörpert. Das bedeutet, in die praktische Welt hinauszutreten und Veränderungen auf dieser Ebene zu bewirken. Das erste Ritual, »Zuwendung zu dem, was nach uns fortlebt«, hilft den Teilnehmern, die Bereitschaft zu lernen, das Leben in der physischen Welt augenblicklich loszulassen. Die weltlichen Angelegenheiten in Ordnung zu bringen, ist aus der Sicht eines vitalen Todesmythos' eine dynamische Weise, sich auf das Unvermeidliche vorzubereiten, und die Zuwendung zur Ordnung unerledigter Dinge, die Verteilung persönlicher Besitztümer, die Vorbereitung persönlicher Botschaften für geliebte Menschen und Verfügungen über den Leichnam, bestimmen den Inhalt dieses Rituals. Das nächste Ritual, »Die Zeremonie für die letzte Stunde und das Jenseits«, ist eine Phantasiereise mit Hilfe geführter Bilder, in der die Teilnehmer sich ihre letzte Stunde, ihr Begräbnis oder ihre Trauerfeier und ihren Nachruf vergegenwärtigen. Das Erlebnis einer positiven Phantasie über den Augenblick des Todes, unter der Anleitung bewegender Bilder, wirkt wie eine Art emotionaler Impfung gegen einige irrationale, mit dem Gedanken an den Tod verbundene Ängste. Das Schlußritual des Programms, »Ins ›rechte Verhältnis‹ treten zu dem, was du von jetzt an bis zu deiner Sterbestunde tun willst«, gründet darauf, wie ein Wissen um die eigene Sterblichkeit jeden Augenblick kostbarer macht. Wiederum in einem veränderten Bewußtseinszustand, in dem sie ihr Herz dem Angesicht des Todes öffnen, überlegen die Teilnehmer, was sie tun könnten, um ein erfüllteres Verhältnis zu Leben und Tod zu finden.

In unserer Arbeit mit persönlichen Mythen stellten wir fest, daß es auf verschiedene Weise nützlich sein kann, auf eine innere Reise zu gehen, auf der man sich mit den eigenen Todesängsten konfrontiert und die archetypischen, den Tod transzendierenden Impulse freisetzt. »Gegen den dunklen Hintergrund des Todes«, schreibt der Philosoph George Santayana, »treten die zarten Farben des Lebens in ihrer ganzen Reinheit hervor«. Indem wir uns mit unserer Sterblichkeit ehrlich auseinandersetzen, verleihen wir unserem Leben eine neue Intensität. Es liegt eine große Ironie darin, wie schon oft von Leuten bemerkt wurde, die das Glück hatten, einen Menschen zu kennen, der auf gute Weise starb, auf welchem Wege diese Person dazu kam, das Leben in seiner Fülle zu erfahren. Wenn der Tod herannaht, verlagert die Aufmerksamkeit des sterbenden Menschen sich oft, und er beginnt, die Köstlichkeit jedes Atemzugs, jeder Farbe, jeder Interaktion zu erkennen und zu genießen. Oft ist damit ein Sichöffnen zum eigenen Wesensinneren und zu den Eigenschaften des Daseins verbunden, die über die individuelle Identität hinausweisen. Ob man überlieferte religiöse Begriffe zur Erklärung heranzieht oder nicht, Menschen in Todesnähe erleben oft einen tieferen Lebenssinn und eine größere Verbundenheit mit anderen Menschen und dem Universum, und ihre höchsten Gefühle – Liebe, die Empfänglichkeit für

Schönheit, Wahrheit und Gerechtigkeit – sind angesprochen. Wer einmal die friedliche und schlichte Würde eines Menschen, dem der Tod unmittelbar bevorsteht, beobachtet hat, mag sich fragen, warum wir bis zum Ende unseres Lebens warten müssen, um einen so gnadenhaften Zustand zu erreichen.

Vielleicht brauchen wir nicht so lange zu warten. Wenn wir uns mit unserer Sterblichkeit leidenschaftlich auseinandersetzen, ist das ein guter Weg, um den Rat des heiligen Thomas von Aquin zu befolgen: »Laß den Tod dein Lehrer sein.« Die eindringlichste Art und Weise, sich bewußt mit der eigenen Sterblichkeit auseinanderzusetzen, sind willentlich herbeigeführte psychische Erfahrungen von Tod und Wiedergeburt. Als Stanislav und Christina Grof ihre neue psychotherapeutische Methode entwickelten, die als Holotrope Psychotherapie bekannt geworden ist, schilderten sie Durchgangsriten quer durch die Geschichte und alle Kulturen, die ein Bewußtsein von Tod und Wiedergeburt hervorrufen. Die Grofs betonen die Bedeutung solcher Erfahrungen, die das Verhältnis des Individuums zur Gewißheit des Todes verändern:

»Die Tiefe und Intensität der Erfahrung von Tod und Wiedergeburt ist der dramatische Auslöser dafür, daß die alte soziale Rolle abgelegt und eine neue angenommen wird. Wiederholte Begegnungen mit dem Tod, denen eine Neuorientierung folgt, haben jedoch eine weitere wichtige Funktion: Sie bereiten das Individuum auf seinen künftigen biologischen Tod vor, indem sie ihm ein fast zellentiefes Bewußtsein vermitteln, daß Perioden der Vernichtung ein Übergang, nicht ein Ende sind.«[12]

Analoge Erfahrungen, die oft an traditionelle Durchgangsriten erinnern, sind heute durch diverse Ausflüge der Visionssuche (»vision quest«) und Workshops über schamanische Praktiken verfügbar geworden. Auch die beherzte Auseinandersetzung mit der eigenen Sterblichkeit ist oft der Anstoß zu einer Überprüfung unserer Vorstellungen darüber, was nach dem Tod mit uns geschieht. Was, wenn überhaupt etwas, lebt weiter? Zum ersten Mal gibt es einen wachsenden Korpus von Daten darüber, wie eine veränderte Einstellung zu dieser Frage andere Wandlungen des psychischen Lebens nach sich zieht. So gibt es zum Beispiel Berichte von Menschen, die mit knapper Not dem Tod entkamen, über so eindeutige Begegnungen mit einem »Lichtwesen« und einem Fortleben nach dem Tod, daß die Wirklichkeit dieser Erlebnisse für sie außer Frage steht. Zu diesem Schluß kamen sie unabhängig von jedem vorgegebenen religiösen oder spirituellen Glauben. Oft gelangten sie auch zu einer höheren Wertschätzung des Lebens und anderer Menschen, sie wurden weniger materialistisch, waren weniger bestrebt, anderen zu gefallen, und befaßten sich mehr mit letzten Dingen, wie der Frage nach dem Sinn des Lebens. Das sind oft bleibende Veränderungen. Am bemerkenswertesten ist vielleicht, daß diese Menschen sich »einer überwältigenden Steigerung des Selbstbewußtseins, ihrer Sicherheit und ihres Selbstwertgefühls erfreuen«.[13]

In ihrer kritischen Untersuchung der Nahtoderfahrung bemerken Gray Groth-Marnat und Jack F. Schumaker: »So gut wie alle Forscher sind sich einig, daß die NTE die Tendenz hat, einschneidende kurz- oder langfristige Veränderungen der Person hervorzurufen. Eine Veränderung, über die am häufigsten berichtet wird, ist eine verminderte Angst vor dem Tod und eine günstigere Einstellung zum Leben.«[14] Raymond Moody stellt fest, in den zwanzig Jahren seines intensiven Umgangs mit Menschen, die NTEs hatten, »habe ich noch keinen gefunden, der nicht eine tiefe und positive Wandlung als Folge seiner Erfahrung durchgemacht hätte«.[15] Er sagt weiter, daß »sämtliche Forscher und Kliniker, mit denen ich gesprochen habe, die Menschen mit NTEs interviewten, zu demselben Ergebnis gekommen sind, nämlich daß sie aufgrund ihrer Erfahrung zu besseren Menschen wurden«. Er behauptet, daß eine NTE das Individuum nicht nur positiver und angenehmer im Umgang macht, sondern »ihm auch hilft, mit den unerfreulichen Seiten der Wirklichkeit in einer unemotionalen und klaren Weise fertigzuwerden«. Er führt die von ihm beobachteten persönlichen Veränderungen auf, die zu der »strahlenden Heiterkeit bei so vielen NTE-Leuten« beitragen: keine Angst vor dem Tod, ein Wissen um die Bedeutung der Liebe, ein eindringliches Bewußtsein der Kürze und Zerbrechlichkeit des Daseins und des Lebens in einer Welt, »in der ungeheure Kräfte der Zerstörung in den Händen bloßer Menschen liegen« sowie eine höher entwickelte spirituelle Seite.

Eine hauptsächliche Folge der NTEs, über die häufig berichtet wurde, ist die, daß das Leben einen neuen Sinn bekommt, wenn es in einem größeren Zusammenhang verstanden wird. Man versucht dann nicht nur den lokalen Code des rechten Handelns zu finden, sondern den Code dieses größeren Planes. Die zuvor erwähnten, veränderten Anschauungen infolge von NTEs, die durchwegs von den Forschern festgestellt wurden, liefern eine phänomenologische Liste der emotionalen, kognitiven und spirituellen Wandlungen, die mit der Annahme eines auf Erfahrung beruhenden Glaubens an ein Leben nach dem Tod (im Unterschied zum Mangel eines solchen Glaubens oder eines dogmatisch bestimmten Glaubens) einhergehen. Dies ist vielleicht das spannendste Forschungsergebnis über die Frage nach der Auswirkung eines persönlichen Todesmythos' auf das Leben des einzelnen.

In diesem Essay ging es mir darum zu zeigen, daß das Streitgespräch über Sterblichkeit und Unsterblichkeit sich in jedem von uns vollzieht; daß die bewußte Einstellung zu dieser Frage vielleicht einen tieferen Konflikt verbirgt; daß es möglich ist, diese unterschwellige Dialektik ins Bewußtsein zu heben und sich bewußt in sie einzubringen; und daß es von erheblichem psychologischen Nutzen sein kann, dies zu tun.

Der Streit meiner Eltern kann diesseits der Sterblichkeit vielleicht nicht restlos beigelegt werden. Hamlet spricht vom Tod als vom »unentdeckten Land, von dessen Grenzen kein Reisender zurückkehrt«. Aber jeder von uns ist genötigt, sich dieser Frage zuzuwenden, weil unser persönlicher Todesmythos unseren Lebensmythos bestimmt, den Sinn des Lebens und das, was letztlich von uns gefordert ist.

Reisen in das Land der Toten:
Schamanismus und Samadhi

GARY DOORE

Im Alter von sechzehn Jahren hatte Sri Ramana Maharshi, der legendäre Weise von Südindien, ein visionäres Todeserlebnis, das sein Leben veränderte. Es geschah an einem Tag im Jahre 1896, als er allein in einem Zimmer des oberen Stockwerks im Hause seines Onkels in Madurai saß. Obwohl er damals bei ausgezeichneter Gesundheit war, überkam ihn plötzlich eine überwältigende Todesangst, die so intensiv war, daß sie die Symptome des echten Todes an seinem Körper hervorrief. Er schildert seine Erfahrung folgendermaßen:

»Dieser Schreck der Todesangst wandte mich nach innen. Ich sagte innerlich zu mir selbst, ohne einen Laut zu sprechen: ›Jetzt ist der Tod da. Was hat das zu bedeuten? Was ist das: Sterben? Mein Leib hier stirbt.‹ Sogleich fing ich an, meine Sterbeszene zu spielen. Ich streckte meine Glieder lang und hielt sie steif, als wäre die Todesstarre eingetreten. Ich ahmte einen Leichnam nach, um meinem weiteren Erforschen den äußeren Schein der Wirklichkeit zu leihen, hielt den Atem an, schloß den Mund und hielt die Lippen fest aufeinander gepreßt, daß mir kein Laut entfahren konnte. Laß nicht das Wort ›Ich‹ oder irgendeinen Laut dir entschlüpfen! – Gut, sprach ich dann zu mir selber, dieser Leib ist tot. Starr, wie er ist, werden sie ihn zur Leichenstätte tragen; dort wird er verbrannt und wird zu Asche. Aber wenn er tot ist, – bin dann ›ich‹ tot? Ist der Leib ›ich‹? – Dieser Leib ist stumm und dumpf. Aber ich fühle alle Kraft meines Wesens, sogar die Stimme, den Laut ›Ich‹ in mir, – ganz losgelöst vom Leibe. Also bin ich ein ›Geistiges‹, ein Ding, das über den Leib hinausreicht. Der stoffliche Leib stirbt, aber das Geistige, über ihn hinaus, kann der Tod nicht anrühren.«[1]

Natürlich haben viele Menschen schon manchmal das Gefühl gehabt, daß sie mehr sind als ihr Körper. Aber bei Sri Ramana Maharshi war dieses Gefühl so intensiv, daß es ihn in einen Zustand des tiefen *samadhi*, die Trance des Yogi, versetzte, in der er seine Identität mit dem universalen Bewußtsein unmittelbar erkannte. Im Unterschied zu den meisten Menschen, die einmal eine solche Wahrnehmung haben, verblieb Sri Ramana jedoch den Rest seines Lebens darin:

»All das war aber nicht bloß ein Vorgang in meinem Denken, es stürzte als lebendige Wahrheit in Blitzen auf mich ein: ich ward es unmittelbar gewahr, ohne Überlegen oder Folgern. ›Ich‹ war ein höchstes Wirkliches, das einzig Wirkliche in diesem Zustande, und alles bewußte Geschehen, das an meinem Leibe hing, war darauf versammelt. Dieses ›Ich‹ oder mein ›Selbst‹ blieb von diesem Augenblick an mit allmächtiger Anziehungskraft im Brennpunkt meiner wachen Aufmerksamkeit. Die Furcht vor dem Tode war ein für allemal vergangen. Dieses Verschlungensein ins ›Selbst‹ hat von jener Stunde an bis heute nicht aufgehört. Andere Vorstellungen und Gedanken mögen kommen und gehen wie viele Töne einer Musik, aber dieses ›Ich‹ dröhnt als Grundbaß fort… Ob mein Körper mit Sprechen, Lesen oder sonst etwas befaßt war, immer blieb ich auf dieses ›Ich‹ versammelt.«[2]

Sri Ramana hatte offensichtlich ein intuitives Wissen, daß man der Todesangst unmöglich entkommen kann, indem man vor ihr flüchtet. Daher beschloß er, sich direkt mit dem Gegenstand seines Grauens auseinanderzusetzen, ihn zu akzeptieren und sich entspannt auf ihn einzulassen. Und weil die Angst vor dem Tod die Wurzel aller anderen Ängste ist, erwarb er dadurch, daß er den Tod akzeptierte, eine unerschütterliche Furchtlosigkeit in allen Lebenslagen.

Jeder würde wohl gerne die Angst vor dem Tod mit derselben scheinbaren Leichtigkeit überwinden wie Sri Ramana. Aber hier liegt ein praktisches Problem: Es ist sehr schwer, den eigenen unvermeidlichen Tod zu »akzeptieren« oder »sich entspannt auf ihn einzulassen«, wenn man keine sehr klare Vorstellung davon hat, wie der Tod sein wird. Denn nicht jeder besitzt die Fähigkeit eines Sri Ramana, eine realistische Todesvision in sich hervorzurufen. Auch wenn wir über Nahtoderfahrungen, veränderte Bewußtseinszustände, Bardos und dergleichen etwas gelesen oder gehört haben, wird es dennoch unmöglich sein, uns die Erfahrung des Todes leibhaftig vorzustellen. Warum? Die verschiedenen Schulen des Denkens beantworten diese Frage auf unterschiedliche Weise.

So haben wir uns etwa nach der Auffassung des Yoga in zahlreichen Körpern inkarniert, bevor wir in unseren gegenwärtigen eingegangen sind, und deshalb sind wir alle schon viele Male durch die Erfahrung des Todes gegangen. Aber der Tod ist so traumatisch, sagen die Yogis, und in vielen Fällen sind die visionären Phänomene in den Bardos oder Nachtod-Zuständen so erschreckend, daß wir unsere Erinnerungen daran tief begraben und sie dadurch ohne die Hilfe bestimmter Meditationsmethoden für uns faktisch unzugänglich sind. Doch eigentümlicherweise können wir nur dann aus der Fülle leben, wenn wir dieses verdrängte Wissen zulassen und uns mit der Erfahrung des Todes sowie mit unserer Furcht vor dem Tod, unmittelbar auseinandersetzen.

Der Yoga ist nicht die einzige spirituelle Überlieferung, in der ein Initiand zu einer Konfrontation mit dem Tod gezwungen wird. Es gibt noch einen älteren Weg, den des Schamanen, auf dem visionäre Erfahrungen von »Tod und Wiedergeburt« der Schlüssel des spirituellen Erwachens sind. In der schamanischen Initiation hat der Initiand oft Visionen, daß sein Körper von Wölfen oder anderen Raubtieren zerrissen wird, oder er erlebt auf andere Weise die Vernichtung seiner leiblichen Hülle. Doch auch nach dem Verschwinden des Körpers – zu Staub zermalmt oder zerrissen und im ganzen Weltall verstreut – erlebt der Schamane, daß der Kern seines Bewußtseins, seine tiefste Selbstwahrnehmung (die Sri Ramana das *Selbst* nennt) unversehrt bleibt. Dann gewinnt er schlagartig die Erkenntnis: »Mein Körper ist dahin, aber *ich* existiere noch, also bin *ich* nicht der Körper.« So kommt es zur Loslösung und zum Sieg über die Todesfurcht, und der Schamane erwirbt den Titel eines »Herrschers über den Tod«.

Obgleich die schamanische Tradition im Westen so gut wie ausgestorben ist, gibt es noch Spuren des schamanischen Wissens in der abendländischen Philosophie. Wenn Sokrates sagt: »Das unergründete Leben ist nicht wert, gelebt zu werden«, bezog er sich zumindest teilweise auf unsere unergründete Furcht vor dem Tod. In einem Dialog wie dem *Phaidon* lernen wir Sokrates als einen Menschen kennen, der seiner eigenen Todesfurcht begegnet ist, sie überwunden hat und jetzt anderen »Hebammendienste« leistet, damit auch sie diese Furchtlosigkeit gewinnen. Aus der historischen Überlieferung wissen wir, daß sowohl Sokrates als auch Platon den orphisch-pythagoräischen Mysterienschulen angehörten, einer schamanischen Geheimgesellschaft, die offenbar über eine starke psychedelische Droge verfügte, um die Erfahrung von Tod und Wiedergeburt herbeizuführen.

Samadhi und die schamanische Reise

Aus Schilderungen der schamanischen Initiationsreise und den Stufen des *samadhi* im Yoga geht eindeutig hervor, daß Schamanen wie Yogis sich in ihrer mystischen »Trance« in dieselben inneren Dimensionen begeben, diese jedoch in unterschiedlicher Weise beschreiben. Ebenso offenkundig ist, daß die Reise des Schamanen und der *samadhi* des Yogi den Berichten über Nahtoderfahrungen auffallend ähnlich sind.

Der Kandidat wird, sei es durch Yoga-Meditation, schamanisches Trommeln oder durch die Anwendung bewußtseinsverändernder sakraler Pflanzen, der Todeserfahrung und den Bewußtseinszuständen unmittelbar nach dem Tod gegenübergestellt. Manchmal kann diese Erfahrung den wirklichen Tod berühren, wie in den Fällen, wo ein Mann oder eine Frau nach einer schweren Krankheit zum Schamanen oder zur Schamanin wird. In anderen Fällen kann das Initiationserlebnis unter der Kontrolle eines erfahrenen älteren Schamanen oder Guru stehen, der eine Reihe von Techniken anwendet, um eine nicht lebensbedrohliche, visionäre »Nachahmung« der Todeserfahrung herbeizuführen. In seltenen Fällen kann, wie bei Sri Ramana, das Erlebnis einer täuschenden Nachahmung spontan auftreten, ohne bewußte Absicht oder Kontrolle.

Freilich ließe sich auch in diesen Fällen spekulieren, ob vielleicht eine »unsichtbare Führung« aus einer spirituellen Dimension ihre Hand im Spiel hatte.

Im Schamanismus können zur Herbeiführung der visionären Todeserfahrung auch Mittel angewandt werden wie Fasten, Aussetzen in der Wildnis, Kraftpflanzen oder die rhythmischen Klänge eines Schlaginstruments – der Schamanentrommel. Auch der Yoga bedient sich rhythmischer Wahrnehmungsphänomene wie Mantras, »Chanting«, Visualisation eines pulsierenden oder rotierenden inneren Lichts, Wahrnehmung von subtilen inneren Tönen und dergleichen. In beiden Fällen wird das Bewußtsein durch diese Methoden fixiert oder »nachgezogen«, während der Initiand immer tiefer in Trance sinkt und dadurch eine neue Dimension der Wirklichkeit entdeckt – eine von spirituellen Wesenheiten bevölkerte »andere Welt«, in der die Unterscheidung zwischen Toten und Lebenden verschwimmt.[3]

Wenn die Initiationsreise des Schamanen oder Yogis ihren Lauf nimmt und das Reich des Todes immer näher und näher zu kommen scheint, wird die innere Erfahrung immer intensiver und leibhaftiger, während die Lebenskraft des Körpers sich aus allen niedrigeren Organen und Gliedmaßen zurückzieht und sich im Gehirn konzentriert. Dies führt zu einer gesteigerten Wahrnehmung, insbesondere der inneren Wahrnehmung psychophysischer Zustände. Im tantrischen Yoga ist diese Erfahrung mit dem Aufstieg der Schlangenkraft *kundalini* an der Basis der Wirbelsäule verbunden, die im mittleren Kanal der Wirbelsäule (*sushumna*) zum »tausendblättrigen Lotos« aufsteigt, dem Scheitelchakra im Gehirnzentrum. Auch im Schamanismus sind Darstellungen von schlangenartigen Formen im Körper des Schamanen bekannte Motive, desgleichen Bilder des »Weltenbaums« oder »Lebensbaums«, entsprechend der Wirbelsäule und dem Nervensystem, durch welche die Lebenskraft in den »Himmel« aufsteigt, der sich über dem Wipfel des Baumes, also über dem Scheitelpunkt befindet. (Oft, namentlich in Sibirien, malt der Schamane einen Lebensbaum vorne und hinten auf seinen Körper, an der Stelle, wo seine Wirbelsäule verläuft, oder auf die ihn bedeckende Kleidung.)

Schließlich setzt der überwältigende Zustrom der Lebenskraft ins Gehirn die gewaltigen imaginativen Fähigkeiten des Bewußtseins frei. Dabei entstehen Phänomene, die die äußere Wirklichkeit gänzlich auslöschen und den Initianden unvermittelt in eine völlig andere Wirklichkeit katapultieren. Auf dieser Stufe scheint die Zeit sich zu verlangsamen, während die innere Zeit sich ungeheuer beschleunigen kann und oft eine »panoramaartige Erinnerung« der Ereignisse des ganzen Lebens auslöst. Während das Bewußtsein sich noch mehr erweitert, verlangsamt sich der Atem, bis er schließlich ganz aufzuhören scheint, und ahmt damit die physischen Symptome des Todes nach. Der Puls kann eine Weile wie wild rasen, sich dann so weit verlangsamen, wie es normalerweise im Tiefschlaf geschieht, oder wie im tatsächlichen Tod vergehen. Der Neuling kann auch das Gefühl haben, daß er auf ein helles Licht zustürzt oder zu ihm emporgehoben wird, oft durch einen dunklen Tunnel und von einem Gefühl begleitet, als würde die Seele sich von dem entrückten physischen Körper ablösen. (Es ist interessant, daß sowohl der Schamanismus als auch der Yoga einen »magischen Flug« kennen, der im Yoga als *siddhi* oder yogische Kraft des »Aufstiegs zum Himmel« bezeichnet wird.)

Nachdem der angehende Schamane oder Yogi durch die niedrigeren Stufen der Trance gegangen ist, auf der ihm dämonische oder engelhafte Kräfte und Wesenheiten begegnen können, erreicht er schließlich die tiefste Ebene der Versenkung, die im Yoga *nirbija samadhi* heißt, das Reich der reinen Innerlichkeit oder »nichtgegenständlichen« Wahrnehmung jenseits aller Unterscheidung von Subjekt und Objekt, in der nur das reine Bewußtsein übrig bleibt. Im Schamanismus kann auf dieser Stufe eine symbolische »Zerstückelung« durch Wölfe und andere Raubtiere erfolgen, die der Zerstörung des Ichs und der Entstehung des nichtdualen Bewußtseins entspricht, der Wahrnehmung der grundlegenden Einheit allen Seins. Im Tibetischen Totenbuch, das wie ein großer Teil des tibetischen Buddhismus stark vom Schamanismus beeinflußt ist, wird dieser Ichtod und der Eintritt in das nichtduale Bewußtsein das Einswerden mit der Leere des klaren Lichts genannt, dem ursprünglichen Nichts, aus dem, wie gelehrt wird, die Bereiche des bedingten Daseins entstanden sind.

Dieser »undifferenzierte« Bewußtseinszustand ist die letzte Stufe vor der »Wiedergeburt«. Sie ist jedoch nicht die letzte Phase der Jenseitsreise des Kandidaten, weil es sich dabei immer noch um eine *innerliche* Trance handelt, in der es keine Wahrnehmung von oder Funktionsfähigkeit in der äußeren Welt der alltäglichen Wirklichkeit gibt. »Wiedergeburt«, die letzte Stufe, bedeutet, daß die weltliche Persönlichkeit aus ihren Teilen wieder zusammengefügt wird, aber in einer neuen Konstellation, so daß sie die Verbindung zwischen den Welten der gewöhnlichen und der außergewöhnlichen Wirklichkeit aufrechterhalten kann.[4]

Auf dieser Stufe treten die übersinnlichen Fähigkeiten des Schamanen und die höheren *siddhis* oder das spirituelle Vermögen des Yogis hervor, jene magischen Kräfte, die den schamanischen oder yogischen Adepten in einen Heiler oder einen heiligen Menschen verwandeln. Die höchste dieser Kräfte soll jedoch die feste Gründung des nichtdualen Bewußtseins im alltäglichen Leben sein, eine kontinuierliche Wahrnehmung der Einheit und wechselseitigen Verbundenheit aller Dinge, die jedes Bewußtsein von Getrenntheit transzendiert.

In dieser letzten integrativen Phase wird die schamanische oder yogische Erleuchtung aus dem unzugänglichen Reich des nichtgegenständlichen Bewußtseins im Jenseits sozusagen »heruntergeholt« und in der mondänen Welt der alltäglichen Wirklichkeit verankert. Das ist die Stufe des »aktiven *samadhi*« für den Yogi, des Erkennens von *samsara* im Nirvana für den tantrischen Buddhisten und der Verwandlung in einen echten Heiler für den Schamanen. Denn erst, wenn der Schamane oder Yogi von der schwersten und grundlegendsten Krankheit – der Illusion der Getrenntheit, der Wurzel aller anderen psychophysischen Krankheiten – geheilt ist, kann er anderen helfen, sich selbst zu heilen.

Die Angst vor dem Tod und die Heilung des Planeten

Aber was haben diese außergewöhnlichen Bewußtseinszustände mit dem alltäglichen Menschen zu tun, der kein Schamane oder Yogi ist und der nie eine Nahtod- oder außerkörperliche Erfahrung gemacht hat? Bloß dies, daß sich seit Jahrtausenden die meisten Menschen mit den Bereichen des Todes und der postmortalen Erfahrung absichtlich *nicht* konfrontieren und sie nicht erforschen, sondern diese erschreckenden Untersuchungen lieber einer kleinen, geheimen Elite von Schamanen, Yogis und anderen Spezialisten für Mystik überlassen haben. Diese Strategie war auf kurze Sicht vielleicht ein flüchtiger Trost, sie besaß jedoch einen gravierenden Mangel: Durch die Verdrängung der Angst wird man unbewußt von ihrer Energie umgetrieben und neigt deshalb zu Ausbrüchen irrationalen und unkontrollierbaren Verhaltens. Wenn die Mehrheit der Menschen auf der Welt solchen unbewußten Antrieben unterworfen ist, führt dies zu einer äußerst gefährlichen Lage, nämlich zu einem globalen Dorf voll gewalttätiger und aggressiver Individuen am Rande der Selbstzerstörung.

Daher wurden Schamanismus und Yoga heute zurecht »demokratisiert« und sind nicht mehr nur einer kleinen Clique von Spezialisten zugänglich, sondern jedem, der gewillt ist, die Schulung und Disziplin auf sich zu nehmen, der es zu einer Teilhabe an dem ehemals geheimen Wissen bedarf. Denn es liegt auf der Hand, daß die selbstzerstörerische Tendenz der modernen westlichen Gesellschaft sich nur wenden kann, wenn eine große Anzahl von Menschen sich einem radikalen Bewußtseinswandel unterzieht. Wenn der Durchschnittsmensch sich nicht Zugang verschafft zu der unmittelbaren spirituellen Erkenntnis und Erfahrung, die ihm durch die Methoden des Schamanismus', Yoga und anderer mystischer »Bewußtseinstechniken« heute offenstehen, wird eine solche Wende niemals eintreten, und unsere Rasse wird, zusammen mit Millionen anderer Spezies, die durch unseren destruktiven modernen Lebensstil gegenwärtig bedroht sind, auf den Untergang zugehen.

Daher genügt es nicht mehr, einfach einen Schamanen oder anderen Spezialisten zu heuern, der uns »heilt«, wenn wir krank werden, oder der uns beisteht, wenn wir sterben. Mutter Erde selbst gerät immer mehr in die Nähe des tödlichen Abgrunds oder vielleicht auch nur einer initiatorischen Nahtoderfahrung globalen Ausmaßes. Jeder von uns muß das nötige Wissen erwerben, um ihr in dieser Prüfung beistehen zu können. Dazu müssen wir lernen, »zu sterben, bevor wir sterben«, der Erfahrung von Tod und Wiedergeburt auf den Grund zu gehen und uns mit unserer eigenen Angst vor dem Tod unmittelbar zu konfrontieren. Auf diese Weise praktizieren wir Philosophie in ihrem ursprünglichen, sokratischen Sinn einer »Vorbereitung auf den Tod«, zumindest dann, wenn wir mehr tun wollen, als das Ideal der globalen Heilung nur im Munde zu führen.

Vielleicht war die Explosion des Interesses an psychedelischen Drogen und veränderten Bewußtseinszuständen in den sechziger Jahren ein Hinweis auf das planetarische Bedürfnis nach einer großen Zahl von Menschen, die die Ebenen des inneren Weltraums erkunden. Wie aus der Drogenkultur jener Epoche ersichtlich wurde, ist der Weg der chemisch induzierten mystischen Erfahrung jedoch voller Gefahren. Ohne Zweifel brauchen wir eine neue westliche Mystik mit den entsprechenden Durchgangsriten und Intitiationen, die den heilenden Erfahrungen von Tod und Wiedergeburt stattgeben, doch eine solche Überlieferung muß verantwortlich entwickelt werden, damit diese Erfahrungen auf sicheren Wegen herbeigeführt und integriert werden können.

Wir brauchen mehr Forschung auf dem Gebiet des schamanischen Trommelns, der Meditation, der veränderten Bewußtseinszustände, des yogischen Atmens, der Visualisation und anderer alten und neuen Techniken der Bewußtseinsveränderung. Doch vielleicht ist das, was wir am dringendsten benötigen, eine neue Einstellung zu spirituellen Dingen, zu jenen Aspekten der Wirklichkeit, die mit Bewußtsein und Geist zu tun haben. Dann würden diejenigen, die sich für solche Dinge interessieren, nicht mehr einer Randgruppe von Irren zugeordnet werden, die von der offiziellen Wissenschaft übergangen und von der besseren Gesellschaft gemieden wird.

Einige Essays in diesem Band weisen auf diesen notwendigen Wandel in Richtung eines neuen wissenschaftlich-philosophischen Paradigmas hin, das eine günstigere Atmosphäre für diese dringend benötigte Forschung schaffen wird. Doch es gibt noch viel zu tun. Die materialistische Weltanschauung ist tief in der kollektiven Psyche verwurzelt, und es wird einer großen Anstrengung und vermutlich einiger schmerzhafter Umbrüche bedürfen, bis sie von einer Weltanschauung abgelöst werden kann, die in den Erkenntnissen der ewigen Weisheit gründet.

Anhang

Dank

Ich möchte den zahlreichen Menschen und Organisationen danken, die mir geholfen haben, dieses Buch herauszubringen. Es sind zu viele, als daß ich sie alle namentlich aufzählen könnte. Besonders danke ich den mitwirkenden Autoren für ihre Erkenntnisse und ihre Bereitschaft, sich an dem Projekt zu beteiligen; dem Institute of Noetic Sciences für die Erlaubnis, den Beitrag »Kann unser Gedächtnis den Tod des Gehirns überleben?« von Rupert Sheldrake nachzudrucken; Patricia Jones vom Center for Advanced Technology in Education an der Universität von Oregon in Eugene für technische Hilfe; Bob Plantz für praktische Ratschläge und Ermutigung sowie Jeremy P. Tarcher, Connie Zweig, Dianne Woo und Paul Murphy von der Jeremy P. Tarcher Inc., die es mir ermöglicht haben, die Informationen in diesem Buch denjenigen zu vermitteln, die mehr Aufklärung über das schattenhafte Thema »Tod und Jenseits« suchen.

Anmerkungen

Einführung

1 R. Moody, *Leben nach dem Tod* (Rowohlt, Reinbek 1977).
2 Siehe G. Doore (Hrsg.), *Opfer und Ekstase. Wege der neuen Schamanen* (Bauer, Freiburg 1989), Teil 1: Hier findet sich eine ausführlichere Definition und Erörterung des Schamanismus.

Grof: Fortleben nach dem Tod

1 Dieses Kapitel beruht auf einem längeren Essay, »Survival of Consciousness after Death: Myth and Science«, in: John S. Spong (Hrsg.), *Consciousness and Survival: An Interdisciplinary Inquiry into the Possibility of Life beyond Biological Death* (Institute of Noetic Sciences, Sausalito, Kalif., 1987).
2 Siehe den Beitrag von S. Grof (engl. Titel: »The Shamanic Journey: Observations from Holotropic Therapy«, in: G. Doore (Hrsg.) *Opfer und Ekstase. Wege der neuen Schamanen.*
3 R. Moody, *Leben nach dem Tod; Nachgedanken über das Leben nach dem Tod* (Rowohlt, Reinbek 1978).
4 K. Ring, *Life at Death* (Coward, McCann & Geoghegan, New York 1980), *Den Tod erfahren – das Leben gewinnen* (Lübbe, Bergisch Gladbach 1988).
5 M. Sabom, *Erinnerungen an den Tod* (Goldmann, München 1983).
6 E. Kübler-Ross, »Death: The Final Stage of Growth«, Vortrag, gehalten auf der Neunten Jahrestagung der International Transpersonal Association (Kioto, April 1985).
7 S. Grof, *Geburt, Tod und Transzendenz: Neue Dimensionen in der Psychologie* (Kösel, München 1985).
8 C.T. Tart, »Out-of-the-Body Experiences«, in: E. Mitchell und J. White (Hrsg.), *Psychic Explorations* (Putnam's, New York 1974).
9 Siehe S. Grof, *Topographie des Unbewußten. LSD im Dienst der tiefenpsychologischen Forschung* (Klett-Cotta, Stuttgart 1978), S.79-81.

Almeder: Über Reinkarnation

1 I. Stevenson, *Reinkarnation – Der Mensch im Wandel von Tod und Wiedergeburt. 20 überzeugende und wissenschaftlich bewiesene Fälle* (Aurum, Braunschweig, 6.Aufl. 1992).
2 Einzelheiten über diesen Fall finden sich in I. Stevenson, *Cases of the Reincarnation Type*, Bd.1: »The Case of Bishen Chand Kapoor« (University of Virginia Press, Charlottesville 1976), S.176ff.
3 Einzelheiten über diesen Fall siehe I. Stevenson, *Reinkarnation*.
4 Ibid.
5 I. Stevenson, *Xenoglossy* (University of Virginia Press, Charlottesville 1976).
6 I. Stevenson, *Reinkarnation*.
7 P. Edwards, »The Case Against Reincarnation«, *Free Inquiry*, Juni 1987, S.26. Hervorhebung von mir.
8 I. Wilson, *Mind Out of Time* (Victor Gollancz, London 1981), S.58-60.
9 C.T.K. Chari, »Reincarnation Research: Method and Interpretation«, in: M. Ebom (Hrsg.), *Signet Handbook of Parapsychology* (New American Library, New York 1978), S.319.

Greene / Krippner: Panoramavision

1 R. Moody, *Leben nach dem Tod*; »Notice of Rear-Admiral Sir Francis Beaufort«, *London Daily News*, 15. Januar 1858; K. Ring, *Life at Death*; F.G. Green, »A Glimpse Behind the Life Review«, *Journal of Religion and Psychical Research* 4, Heft 2 (1981), S.113-30; F.G. Green, »Accelerated Cerebration: An Integrated View of Mysticism, Creativity, and ESP«, *The Academy of Religion and Psychical Research 1984 Annual Proceedings* (Bericht der Jahrestagung), S.61-72; Nucgaek Sabinm, *Recollections of Death* (Harper & Row, New York 1982).
2 S.K. Wilson, *Modern Problems in Neurology* (Arnold, London 1928).
3 S. Grof und J. Halifax, *Die Begegnung mit dem Tod* (Klett- Cotta, Stuttgart 1980).
4 W. Gerhard, *Resurrection* (Cassell, London 1934).
5 R. Noyes, Jr., und R. Kletti, »Panoramic Memory: A Response to the Threat of Death«, *Omega*, 1982, S.181-94.
6 R. Moody, *Leben nach dem Tod*, S.175.
7 R. King, *Den Tod erfahren – das Leben gewinnen*.
8 J.C. Hampe, *Sterben ist doch ganz anders. Erfahrungen mit dem eigenen Tod* (Kreuz, Stuttgart 1975).

9 K. Ring, *Den Tod erfahren – das Leben gewinnen*; K. Ring, »Prophetic Visions in 1988: A Critical Reappraisal«, *Journal of Near-Death Studies* (vormals *Anabiosis*) 7, Heft 1 (1988).

10 M. Sabom, *Erinnerungen an den Tod*.

11 G.W. Gallup, Jr., und W. Proctor, *Adventures in Immortality* (McGraw-Hill, New York 1982), S.32. (Deutsch: *Begegnungen mit der Unsterblichkeit. Erlebnisse im Grenzbereich zwischen Leben und Tod* (Ullstein, Berlin 1990).

12 R. Noyes und R. Kletti, »Panoramic Memory«, S.181-94.

13 A. Heim, »Notizen über den Tod durch Absturz«, *Jahrbuch des Schweizer Alpenklubs*.

14 S.K. Wilson, *Modern Problems in Neurology*.

15 W. Penfield, *The Mystery of the Mind* (Princeton University Press, Princeton, N.J., 1975).

16 D. Stacy, »Transcending Science«, *Omni* 11, Heft 3 (1988), S.54-56, 60, 114-16.

17 D. Carr, »Pathophysiology of Stress-induced Limbic Lobe Dysfunction: A Hypyothesis Relevant to Near-Death Experiences«, *Anabiosis* 2 (1982), S.75-89.

18 J.C. Hampe, *Sterben ist doch ganz anders*.

19 R. Noyes und R. Kletti, »Panoramic Memory«, S.181-94.

20 Ibid., S.189.

21 Ibid., S.190.

22 H. Hart, *The Enigma of Survival* (Charles C. Thomas, Springfield, Ill., 1959).

23 S. Grof und J. Halifax, *Die Begegnung mit dem Tod*.

24 K. Ring, *Life at Death*.

25 M. Grosso, *The Final Choice* (Stillpoint Press, Walpole, N.H., 1985).

26 S.F.G. Brandon, *The Judgement of the Dead* (Weidenfeld & Nicolson, London 1967).

27 1. Kor. 13:12.

Rogo: Spontaner Kontakt mit Verstorbenen

1 UPI, 30. Mai 1970.

2 Bericht in *Proceedings of the Society for Psychical Research* 36 (1927), S.517-24.

3 C. Oyler, *Mami, muß ich sterben?* (Ariston, Genf-München, 2.Aufl. 1990).

4 E. Gurney, F.W.H. Myers und F. Podmore, *Phantasms of the Living* (Trubner's, London 1886).

5 F.H.W. Myers, »On Indications of Continued Terrene Knowledge on the Part of Phantasms of the Dead«, *Proceedings of the Society for Psychical Research* 8 (1892), S.170-252.

6 Ausschuß von Prof. Sidgwick, »Report on the Census of Hallucinations«, *Proceedings of the Society for Psychical Research* 10 (1894), S.24-422.

7 Trauerberatung ist eine zeitlich begrenzte Psychotherapie für Menschen, die den Verlust eines nahestehenden Menschen erlitten haben. Sie hat den Zweck, während der ersten Trauerphasen den Menschen beizustehen, die ihren Schmerz nicht überwinden können.

8 P. Morris, *Widows and Their Families* (Routledge & Kegan Paul, London 1958).

9 J. Yamamoto u.a., »Mourning in Japan«, *American Journal of Psychiatry* 125 (1969), S.1660-65.

10 Es gibt keine bestimmte Zeitgrenze für die Trauer nach dem Tod eines nahestehenden Menschen, weil der Schmerz jedes Menschen auf verschiedenen Faktoren beruht, wie z.B. der Plötzlichkeit des Todes. Der akute Schmerz sollte etwa sechs Wochen bis sechs Monate nach dem Tod abklingen, während die allgemeinere Trauerzeit sich über vierundzwanzig Monate erstrecken kann. Wenn es sich nicht um ein verstorbenes Kind handelt, könnte länger anhaltendes schweres Trauern (wodurch das Leben der trauernden Person beeinträchtigt wird) auf psychische Probleme des Betreffenden im Umgang mit dem Tod hinweisen.

11 Die meisten befragten Personen hatten ihre Erfahrungen niemandem mitgeteilt, bevor sie mit Dr. Rees sprachen.

12 W.D. Rees, »The Hallucinations of Widowhood«, *British Medical Journal* 4 (1971), S.37-41.

13 R.A. Kalish und D.K. Reynolds, »Widows View Death: A Brief Research Note«, *Omega: The Journal of Death and Dying* 5 (1974), S.187-92.

14 T. Rando, *Grieving* (Lexington Books, Lexington, Mass., 1988).

15 J. Tatelbaum, *The Courage to Grieve* (Harper & Row, New York 1980).

16 C. Staudacher, *Beyond Grief* (New Harbinger Publications, Oakland, Kalif., 1987).

17 R.A. Kalish und D.K. Reynolds, *Death and Ethnicity* (University of Southern California Press, Los Angeles 1976).

18. R.A. Kalish, D.K. Reynolds, »Phenomenological Reality and Post-death Contact«, *Journal for the Scientific Study of Religion* 12 (1973), S.209-21.

19 R.A. Kalish, D.K. Reynolds, »Contacting the Dead: Does Group Identification Matter?«, in: R. Kastenbaum (Hrsg.), *Between Life and Death* (Springer Publishing, New York 1979).

20 Ibid.

21 A. Greeley, *Death and Beyond* (Thomas More Press, Chicago 1976).

22 J. Burton, »Survivors' Subjective Experience of the Deceased«, unveröffentl. Diss. 1980.

23 J. Burton, »Contact with the Dead: A Common Experience«, *Fate* 4 (1982), 65-72.

24 A. Greeley, »Mysticism Goes Mainstream«, *American Health*, Jan./Feb. 1987, S.47-49.

Sheldrake: Kann unser Gedächtnis
den Tod des Gehirns überleben?

1 K.S. Lashley, »In Search of the Engram«, *Symposia of the Society for Experimental Biology* (1950), S.454-82.
2 K.H. Pribram, *Languages of the Brain* (Brooks, Monterey, Kalif., 1977).
3 B.B. Boycott, »Learning in the Octopus«, *Scientific American* 212 (1965), S.42-50.
4 G. Kolata, »New Neurons Form in Adulthood«, *Science* 224 (1984), S.1325-26.
5 J.L. Fox, »The Brain's Dynamic Way of Keeping in Touch«, *Science* 225 (1984), S.820-21.
6 Ibid.
7 F. Crick, »Memory and Molecular Turnover«, *Nature* 312 (1984), S.101.
8 H.A. Bursen, *Dismantling the Memory Machine* (Reidel, Dordrecht, NL, 1978).
9 R. Sheldrake, *Das schöpferische Universum* (Goldmann, München 1985).
10 Ibid.
11 K.S. Lashley, »In Search of the Engram«.
12 W. Penfield, *The Mystery of the Mind* (Princeton University Press, Princeton, N.J., 1975).
13 I. Stevenson, *Reinkarnation – Der Mensch im Wandel von Tod und Wiedergeburt. 20 überzeugende und wissenschaftlich bewiesene Fälle.*

Tart: Was lebt weiter?

1 Engl. *mind* hat einen großen Bedeutungsumfang und umfaßt u.a. Bewußtsein, Psyche, Sinn, Gemüt, Verstand, Geist. Der Kontext dieses Beitrags, wie des ganzen vorliegenden Bandes, legt in den meisten Fällen die Übersetzung mit »Bewußtsein« nahe. [Anm. d. Übers.]
2 C.T. Tart, *Hellwach und bewußt leben: Wege zur Entfaltung des menschlichen Potentials* (Scherz, Bern-München 1988).
3 C.T. Tart, *Das Übersinnliche. Forschungen über einen Grenzbereich psychischen Erlebens* (Stuttgart, Klett-Cotta 1986).
4 P. Stafford, *Psychedelics Encyclopedia* (Jeremy P. Tarcher, Los Angeles 1982).

Ring: Schamanische Initiation, imaginale Welten und das Licht nach dem Tod

1 J. Neidhardt, *Black Elk Speaks* (Pocket Books, New York 1972).
2 H. Kalweit, *Traumzeit und innerer Raum. Die Welt der Schamanen* (S. Fischer, Frankfurt/Main 1988), S.102f.
3 B. Spencer und F. Gillen, *The Native Tribes of Central Australia* (Dover, New York 1968).
4 H. Kalweit, *Traumzeit und innerer Raum*, S.109.
5 M. Harner und G. Doore, »The Ancient Wisdom in Shamanic Cultures«, in: S. Nicholson (Hrsg.), *Shamanism: An Alternate View of Reality* (Theosophical Publishing House, Wheaton, Ill., 1987), S.3-16; C. Zaleski, *Otherworld Journeys* (Oxford University Press, New York 1987); H. Kalweit, *Traumzeit und innerer Raum*.
6 K. Ring, »Near-Death and UFO Encounters as Shamanic Initiations«, *ReVision* (1990).
7 Bezüglich dieser Parallelen ist Vorsicht geboten. Wenn ich z.B. feststelle, daß NTE-Leute eine Art schamanischer Initiation durchmachen, will ich damit *nicht* sagen, daß sie dadurch schon voll verwirklichte Schamanen sind. Das ist nicht der Fall; sie haben einfach nur die *erste* Initiation empfangen. Sie haben die Schulung nicht vollendet, um die ein angehender Schamane in einer traditionellen Gesellschaft sich oft jahrelang bemüht. Obwohl Leute mit NTEs gelegentlich mit einigen schamanischen Fähigkeiten und einer gewissen schamanischen Ausrichtung zurückkehren, könnten sie am besten als »Schamanen in der Ausbildung« betrachtet werden, die noch im Begriff sind, ihre Kunst zu lernen.
8 H. Kalweit, *Traumzeit und innerer Raum*, S.24; Hervorhebungen von mir.
9 J. Hillman, *ReVisioning Psychology* (Harper & Row, New York 1975); H. Corbin, *Mundus Imaginalis or the Imaginal and the Imaginary* (Golgonooza Press, Ipswich, GB, 1976; erstmals veröffentl. in *Spring*, 1972); R. Avens, *Imagination is Reality* (Spring Publications, Dallas 1980); J. Achterberg, »The Shaman: Master Healer in the Imaginary Realm«, M. Harner und G. Doore, »The Ancient Wisdom in Shamanic Cultures«, J. Houston, »The Mind and Soul of Shamanism«, und R. Noll, »The Presence of Spirits in Magic and Madness«, in: S. Nicholson (Hrsg.), *Shamanism* ; C. Zaleski, *Otherworld Journeys*; T. McKenna, »New Maps of Hyperspace«, *Magical Blend*, April 1989, S.58-66; K. Ring, »Towards an Imaginal Interpretation of ›UFO Abductions‹«, *MUFON UFO Journal* (1990).
10 H. Corbin, *Mundus Imaginalis*, S.17; Hervorhebungen von Corbin.
11 Ibid., S.9.
12 R. Avens, *Imagination Is Reality*, S.102.
13 H. Corbin, *Mundus Imaginalis*, S.14; Hervorhebungen von Corbin.
14 H.H. Price schlug in seinem zurecht berühmten Artikel »Survival and the

Idea of ›Another World‹« eine Deutung vor, die mit der meinigen faktisch identisch ist, nachdem er eine Unterscheidung getroffen hat, die derjenigen Corbins zwischen *imaginär* und *imaginal* entspricht: »Ich möchte die Vermutung aussprechen, daß das Jenseits, wenn es ein solches gibt, eine Welt geistiger Bilder ist… Das Jenseits, wie ich es mir vorzustellen versuche, ist eine *imaginale* oder *bildhafte* Welt, die von einer imaginären zu unterscheiden ist«, in: J.R. Smithies (Hrsg.), *Brain and Mind* (Routledge, London 1965), S.4-5.

15 J. Whitton und J. Fisher, *Life Between Life* (Doubleday, Garden City, N.Y., 1986).

16 H. Kalweit, *Traumzeit und innerer Raum*, S.76; meine Hervorhebungen.

17 Blakes Bezeichnung für Jesus Christus war, so erinnern wir uns, »Jesus, die Imagination«.

18 T. McKenna, »New Maps of Hyperspace«, S.58-66.

19 R. Bly, *The Kabir Book* (Beacon, Boston 1977), S.24-25.

Grosso: Die Angst vor dem Leben nach dem Tod

1 J. Frazer, *The Belief in Immortality* (Macmillan, London 1913), S.468.

2 Ibid., S.176.

3 F.T. Elsworthy, *The Evil Eye* (University Books, Secaucus, N.Y., 1895).

4 J.P. Sartre, *Das Sein und das Nichts* (Rowohlt, Reinbek 1993).

5 A.D. White, *A History of the Warfare of Science with Theology in Christendom* (Peter Smith, Magnolia, Mass., 1965).

6 H. Thurston, *The Physical Phenomena of Mysticism* (Burns & Oates, London 1953); R. Rogo, *Miracles* (Dial Press, New York 1982).

7 A. Gauld, *Mediumship and Survival* (Heinemann, London 1982).

8 R. Sheldrake, *Das schöpferische Universum*.

9 G. Vico, *Selected Writings*, hrsg. von Leon Pompa (Cambridge University Press, Cambridge 1982).

10 M. Grosso, »Padre Pio and Future Man«, *Critique*, Februar 1989, S.26-34.

11 J. Steiner, *Therese Neumann* (Washington Square Press, New York 1966).

Feinstein: Persönliche Todesmythen und ihre Evolution

1 D. Feinstein und S. Krippner, *Personal Mythology: The Psychology of Your Evolving Self* (J. P. Tarcher, Los Angeles 1988).

2 R. Woolger, *Other Lives, Other Selves: A Jungian Psychotherapist Discovers Past Lives* (Doubleday, New York 1987).

3 I. Stevenson, *Children Who Remember Past Lives* (University of Virginia Press, Charlottesville 1987).
4 R.K. Siegel, »The Psychology of Life after Death«, *American Psychologist* 35 (1980), S.911-31.
5 R. Woolger, *Other Lives, Other Selves*, S.43.
6 R. Moody, *Das Licht von drüben* (Rowohlt, Reinbek 1989).
7 E.A. Rodin, »The Reality of Near-Death Experiences: A Personal Perspective«, *Journal of Nervous and Mental Diseases* 168 (1980), S.259-63.
8 P. Shaver, »Consciousness without the Body« [Besprechung von *Flight of Mind: A Psychological Study of the Out-of-Body Experience* und *Heading toward Omega: In Search of the Meaning of Near-Death Experience*], *Contemporary Psychology* 31 (1986), S.647.
9 R. Siegel, »The Psychology of Life after Death«, S.91.
10 D. Feinstein und P. Elliott Mayo, *Rituals for Living and Dying: A Guide to Spiritual Awakening* (Harper & Row, San Francisco 1990).
11 R.J. Lifton, *Der Verlust des Todes. Über die Sterblichkeit des Menschen und die Fortdauer des Lebens* (Hanser, München 1986).
12 S. Grof und C. Grof, *Jenseits des Todes: An den Toren des Bewußtseins* (Kösel, München 1984), S.23.
13 P. Shaver, »Consciousness without the Body«, S.646.
14 G. Groth-Marnat und J.F. Schumaker, »The Near-Death Experience: A Review and Critique«, *Journal of Humanistic Psychology* 29, Heft 1 (1989), S.118.
15 R. Moody, *Das Licht von drüben*.

Doore: Reisen in das Land der Toten

1 Zitiert in Heinrich Zimmer, *Der Weg zum Selbst* (Diederichs, Düsseldorf-Köln 1974), S.24.
2 Ibid., S.24f.
3 Siehe auch G. Doore, »Schamanen, Yogis und Bodhisattvas«, in: G. Doore (Hrsg.), *Opfer und Ekstase. Wege der neuen Schamanen* (Bauer, Freiburg 1989).
4 Siehe Doore, »Schamanen, Yogis und Bodhisattvas«.

Autoren

Robert Almeder, Dr.phil., Professor für Philosophie an der Georgia State University und Verfasser von *Death and Personal Survival: The Evidence of Life after Death.*

Ram Dass (Richard Alpert, Dr.phil.) wurde bekannt durch seine psychedelischen Forschungen an der Harvard University und seine Untersuchung und Verbreitung von Yoga und östlicher Weisheit durch Bücher wie *Be Here Now* und *The Only Dance There Is.* Er ist der Begründer der Seva Foundation und widmet sich gegenwärtig der Betreuung von Aids-Kranken.

Gary Doore, Dr.phil. (University of Oxford), Forscher auf dem Gebiet der vergleichenden Philosophie und Religionswissenschaft, Beitragssammler und Herausgeber von *Opfer und Ekstase. Wege der neuen Schamanen.*

David Feinstein, Dr.phil., ist klinischer Psychologe und Direktor von »Innersource« in Ashland, Oregon. Er ist Co-Autor von *Personal Mythology: The Psychology of Your Evolving Self* und *Rituals for Living and Dying.*

F. Gordon Greene ist auf dem Gebiet der theoretischen Parapsychologie und Bewußtseinsforschung tätig. Er schreibt gegenwärtig (1990) ein Buch, das die bildhaften Strukturen der Jenseitsreise, wie wir sie in Mythen, Märchen und Phantasien antreffen, mit den phänomenologischen Strukturen der Jenseitsreisen in außerkörperlichen und Nahtoderfahrungen verbindet.

Stanislav Grof, Dr.med., Dr.phil., Psychiater, dessen bahnbrechende Forschungen über außergewöhnliche Bewußtseinszustände seinen internationalen Ruf begründeten. Er ist Autor von *Topographie des Unbewußten. LSD im Dienst der tiefenpsychologischen Forschung*; *Geburt, Tod und Transzendenz. Neue Dimensionen in der Psychologie*; *Das Abenteuer der Selbstentdeckung* und zahlreicher anderer Werke.

Michael Grosso, Dr.phil., lehrt Philosophie und Religion am Jersey City State College. Er ist Autor zahlreicher Artikel und des Buches *The Final Choice.*

Stanley Krippner, Dr.phil., Parapsychologe und Psychotherapeut, Professor für Psychologie und Leiter des Center for Consciousness Studies am Saybrook Institute, San Francisco. Zu seinen Werken zählen *Human Possibilities; Heilen und Schamanismus. Dokumente anderer Wirklichkeiten* (Herausgeber); *The Realms of Healing; Dreamtime & Dreamwork* und *Zwischen Himmel und Erde. Spirituelles Heilen der Schamanen, Hexen, Priester und Medien.*

Stephen Levine, ehemaliger Herausgeber des *San Francisco Oracle* und früherer Leiter des Hanuman Foundation Dying Project. Er ist international bekannt geworden durch seine Arbeit mit Sterbenden und Trauernden. Zu seinen Büchern zählen *Schrot für die Mühle* (mit Ram Dass); *Who Dies?; Meetings at the Edge* und *Healing into Life and Death.*

David Lorimer ist Direktor des Scientific and Medical Network, einer internationalen Vereinigung von Wissenschaftlern und Ärzten, die den materialistischen Reduktionismus von Wissenschaft und Medizin erweitern möchten. Er ist außerdem Vorsitzender der International Association for Near-Death Studies (GB) und Autor von *Survival? Body, Mind and Death in the Light of Psychic Experience* und *Whole in One.*

Kenneth Ring, Dr.phil., Professor für Psychologie an der University of Connecticut. Er ist der Autor von *Life at Death* und *Den Tod erfahren – das Leben gewinnen*; er begründete die International Association for Near-Death Studies und war ihr erster Präsident.

Sogyal Rinpoche, inkarnierter Lama, Gelehrter und Meditationsmeister, nahm an verschiedenen großen Tagungen über Heilweisen, Psychologie und Betreuung Sterbender teil und gründete weltweit Rigpa-Meditationszentren. Er ist Autor des Buches *Das tibetische Buch vom Leben und Sterben.*

D. Scott Rogo ist ein bekannter Forscher, Pädagoge und Autor auf dem Gebiet der Parapsychologie. Zu seinen zahlreichen Büchern über Parapsychologie zählen *The Welcoming Silence; The Infinite Boundary* und *Life after Death.*

Rupert Sheldrake, Dr.phil., Biologe und Mitglied der Royal Society, ist der Schöpfer der Hypothese der formbildenden Verursachung und der morphogenetischen Felder. Zu seinen Werken zählen *Schöpferisches Universum*; *Das Gedächtnis der Natur* und *Die Wiedergeburt der Natur*.

Charles T. Tart, Dr.phil., Professor für Psychologie an der University of California in Davis; Pionier auf dem Gebiet der Bewußtseinsforschung und Autor mehrerer Bücher über veränderte Bewußtseinszustände und menschliches Potential, u.a. *Das Übersinnliche. Forschungen über einen Grenzbereich des psychischen Erlebens* und *Hellwach und bewußt leben. Wege zur Entfaltung des menschlichen Potentials.*

Ken Wilber, der Begründer der »Spektrumpsychologie«, hat über hundert Aufsätze verfaßt und ist Autor oder Herausgeber von zehn Büchern, u.a. *Das Atman-Projekt. Der Mensch in transpersonaler Sicht*; *Halbzeit der Evolution*; *Wege zum Selbst*; *Die drei Augen der Erkenntnis. Auf dem Wege zu einem neuen Weltbild.*

Stanislav Grof / Christina Grof

Jenseits des Todes

An den Toren des Bewußtseins

96 Seiten. 158 z. T. farb. Abb. Großformat. Kartoniert

Was mit uns im Tod geschieht und wie ein Leben »danach« aussehen könnte – dazu haben Stanislav und Christina Grof Vorstellungen aus vielen Religionen und Kulturen zusammengetragen. Dabei haben sie auffallende Parallelen entdeckt:

Die Darstellungen von Himmel, Paradies, Hölle, Fegefeuer sowie die Seelenreise nach dem Tod sind archetypisch. Sie entspringen nicht einem bestimmten kulturellen oder religionsgeschichtlichem Kontext, sondern spiegeln den Prozeß von Tod und Wiedergeburt, der im Wesen des Menschen angelegt ist.

KÖSEL

Ein faszinierender Bildband über eine Reise, die jeder von uns antreten wird – eine einzigartige Dokumentation.

Stanislav Grof / Hal Zina Bennett

Die Welt der Psyche

Neue Erkenntnisse
aus Psychologie und Bewußtseinsforschung

318 Seiten. Gebunden mit Schutzumschlag

Seit Freud und Jung hat kein anderer Tiefenpsychologe zu einem so weitreichenden Umdenken in der Psychologie und Bewußtseinsforschung herausgefordert wie Stanislav Grof, der Begründer der Transpersonalen Psychologie.

Stanislav Grof gibt in diesem Buch einen populären Überblick über seine langjährge Arbeit mit veränderten Bewußtseinszuständen. Seine Ergebnisse zwingen zu einer revolutionären, neuen Sichtweise vom Bewußtsein und der menschlichen Psyche und zeigen neue Wege in der Psychotherapie.

KÖSEL

Eine faszinierende, abenteuerliche Reise in unerforschte Gebiete der menschlichen Psyche.